（1）表計算ソフトウェアの活用

● 関数の利用
- □ 日付/時刻
  - □ DATE
  - □ YEAR
  - □ MONTH
  - □ DAY
  - □ WEEKDAY
  - □ TIME
  - □ HOUR
  - □ MINUTE
  - □ SECOND
- □ 数学/三角
  - □ INT
  - □ MOD
  - □ SUMIFS
- □ 統計
  - □ AVERAGEIFS
  - □ COUNTIFS
  - □ LARGE
  - □ SMALL
- □ 検索/行列
  - □ VLOOKUP
  - □ HLOOKUP
  - □ INDEX
  - □ MATCH
- □ 文字列操作
  - □ TEXT
  - □ FIND
  - □ SEARCH
- □ 論理
  - □ AND
  - □ OR
  - □ NOT
- □ 文字列結合（&）

● 応用操作
- □ 複合参照
- □ フィルタ
- □ マルチシート
- □ グループ集計（小計）
- □ クロス集計（ピボットテーブル）
- □ 最適解（ゴールシーク）

● グラフ
- □ 散布図
- □ 複合グラフ
  - □ 2軸上の折れ線と棒
  - □ 2軸上の折れ線
- □ 体裁処理
  - □ 区分線
  - □ 軸の反転

（2）データベースソフトウェアの活用

● リレーショナル型
- □ データベース
- □ DBMS
- □ 基本表（実表）
- □ テーブルの構成要素
  - □ テーブル（表）
  - □ レコード（行）
  - □ フィールド（列）
- □ データ型
  - □ 数値型
  - □ 文字型
  - □ 日付/時刻型
- □ 仮想表（ビュー表）
- □ 関係演算
  - □ 選択
  - □ 射影
  - □ 結合
- □ 集合演算
  - □ 和
  - □ 積
  - □ 差
- □ キーの種類
  - □ 主キー
  - □ 複合キー（連結キー）
  - □ 外部キー

● SQL
- □ SELECT ～ FROM ～ WHERE ～
- □ 比較演算子（= > >= < <= <>）
- □ 算術演算子（+ - * /）
- □ 論理演算子（AND OR NOT）
- □ 関数
  - □ SUM
  - □ AVG
  - □ MAX
  - □ MIN
  - □ COUNT
- □ 列名の別名指定（AS）

本書の構成と使い方

　本書は「全商情報処理検定　ビジネス情報２級」の合格を目指すみなさんが，検定出題範囲すべてにわたって十分に理解できるように編集しています。本書を活用して合格を勝ち取ってください。

Part Ⅰ～Ⅱ　Excel関数編～Excel応用編

　ビジネス情報２級の出題範囲である「表計算ソフトウェアの活用」に対応するExcelの基本的な操作方法や考え方を学習できます。筆記問題，実技問題を解く上で必要な知識を，実践的に身につけてください。

　なお，本書はExcel2016をもとに構成しておりますが，Excel2013，Excel2019でもつまずくことなく進められるように配慮しました。

◆例題→実技練習→筆記練習で段階的に定着！◆

　ビジネス情報２級の出題範囲に対応した操作手順を具体的な例題で紹介しています。例題の確認のために，実践を交えて習得する『実技練習』と，筆記試験の【5】の形式に対応した『筆記練習』を解くことで，関数や検定用語の段階的な定着がはかれます。

◆実習例題→編末トレーニングで実技試験対策は万全！◆

　筆記試験の【6】の形式と実技試験の形式2題を，例題を通して定着できるように丁寧に解説しています。自力で作成することが出来たら，次は編末トレーニングで力試しをしてください。❶～❷は筆記試験【6】相当，❸～❻は実技試験相当の問題で構成しています。

Part Ⅲ～Ⅳ　データベース編～知識編

　ビジネス情報２級の出題範囲の用語を，図や写真を用いて詳しく解説しています。おもにPart Ⅲは筆記試験の【4】対策，Part Ⅳは筆記試験の【1】～【3】対策として，「筆記練習」を豊富に掲載しました。筆記問題を解く上で必要な知識を，着実に身につけてください。また，Part Ⅳは冒頭に「学習のポイント」を設け，検定用語を体系的に学べるように配慮しました。

提供データについて

　Part Ⅰ～Ⅱ Excel関数編～Excel応用編では，提供データおよび完成例データを用意しています。例題および実技練習，編末トレーニングでご活用ください。なお，例題タイトルがファイル名になっています。下記のアドレスの実教出版Webサイトからダウンロードしてご利用ください。

　　https://www.jikkyo.co.jp/download/

学習と検定
全商情報処理検定テキスト

2級
ビジネス情報部門

Excel
2019/2016/2013
対応

実教出版

目次

Part Ⅲ　データベース編

編末トレーニング ——————————————————————————— 170

PartⅣ　知識編

編末トレーニング ——————————————————————————— 205

Part I Excel関数 編

Lesson 1 おもな関数

1 検索／行列

1 列（垂直）方向に参照する（VLOOKUP）－完全一致

書　式 =VLOOKUP（検索値，範囲，列番号，[検索方法]）

解説 VLOOKUP関数は，範囲に設定したセル番地の一番左の列を上から垂直方向（列方向）に検索し，検索値と一致した場合は，一致した行の中から列番号で指定した位置にあるデータを表示する。一致しない場合は，エラー値（#N/A）となる。

使用例 =VLOOKUP（A5,$A$13:$C$18,2,FALSE）

A102と完全に一致する商品コードをA13～C18の一番左の列の中から検索し，2列目の値（TV-16）を参照データとする。
（検索値）　（検索方法）　　　　　　　　　（範囲）
　　　　（列番号）

> **VLOOKUP**
>
> （ブイルックアップ）
> Vertical-LOOKUP
> 垂直方向に探索という意味。
>
> ▶ **Point**
> 列番号は，範囲の左端列を1とし，右方向へ2，3，…，と数える。

例題 1　納品書1

次のような納品書を，作成条件にしたがって作成しなさい。

	A	B	C	D	E
1					
2		納品書			
3					
4	商品コード	商品名	単価	数量	金額
5	A102	TV-16	1,200	20	24,000
6	B501	※	※	50	※
7	A101	※	※	30	※
8	B502	※	※	20	※
9	C602	※	※	10	※
10					
11	商品表				
12	商品コード	商品名	単価		
13	B501	VP-20	800		
14	B502	VP-25	1,500		
15	A101	TV-14	800		
16	A102	TV-16	1,200		
17	C602	KX-46	2,500		
18	C603	KX-48	2,800		

	A	B	C	D	E
1					
2		納品書			
3					
4	商品コード	商品名	単価	数量	金額
5	A102	TV-16	1,200	20	24,000
6	B501	VP-20	800	50	30,000
7	A101	TV-14	800	30	24,000
8	B502	VP-25	1,500	20	30,000
9	C602	KX-46	2,500	10	25,000
10					
11	商品表				
12	商品コード	商品名	単価		
13	B501	VP-20	800		
14	B502	VP-25	1,500		
15	A101	TV-14	800		
16	A102	TV-16	1,200		
17	C602	KX-46	2,500		
18	C603	KX-48	2,800		

（完成例）

作成条件

① 表の形式および体裁は，上の表を参考にして設定する。
　設定する書式：罫線，列幅，数値につける3桁ごとのコンマ
② ※印の部分は，式や関数などを利用して求める。
③ 「商品名」は，「商品コード」をもとに，商品表を参照して表示する。
④ 「単価」は，「商品コード」をもとに，商品表を参照して表示する。
⑤ 「金額」は，次の式で求める。
　「単価　×　数量」

列方向参照によるデータの検索（VLOOKUPによる完全一致検索）

❶ セル（B5）をクリックし，「=VLOOKUP(」と入力する。

| IF | ▼ | ⋮ | × | ✓ | fx | =VLOOKUP(|

▲	A	B	C	D	E	F
1						
2		納品書				
3						
4	商品コード	商品名	単価	数量	金額	
5	A102	=VLOOKUP(		20		
6	B501	VLOOKUP(検索値, 範囲, 列番号, [検索方法])				
7	A101			30		
8	B502			20		
9	C802			10		

▶ **Point**
関数は，「半角英数」入力で行う。また，関数入力時に表示されるポップヒントを参考に引数を入力するとよい。関数には，大文字・小文字の区別は特にない。

❷ 検索値セル（A5）をクリックし「,」を入力する。
範囲は，セル（A13〜C18）をドラッグして F4 を1回押し，「$A$13:$C$18」になるよう絶対参照を設定した後「,」を入力する。
列番号「2,」と，検索方法「FALSE)」を入力する。

▶ **Point**
検索範囲は，ほかのセルにコピーするので，絶対参照とする。

| B5 | ▼ | ⋮ | × | ✓ | fx | =VLOOKUP(A5,$A$13:$C$18,2,FALSE) |

▲	A	B	C	D	E	F	G
1							
2		納品書					
3							
4	商品コード	商品名	単価	数量	金額		
5	A102	=VLOOKUP(A5,$A$13:$C$18,2,FALSE)					
6	B501			50			
7	A101			30			
8	B502			20			
9	C802			10			
10							
11	商品表						
12	商品コード	商品名	単価				
13	B501	ＶＰ－２０	600				
14	B502	ＶＰ－２５	1,500				
15	A101	ＴＶ－１４	800				
16	A102	ＴＶ－１６	1,200				
17	C802	ＫＸ－４６	2,500				
18	C803	ＫＸ－４８	2,800				

❸ Enter を押すと，該当する「商品名」が表示される。

❹ セル（B6〜B9）に式をコピーする。

❺ セル（C5）をクリックし，次のように入力した後 Enter を押す。
　セル（C5）=VLOOKUP（A5,$A$13:$C$18,3,FALSE）

❻ セル（C6〜C9）に式をコピーする。

❼ 参照される商品表の「単価」のデータにコンマがついていても，検索して表示された「単価」にはコンマはつかないので，コンマをつける。

❽ セル（E5）をクリックし，「**単価 × 数量**」の式を入力して「金額」を求める。
セル（E6〜E9）に式をコピーして表を完成させる。なお，「金額」にもコンマをつける。

引数 **検 索 値**…範囲の左端の列で検索する値を，値や関数，セル番地で指定する。
範　　囲…2列以上のデータ列で，ここで指定した範囲の左端の列の値を検索する。
列 番 号…範囲内で目的のデータが入力されている列を，範囲の左端の列を「1」とし，数値で指定する。
検索方法…「FALSE」を指定すると，検索値が範囲の左端の値と完全に一致した行を参照データとして扱う。一致しない場合は，エラー値（#N/A）となる。
検索値と範囲の検索対象の値は，全角・半角の区別と，数字（文字列）と数値の区別があるので注意する。ほかにHLOOKUP関数（→p.10），MATCH関数（→p.19），SEARCH関数（→p.36），FIND関数（→p.36）などが該当する。

次の表は，あるスポーツ施設の利用表である。作成条件にしたがって表を作成しなさい。

	A	B	C	D	E
1					
2		施設利用表			
3					
4	施設コード	施設名	単価	利用時間	料金
5	F	体育館	1,500	3	4,500
6	J	※※	※※	4	※※
7	K	※※	※※	2	※※
8	T	※※	※※	3	※※
9	F	※※	※※	5	※※
10					
11	施設コード表				
12	施設コード	施設名	単価		
13	T	卓球場	500		
14	K	剣道場	700		
15	J	柔道場	1,000		
16	F	体育館	1,500		

作成条件

① 表の形式および体裁は，上の表を参考にして設定する。

　設定する書式：罫線，列幅，数値につける3桁ごとのコンマ

② ※※印の部分は，式や関数などを利用して求める。

③ 「施設名」は，「施設コード」をもとに，施設コード表を参照して表示する。

④ 「単価」は，「施設コード」をもとに，施設コード表を参照して表示する。

⑤ 「料金」は，次の式で求める。

　「単価　×　利用時間」

筆記練習　1

(1) 右の表は，ある家電販売店の売れ筋商品価格一覧表である。「商品コード」をもとに，「商品名」と「販売単価」を表示する。B5に設定する式として適切なものを選び，記号で答えなさい。なお，B5の式をB6～B10にコピーするものとする。

ア．=HLOOKUP(A5,$A$14:$C$19,2,FALSE)

イ．=VLOOKUP(A5,$A$14:$C$19,3,FALSE)

ウ．=VLOOKUP(A5,$A$14:$C$19,2,FALSE)

	A	B	C
1			
2		商品価格表	
3			
4	商品コード	商品名	販売単価
5	PR201	インクジェットプリンタ	15,000
6	PC102	11インチノートパソコン	65,000
7	PC103	15インチノートパソコン	50,000
8	BD301	外付BDドライブ	7,000
9	BD305	内蔵BDドライブ	8,500
10	PR202	レーザプリンタ	35,000
11			
12	商品コード表		
13	商品コード	商品名	販売単価
14	PC102	11インチノートパソコン	65,000
15	PC103	15インチノートパソコン	50,000
16	BD301	外付BDドライブ	7,000
17	BD305	内蔵BDドライブ	8,500
18	PR201	インクジェットプリンタ	15,000
19	PR202	レーザプリンタ	35,000

(2) 右の表は，東北新幹線の主な区間の指定席特急料金表である。B12に「発駅コード」，B13に「着駅コード」を入力し，F12に「指定席特急料金」を表示する。F12に設定する式として適切なものを選び，記号で答えなさい。

ア．=VLOOKUP(B12,A5:H10,B13,FALSE)

イ．=VLOOKUP(B12,A5:H10,B13+2,FALSE)

ウ．=HLOOKUP(A5+2,C5:H10,B13,FALSE)

(1)		(2)	

2 列（垂直）方向に参照する（VLOOKUP）－近似一致

書　式	=VLOOKUP（検索値, 範囲, 列番号, ［検索方法］）
解説	VLOOKUP関数で検索方法に「TRUE」を指定した場合, 範囲の左端列の値の中から, 検索値未満の最大値を選び, 列番号で指定した位置にあるデータを表示する。
使用例	=VLOOKUP（B5,$A$11:$C$14,3,TRUE）

93,000に検索値未満の最大値をA11～C14の一番左の列から検索
　　検索値　　　　［検索方法］　　　　　　　範囲
し, 3列目の値（658）を参照データとする。
　　列番号

例題 2 雇用保険料額一覧表1

次の雇用保険料額一覧表を, 作成条件にしたがって作成しなさい。

作成条件

① 表の形式および体裁は, 上の表を参考にして設定する。
　　設定する書式：罫線, 列幅, 数値につける3桁ごとのコンマ
② ※印の部分は, 式や関数などを利用して求める。
③ 「保険料額」は, 「賃金額」をもとに, 雇用保険料額表を参照して表示する。

列方向参照によるデータの検索（VLOOKUPによる近似一致検索）

❶ セル（C5）をクリックし, 次のように入力する。

セル（C5）=VLOOKUP（B5,$A$11:$C$14,3,TRUE）

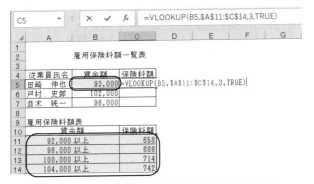

❷ Enter を押すと, 該当する「保険料額」が表示される。
❸ セル（C6～C7）に式をコピーする。

参考 **検索方法FALSEとTRUE**

(1) FALSEとTRUEの違い

	FALSE	TRUE
検索の方法	検索値と完全一致する値だけが検索される。	検索値が見つからない場合は検索値未満で最も大きい値を返す。
検索範囲の並び順	整列されている必要なし。	昇順(小さい順)に整列されている必要がある。
別表記	「0」と入力してもよい。	「1」と入力してもよい。また，検索方法を省略するとTRUEと同じ結果になる。

(2) TRUEの注意点

A	B	C
成績判定表		
成績		判定
0	～59	D
60	～69	C
70	～79	B
80	～89	A
90	～	S

A	B	C
雇用保険料額表		
賃金額		保険料額
92,000	以上	658
96,000	以上	686
100,000	以上	714
104,000	以上	742

　検索方法で，TRUEを設定し検索値未満の最大値から該当する値を参照する場合，範囲の最も左端の列(HLOOKUPは最上端の行)には数値を設定しなければならない。しかし，基準となる数値(A列)のみだと数値の示す範囲がわかりにくくなるため，「～」や「以上」という記号や文字を追加することが多い。そこで，基準となる数値(A列)に直接「～」や「以上」という文字列を付け加えるのではなく，となりの列(上記例の場合はB列)に文字列を分けて入力する。

　ここで注意したいのは，A列とB列が結合して見えてしまうことである。A列は数値のため「右揃え」に，B列は文字列のため「左揃え」になっており，2列が結合しているように見えるだけである。

実技練習 2 ‥‥‥ ファイル名：割引計算表1

　次の割引計算表を，作成条件にしたがって作成しなさい。

	A	B	C	D	E	F	G
1							
2		割引計算表					
3							
4	請求番号	数量	単価	売上金額	割引率	割引額	請求額
5	1	21	2,470	51,870	4%	2,074	49,796
6	2	27	3,050	※※	※※	※※	※※
7	3	9	3,260	※※	※※	※※	※※
8	4	18	2,270	※※	※※	※※	※※
9	5	28	2,540	※※	※※	※※	※※
10							
11	割引率表						
12	売上金額	割引率					
13	0	0%					
14	30,000	2%					
15	50,000	4%					
16	70,000	7%					

作成条件

① 表の形式および体裁は，左ページの表を参考にして設定する。
　　設定する書式：罫線，列幅，数値につける3桁ごとのコンマ
② ※※印の部分は，式や関数などを利用して求める。
③ D列の「売上金額」は，次の式で求める。
　　「数量　×　単価」
④ E列の「割引率」は，「売上金額」をもとに，割引率表を参照して表示する。ただし，%で整数部のみ表示する。
⑤ 「割引額」は，次の式で求める。ただし，円位未満を切り捨て，整数部のみ表示する。
　　「売上金額　×　割引率」
⑥ 「請求額」は，次の式で求める。
　　「売上金額　－　割引額」

筆記練習 2

(1) 右の表は，ある結婚式場における1日の予約一覧表である。「会場名」は，「人数」をもとに，会場一覧表を参照して表示する。C5に設定する式として適切なものを選び，記号で答えなさい。

ア．=VLOOKUP(B5,$B$18:$C$20,2,TRUE)
イ．=VLOOKUP(B5,$A$18:$C$20,3,FALSE)
ウ．=VLOOKUP(B5,$A$18:$C$20,3,TRUE)

	A	B	C
1			
2		予約一覧表	
3			
4	予約番号	人数	会場名
5	1	38	パール
6	2	59	サファイア
7	3	102	ダイヤモンド
8	4	144	ダイヤモンド
9	5	49	サファイア
10	6	27	パール
11	7	80	サファイア
12	8	121	ダイヤモンド
13	9	31	パール
14	10	79	サファイア
15			
16	会場一覧表		
17	収容可能人数		会場名
18	1～40		パール
19	41～80		サファイア
20	81～150		ダイヤモンド

(2) 右の表は，電気料金の一覧表である。「使用電力量」をもとに，電力量料金表から「単価」を検索し表示する。C5に設定する式として適切なものを選び，記号で答えなさい。

ア．=VLOOKUP(B5,$A$16:$C$18,3,TRUE)
イ．=VLOOKUP(B5,$A$16:$C$18,3,FALSE)
ウ．=VLOOKUP(B5,$A$16:$C$18,2,TRUE)

	A	B	C	D
1				
2		電気料金一覧表		
3				
4	契約者コード	使用電力量	単価	料金
5	101B	165	26	4,290
6	102B	288	30	8,640
7	103B	270	26	7,020
8	104B	221	26	5,746
9	105B	119	20	2,380
10	106B	269	26	6,994
11	107B	105	20	2,100
12	108B	271	26	7,046
13				
14	電力量料金表			
15	使用量		単価	
16	0～120		20	
17	121～280		26	
18	281～		30	

3 　行（水平）方向に参照する（HLOOKUP）－完全一致

HLOOKUP

（エイチルックアップ）
Horizontal-LOOKUP
水平方向に探索という
意味。

▶ **Point**
行番号は，範囲の上端
行を1とし，下方向へ
2，3，…，と数える。

書 式　=HLOOKUP（検索値，範囲，行番号，[検索方法]）

解説　HLOOKUP関数は，範囲に設定したセル番地の一番上の行を左
から行方向（水平方向）に検索し，検索値と一致した場合は，一
致した列の中から行番号で指定した位置にあるデータを表示する。
一致しない場合は，エラー値（#N/A）となる。

使用例　=HLOOKUP（A5,$B$12:$G$14,2,FALSE）
A102と完全に一致する商品コードをB12～G14の一番上の行の
中から検索し，2行目の値（TV-16）を参照データとする。

（※ 注記：検索値＝A102，検索方法＝FALSE，範囲＝$B$12:$G$14，行番号＝2）

例題 3 　納品書2

次のような納品書を，作成条件にしたがって作成しなさい。

	A	B	C	D	E	F	G
1							
2		納品書					
3							
4	商品コード	商品名	単価	数量	金額		
5	A102	TV-16	1,200	20	24,000		
6	B501	※	※	50	※		
7	A101	※	※	30	※		
8	B502	※	※	20	※		
9	C602	※	※	10	※		
10							
11		商品表					
12	商品コード	B501	B502	A101	A102	C602	C603
13	商品名	VP-20	VP-25	TV-14	TV-16	KX-46	KX-48
14	単価	600	1,500	800	1,200	2,500	2,800

⬇

	A	B	C	D	E	F	G
1							
2		納品書					
3							
4	商品コード	商品名	単価	数量	金額		
5	A102	TV-16	1,200	20	24,000		
6	B501	VP-20	600	50	30,000		
7	A101	TV-14	800	30	24,000		
8	B502	VP-25	1,500	20	30,000		
9	C602	KX-46	2,500	10	25,000		
10							
11		商品表					
12	商品コード	B501	B502	A101	A102	C602	C603
13	商品名	VP-20	VP-25	TV-14	TV-16	KX-46	KX-48
14	単価	600	1,500	800	1,200	2,500	2,800

（完成例）

作成条件

① 表の形式および体裁は，上の表を参考にして設定する。
　　設定する書式：罫線，列幅，数値につける3桁ごとのコンマ
② ※印の部分は，式や関数などを利用して求める。
③ B列の「商品名」は，A列の「商品コード」をもとに，商品表を参照して表示する。
④ C列の「単価」は，A列の「商品コード」をもとに，商品表を参照して表示する。
⑤ 「金額」は，次の式で求める。
　　「単価 × 数量」

行方向参照によるデータの検索（HLOOKUPによる完全一致検索）

❶ セル（B5）をクリックし，次のように入力する。

セル（B5）=HLOOKUP（A5,$B$12:$G$14,2,FALSE）

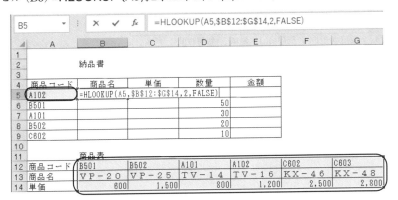

❷ Enter を押すと，該当する「商品名」が表示される。

❸ セル（B6～B9）に式をコピーする。

❹ セル（C5）をクリックし，次のように入力し， Enter を押すと，該当する「単価」
が表示される。

セル（C5）=HLOOKUP（A5,$B$12:$G$14,3,FALSE）

❺ 参照される商品表の「単価」のデータにコンマがついていても，検索して表
示された「単価」にはコンマはつかないので，コンマをつける。

❻ セル（C6～C9）に式をコピーする。

❼ セル（E5）をクリックし，「単価 × 数量」の式を入力して「金額」を求める。
セル（E6～E9）に式をコピーして表を完成させる。なお，「金額」にもコンマを
つける。

引数 **検 索 値**…範囲の上端の行で検索する値を，値や関数，セル番地で指定する。
範　　囲…2行以上のデータ行で，ここで指定した範囲の上端の行の値を検索する。
行 番 号…範囲内の目的のデータが入力されている行を，範囲の上端の行を「1」とし，数値で指定する。
検索方法…「FALSE」を指定すると，検索値が範囲の上端の値と完全に一致した列を参照データとして扱う。一致し
ない場合は，エラー値（#N/A）となる。

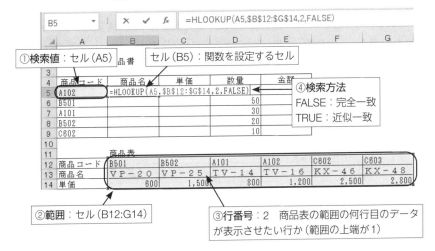

次の表は，あるスポーツ施設の利用表である。作成条件にしたがって表を作成しなさい。

	A	B	C	D	E
1					
2		施設利用表			
3					
4	施設コード	施設名	単価	利用時間	料金
5	F	体育館	1,500	3	4,500
6	J	※※	※※	4	※※
7	K	※※	※※	2	※※
8	T	※※	※※	3	※※
9	F	※※	※※	5	※※
10					
11	施設コード表				
12	施設コード	T	K	J	F
13	施設名	卓球場	剣道場	柔道場	体育館
14	単価	500	700	1,000	1,500

作成条件

① 表の形式および体裁は，上の表を参考にして設定する。

　　設定する書式：罫線，列幅，数値につける3桁ごとのコンマ

② ※※印の部分は，式や関数などを利用して求める。

③ B列の「施設名」は，A列の「施設コード」をもとに，施設コード表を参照して表示する。

④ C列の「単価」は，A列の「施設コード」をもとに，施設コード表を参照して表示する。

⑤ 「料金」は，次の式で求める。

　「単価 × 利用時間」

(1) 右の表は，ある販売部門の販売一覧表である。B列の「販売員名」は，A列の「販売員コード」をもとに，販売員表を参照して表示する。B5に設定する式として適切なものを選び，記号で答えなさい。

	A	B	C	D	E
1					
2		販売一覧表			
3					
4	販売員コード	販売員名	売上金額		
5	HE1010	山田 □□	28,000		
6	EE1005	高野 △△	21,500		
7	HE1001	佐藤 ○○	21,000		
8	EE1004	鈴木 ××	28,500		
9	EE1005	高野 △△	28,500		
10					
11	販売員表				
12	販売員コード	HE1001	EE1004	EE1005	HE1010
13	販売員名	佐藤 ○○	鈴木 ××	高野 △△	山田 □□

ア． =HLOOKUP(A5,$B$12:$E$13,2,FALSE)

イ． =HLOOKUP(A5,$B$12:$E$13,2,TRUE)

ウ． =HLOOKUP(A5,$A$12:$E$12,2,FALSE)

(2) 次の表は，あるパソコンショップのPCパーツ売上表である。「売上金額」は，A列の「パーツ名」をもとに，PCパーツ単価表を参照し，「販売数」を掛けて求める。C4に設定する式として適切なものを選び，記号で答えなさい。

	A	B	C	D	E	F	G
1							
2	PCパーツ売上表						
3	パーツ名	販売数	売上金額				
4	マザーボード	6	54,000				
5	メモリ	12	36,000				
6	CPU	3	45,000				
7	ビデオカード	5	60,000				
8		合計	195,000				
9							
10	PCパーツ単価表						
11	パーツ名	マザーボード	メモリ	PCケース	CPU	ビデオカード	電源ユニット
12	単価	9,000	3,000	7,000	15,000	12,000	6,000

ア． =HLOOKUP(A4,$B$11:$G$12,2,TRUE)*B4

イ． =HLOOKUP(A4,$B$11:$G$12,2,FALSE)*B4

ウ． =HLOOKUP(A4,$A$11:$G$12,2,TRUE)*B4

(1)		(2)	

4 行（水平）方向に参照する（HLOOKUP）－近似一致

書式 =HLOOKUP（検索値，範囲，行番号，［検索方法］）

解説 HLOOKUP関数で検索方法に「TRUE」を指定した場合，範囲の上端行の値の中から，検索値未満の最大値を選び，行番号で指定した位置にあるデータを表示する。

使用例 =HLOOKUP（B5,$B$10:$E$11,2,TRUE）

<u>93,000</u>に検索値未満の最大値を<u>B10～E11</u>の一番上の行から検索
検索値　　　　　　　　　　　　［検索方法］　範囲
し，<u>2行目の値（658）</u>を参照データとする。
行番号

例題 4 雇用保険料額一覧表2

次の雇用保険料額一覧表を，作成条件にしたがって作成しなさい。

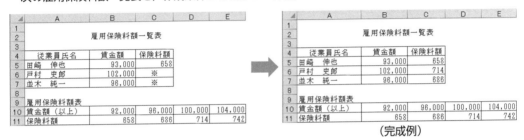

（完成例）

作成条件

① 表の形式および体裁は，上の表を参考にして設定する。

　　設定する書式：罫線，列幅，数値につける3桁ごとのコンマ

② ※印の部分は，式や関数などを利用して求める。

③ C列の「保険料額」は，B列の「賃金額」をもとに，雇用保険料額表を参照して表示する。

行方向参照によるデータの検索（HLOOKUPによる近似一致検索）

❶ セル（C5）をクリックし，次のように入力する。

セル（C5）=HLOOKUP（B5,$B$10:$E$11,2,TRUE）

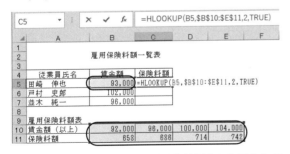

❷ Enter を押すと，該当する「保険料額」が表示される。

❸ セル（C6～C7）に式をコピーする。

引数 検索方法…「TRUE」を指定すると，検索値が範囲の上端の値を超えない最大の値の列を参照データとして扱う。範囲の上端の行は，左から昇順に並んでいる必要があり，検索値が範囲の左端の最小値よりも小さい場合は，エラー値（#N/A）となる。

次の割引計算表を，作成条件にしたがって作成しなさい。

	A	B	C	D	E	F	G
1							
2		割引計算表					
3							
4	請求番号	数量	単価	売上金額	割引率	割引額	請求額
5	1	21	2,470	※※	※※	※※	※※
6	2	27	3,050	※※	※※	※※	※※
7	3	9	3,280	※※	※※	※※	※※
8	4	18	2,270	※※	※※	※※	※※
9	5	28	2,540	※※	※※	※※	※※
10							
11	割引率表						
12	売上金額	0	30,000	50,000	70,000		
13	割引率	0%	2%	4%	7%		

作成条件

① 表の形式および体裁は，上の表を参考にして設定する。

　　設定する書式：罫線，列幅，数値につける3桁ごとのコンマ

② ※※印の部分は，式や関数などを利用して求める。

③ D列の「売上金額」は，次の式で求める。

　　「数量　×　単価」

④ E列の「割引率」は，D列の「売上金額」をもとに，割引率表を参照して表示する。ただし，％で整数部のみ表示する。

⑤ 「割引額」は，次の式で求める。ただし，小数点以下は切り捨て，整数部のみ表示する。

　　「売上金額　×　割引率」

⑥ 「請求額」は，次の式で求める。

　　「売上金額　－　割引額」

筆記練習　4

　次の表は，ある運送会社の配達料金表である。B4に入力された「重量」をもとに，「料金」を表示する。B5に設定する式として適切なものを選び，記号で答えなさい。なお，重量は3000g以内とする。

	A	B	C	D	E	F	G
1							
2		配達料金表					
3							
4	重量を入力	356	g				
5	料金は	150円					
6							
7	重量	0	151	251	501	1001	2001
8		～150g以内	～250g以内	～500g以内	～1000g以内	～2000g以内	～3000g以内
9	運賃	90円	110円	150円	170円	230円	300円

ア．=HLOOKUP(B5,B7:G9,3,FALSE)

イ．=HLOOKUP(B4,B7:G9,2,TRUE)

ウ．=HLOOKUP(B4,B7:G9,3,TRUE)

5 配列から縦横座標で値を抽出する（INDEX）

書　式　=INDEX（配列，行番号，[列番号]）

解説　INDEX関数は，配列に設定したセル番地の中から，行番号と列番号で指定した値の交差する位置にあるデータを抽出し表示する。

使用例　=INDEX（D5:G8,D11,D12）

高速道路区間距離表D5～G8から出発地コード「1」と到着地コード「3」が交差する位置にある値を抽出する。
（配列）（行番号）（列番号）

INDEX
（インデックス）
索引という意味。

▶ **Point**
INDEX関数には配列形式とセル範囲形式の2種類がある。

例題 5 高速道路区間距離表

次の高速道路区間距離表を，作成条件にしたがって作成しなさい。

	A	B	C	D	E	F	G
1							
2	高速道路			到着地			
3	区間距離表			1	2	3	4
4				練馬	金沢西	小松	加賀
5	出	1	練馬	―	462.2	485.4	506.5
6	発	2	金沢西	462.2	―	23.2	44.3
7	地	3	小松	485.4	23.2	―	21.1
8		4	加賀	506.5	44.3	21.1	―
9							
10				コード	インター		走行距離
11		出発地		1	練馬		※
12		到着地		3	※		ｋ ｍ

➡

	A	B	C	D	E	F	G
1							
2	高速道路			到着地			
3	区間距離表			1	2	3	4
4				練馬	金沢西	小松	加賀
5	出	1	練馬	―	462.2	485.4	506.5
6	発	2	金沢西	462.2	―	23.2	44.3
7	地	3	小松	485.4	23.2	―	21.1
8		4	加賀	506.5	44.3	21.1	―
9							
10				コード	インター		走行距離
11		出発地		1	練馬		485.4
12		到着地		3	小松		ｋ ｍ

（完成例）

作成条件

① 表の形式および体裁は，上の表を参考にして設定する。
　　設定する書式：罫線，列幅

② ※印の部分は，式や関数などを利用して求める。

③ E11の「出発地インター」は，D11の「出発地コード」をもとに，高速道路区間距離表を参照して表示する。ただし，INDEX関数を用いること。

④ E12の「到着地インター」は，D12の「到着地コード」をもとに，高速道路区間距離表を参照して表示する。ただし，INDEX関数を用いること。

⑤ G11の「走行距離」は，D11の「出発地コード」とD12の「到着地コード」をもとに，高速道路区間距離表を参照して表示する。

配列内のデータを抽出する（INDEX）

❶ セル（E11）をクリックし，「=INDEX（」と入力する。

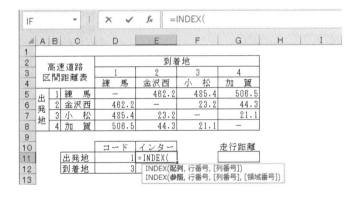

❷ 配列は，セル（C5〜C8）をドラッグし，「,」を入力する。
　行番号は，セル（D11）をクリックし，「,」を入力する。
　列番号は，「1」を入力し，「)」を入力する。

▶Point
❷列番号は，C列のみ
なので「1」となる。

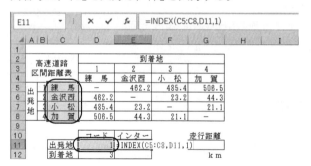

❸ Enter を押すと，該当するインターチェンジ名が表示される。

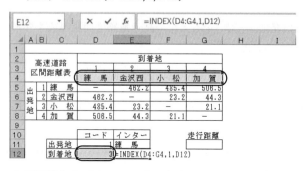

❹ セル（E12）をクリックし，次のように入力して Enter を押すと，到着地に該
当するインターチェンジ名が表示される。
　セル（E12）=INDEX（D4:G4,1,D12）

▶Point
❹行番号は，4行目の
みなので「1」となる。

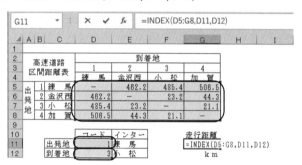

❺ 走行距離を表示するセル（G11）をクリックし，次のように入力して Enter を
押すと，該当する「走行距離」が表示される。
　セル（G11）=INDEX（D5:G8,D11,D12）

▶Point
❺「走行距離」は，「出
発地」と「到着地」が交
差する位置のデータを
表示する。

引 数 **配 列**…セル範囲または配列定数を指定する。（下図の①）

行番号…配列の上端を「1」とし，データを抽出する行を数値で指定する。（下図の②）

配列が1行しかない場合は，「1」または省略が可能である。

列番号…配列の左端を「1」とし，データを抽出する列を数値で指定する。（下図の③）

配列が1列しかない場合は，「1」または省略が可能である。

配列内で行番号と列番号が交差するセルの値が戻り値となる。（F5の「485.4」）

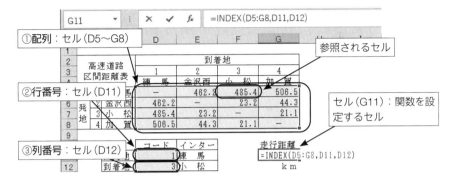

① 配列：セル（D5～G8）
参照されるセル
② 行番号：セル（D11）
セル（G11）：関数を設定するセル
③ 列番号：セル（D12）
走行距離
=INDEX(D5:G8,D11,D12)
k m

実技練習 **5** ‥‥‥ ファイル名：営業窓口シフト表

次の表は，ある営業窓口のシフト表である。作成条件にしたがって表を作成しなさい。

	A	B	C	D	E	F	G
1							
2		営業窓口シフト表					
3							
4		1	2	3	4	5	6
5	窓口番号	月	火	水	木	金	土
6	1	鈴井	小松	安田	嬉野	藤村	大泉
7	2	大泉	鈴井	小松	安田	嬉野	藤村
8	3	藤村	大泉	鈴井	小松	安田	嬉野
9	4	嬉野	藤村	大泉	鈴井	小松	安田
10	5	安田	嬉野	藤村	大泉	鈴井	小松
11							
12		窓口番号	5		担当者		
13		曜日番号	2		※※		

作成条件

① 表の形式および体裁は，上の表を参考にして設定する。

設定する書式：罫線，列幅

② ※※印の部分は，式や関数などを利用して求める。

③ 「担当者」は，C12の「窓口番号」とC13の「曜日番号」により，営業窓口シフト表を参照して求める。

筆記練習 **5**

(1) 右の表は，あるTシャツ販売店のオリジナルプリント価格一覧表である。「色数」と「枚数コード」をもとに，「金額」を表示する。E12に設定する式として適切なものを選び，記号で答えなさい。

ア． =INDEX(B6:E10,B13,B12)

イ． =INDEX(A4:E10,B12,B13)

ウ． =INDEX(B6:E10,B12,B13)

	A	B	C	D	E
1					
2		Tシャツプリント表			
3					
4	枚数コード	1	2	3	4
5	色数	50枚	100枚	150枚	200枚
6	1色	40,000	76,000	108,000	138,000
7	2色	45,000	86,000	123,000	156,000
8	3色	50,000	96,000	138,000	176,000
9	4色	55,000	106,000	153,000	196,000
10	5色	60,000	116,000	168,000	216,000
11					
12	色数	3		金額	176,000
13	枚数コード	4			

(2) 右の表は，新幹線の停車駅間の距離を求める表である。距離計算表の「乗車駅」と「降車駅」にそれぞれの駅コードを入力すると，距離が表示される。F16に設定する式として適切なものを選び，記号で答えなさい。

ア．=INDEX(B5:G10,F14,F15)

イ．=INDEX(B5:G10,F15,F14)

ウ．=INDEX(B4:G10,F14,F15)

	A	B	C	D	E	F	G
1							
2		新幹線停車駅間の距離					
3							
4	乗車\降車	東京	品川	新横浜	名古屋	京都	新大阪
5	東京	0.0	6.8	28.8	366.0	513.6	552.6
6	品川	6.8	0.0	22.0	359.2	506.8	545.8
7	新横浜	28.8	22.0	0.0	337.2	484.8	523.8
8	名古屋	366.0	359.2	337.2	0.0	147.6	186.6
9	京都	513.6	506.8	484.8	147.6	0.0	39.0
10	新大阪	552.6	545.8	523.8	186.6	39.0	0.0
11							
12		駅コード表				距離計算表	
13		駅名	コード				駅コード
14		東京	1			乗車駅	4
15		品川	2			降車駅	5
16		新横浜	3			距離	147.6
17		名古屋	4				
18		京都	5				
19		新大阪	6				

(3) 右の表は，月刊誌の定期購読料金の一覧表である。「雑誌コード」と「期間コード」をもとに，「料金」を表示する。C17に設定する次の式の空欄にあてはまる関数として適切なものを選び，記号で答えなさい。

	A	B	C	D	E	F	G
1							
2		月刊誌定期購読料金					
3							
4			期間コード	1	2	3	4	5
5	雑誌コード	雑誌名	1カ月	3カ月	6カ月	12カ月	24カ月
6	1	コンピュータ	880	2,640	5,010	9,500	16,890
7	2	サイエンス	980	2,940	5,580	10,580	18,810
8	3	ビジネス	780	2,340	4,440	8,420	14,970
9	4	スポーツ	550	1,650	3,130	5,940	10,580
10	5	ファッション	680	2,040	3,870	7,340	13,050
11	6	シネマ	1,280	3,840	7,290	13,820	24,570
12							
13		購読料計算表					
14			商品名／期間				
15		雑誌番号	3	ビジネス			
16		期間	3	6カ月			
17		料金	¥4,440				

=[   ](C6:G11,C15,C16)

ア．VLOOKUP   イ．INDEX   ウ．HLOOKUP

(4) 右の表は，ある宅配会社の運賃の一覧表である。料金は，「サイズコード」と「地区コード」をもとに，宅配料金一覧表を参照して表示している。D12に設定する式として適切なものを選び，記号で答えなさい。

	A	B	C	D	E	F
1						
2		宅配料金一覧表				
3						
4		地区コード				
5	サイズコード	1．北海道	2．東北	3．関東	4．関西	5．九州
6	1．S	1,500	1,000	900	1,000	1,500
7	2．M	1,700	1,200	1,100	1,300	1,700
8	3．L	1,900	1,400	1,300	1,500	1,900
9						
10			地区コード	3		
11			サイズコード	2		
12			料金	1,100		

ア．=INDEX(A5:F8,D11,D10)

イ．=INDEX(B6:F8,D10,D11)

ウ．=INDEX(B6:F8,D11,D10)

(1)		(2)		(3)		(4)	

6 値を検索し範囲内における相対位置を求める（MATCH）

MATCH

（マッチ）
MATCH関数は，照合の種類にしたがって検査範囲内を検索し，該当データの相対的な位置を数値で返す

書 式	=MATCH（検査値，検査範囲，[照合の種類]）
解説	MATCH関数は，検査範囲で指定した配列の中から検索したい値が上端，または左端から数えてどの位置にあるかを求める。
使用例	=MATCH（A6,A4:F4,0）

練馬ICから嵐山小川ICの中から川越ICを検索し，一致した場所
　　検査範囲　　　　　　　　　　　検査値　　　　　　　照合の種類
の相対位置を表示する。

例題 6 関越道インターチェンジ

次の関越道インターチェンジの検索に関する表を，作成条件にしたがって作成しなさい。

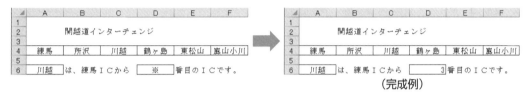

（完成例）

作成条件

① 表の形式および体裁は，上の表を参考にして設定する。
　　設定する書式：罫線，列幅
② ※印の部分は，式や関数などを利用して求める。
③ A6のインターチェンジ名をもとに，インターチェンジの表を参照し，練馬ICを起点とした位置を表示する。

配列内のデータを照合する（MATCH）

❶ セル（D6）をクリックし，「=MATCH（」と入力する。

❷ 検査値は，セル（A6）をクリックし，「,」を入力する。

　検査範囲は，セル（A4〜F4）をドラッグし，「,」を入力する。

　照合の種類は，「0」を入力し，「）」を入力する。

❸ Enter を押すと，該当するインターチェンジが練馬ICから何番目かが表示される。

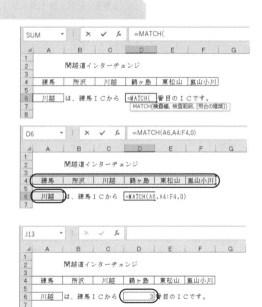

引数 検　査　値…検査範囲の中で照合する値を指定する。

　　　　検 査 範 囲…検索するセル範囲を指定する。

　　　照合の種類…検査範囲の中で，検査値を探す方法を指定する。－1，0，1の数値のいずれかで設定し，省略すると1が設定される。

　　　　　　　　　1…検査値以下の最大の値が検索される。検査範囲のデータは，昇順に並んでいる必要がある。

　　　　　　　　　0…検査値に完全に一致する値のみが検索の対象となる。並べ替えの必要はない。

　　　　　　　　－1…検査値以上の最小の値が検索される。検査範囲のデータは，降順に並んでいる必要がある。

参考 MATCH関数におけるワイルドカード

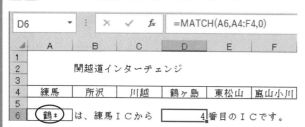

　上記の例のように，検査値に文字列，照合の種類に「0」を指定した場合は，検査値の中でワイルドカードを使うことができる。使用できるワイルドカードは，任意の文字列を表す「＊」と任意の1文字を表す「？」で，いずれも半角で入力する必要がある。検査範囲内に該当データが複数ある場合は，先に一致した場所の相対位置を表示する。

実技練習 6 ‥‥‥ ファイル名：営業成績一覧表

　次の表は，ある営業所の成績一覧表である。作成条件にしたがって表を作成しなさい。

	A	B	C	D	E	F	G
1							
2	営業成績一覧表						
3							
4	番号	第1期	第2期	第3期	第4期	総合	順位
5	1	80	85	50	50	※※	※※
6	2	58	60	52	47	※※	※※
7	3	84	75	77	60	※※	※※
8	4	95	75	84	75	※※	※※
9	5	100	85	90	50	※※	※※
10	6	75	25	65	32	※※	※※
11	7	88	40	78	30	※※	※※
12							
13		上位3名					
14		順位	番号				
15		1	※※				
16		2	※※				
17		3	※※				

作成条件

① 表の形式および体裁は，上の表を参考にして設定する。

　　設定する書式：罫線，列幅

② ※※印の部分は，式や関数などを利用して求める。

③ 「総合」は，「第1期」から「第4期」までの合計を求める。

④ G列の「順位」は，「総合」を基準として降順に順位をつける。

⑤ 上位3名のC列は，該当する「番号」を表示する。ただし，MATCH関数を用いること。

(1) ある高校では，部活動の開始時間と活動場所を検索するために，右の表を用いている。A3に部名，A4に曜日を入力すると，D3に「開始時間」，D4に「活動場所」が表示される。D4に設定する次の式の空欄にあてはまる適切なものを選び，記号で答えなさい。

	A	B	C	D	E	F
1						
2	活動照会					
3	卓球部			開始時間	16時	
4	火	曜日		活動場所	筋トレ室	
5						
6	活動予定一覧表					
7		月	火	水	木	金
8	野球部	15時半	15時半	18時	15時半	15時半
9	活動場所	校庭	校庭	筋トレ室	校庭	校庭
10	卓球部	15時半	16時	15時半	16時	15時半
11	活動場所	卓球場	筋トレ室	卓球場	筋トレ室	卓球場
12	合唱部	15時半		15時半		15時半
13	活動場所	音楽室	活動なし	音楽室	活動なし	音楽室

=INDEX(B8:F13,　　　　　　,MATCH(A4,B7:F7,0))

ア．MATCH(A3,A8:A13,1)+2

イ．MATCH(A3,A8:A13,0)+1

ウ．MATCH(A3,A8:A13,0)

(2) 右の表は，ある幼稚園の地区別在籍人数表である。B12に地区名を，B13に組名を入力したとき，B14に在籍人数を表示する。B14に設定する次の式の空欄にあてはまる適切なものを選び，記号で答えなさい。

	A	B	C	D
1				
2		地区別在籍人数表		
3				
4	地区名	年少	年中	年長
5	東	30	15	21
6	西	21	24	27
7	北	29	29	18
8	南	20	26	17
9	中央	28	15	29
10				
11				
12		西	地区の	
13		年長	組の人数は	
14		27	人です	

=VLOOKUP(B12,A5:D9,　　　　　　,FALSE)

ア．MATCH(B13,B4:D4,0)+1

イ．MATCH(B13,B4:D4,0)+2

ウ．MATCH(B13,B4:D4,0)

(3) 右の表は，あるスポーツジムの会員表である。D16にフリガナを入力すると，D17に会員番号が表示される。D17に設定する式として適切なものを選び，記号で答えなさい。

	A	B	C	D	E
1					
2		スポーツジム会員表			
3					
4	会員番号	氏名	フリガナ	会員種別	
5	1	新谷心結	アラヤミユ	一般	
6	2	深谷望美	フカヤノゾミ	ゴールド	
7	3	海野薫	ウミノカオル	シニア	
8	4	川井敬子	カワイケイコ	シニア	
9	5	谷村嘉男	タニムラヨシオ	ゴールド	
10	6	中川正徳	ナカガワマサノリ	一般	
11	7	児島真実	コジマミ	一般	
12	8	西敏子	ニシトシコ	シニア	
13	9	荻原唯衣	オギワラユイ	ゴールド	
14	10	藤木雅保	フジキマサヤス	一般	
15					
16		フリガナを入力してください。		ナカガワマサノリ	
17			会員番号は	6	です。

ア．=MATCH(D16,C5:C14,1)

イ．=MATCH(D16,C5:C14,0)

ウ．=MATCH(D16,C5:C14,-1)

(1)		(2)		(3)	

2 統計

7 条件に一致する値の件数を求める（COUNTIFS）

書 式	=COUNTIFS（検索条件範囲1，検索条件1，[検索条件範囲2，検索条件2]）

解説 COUNTIFS関数は，範囲の中から検索条件を満たすデータを検索し，そのデータの個数を表示する。

使用例 =COUNTIFS（C5:C11,">=30"）

最高気温の入力されているセルから，真夏日（30℃以上）のセルを検索し，その件数を表示する。
範囲1 検索条件1

COUNTIFS
（カウントイフス）
「COUNT」と「IF」が語源。複数の検索条件を指定できるため「S」がついている。

例題 7 週間天気予報

次のような週間天気予報を，作成条件にしたがって作成しなさい。

	A	B	C
1			
2		週間天気予報	
3			
4	日付	天気	最高気温
5	8月1日	曇り	31
6	8月2日	晴れ	33
7	8月3日	晴れ	34
8	8月4日	雨時々曇り	25
9	8月5日	雨	23
10	8月6日	曇りのち晴れ	28
11	8月7日	晴れ	30
12			
13		真夏日の日数	※
14		晴れの日数	※

	A	B	C
1			
2		週間天気予報	
3			
4	日付	天気	最高気温
5	8月1日	曇り	31
6	8月2日	晴れ	33
7	8月3日	晴れ	34
8	8月4日	雨時々曇り	25
9	8月5日	雨	23
10	8月6日	曇りのち晴れ	28
11	8月7日	晴れ	30
12			
13		真夏日の日数	4
14		晴れの日数	3

（完成例）

作成条件
① 表の形式および体裁は，上の表を参考にして設定する。
　　設定する書式：罫線，列幅
② ※印の部分は，式や関数などを利用して求める。
③ 「真夏日の日数」は，真夏日（「最高気温」が30℃以上）の日数を求める。
④ 「晴れの日数」は，「天気」が晴れの日数を求める。

条件を満たすデータの件数を求める（COUNTIFS）

❶ セル（C13）をクリックし，「=COUNTIFS（」と入力する。

| IF | ▼ : × ✓ fx | =COUNTIFS(|

	A	B	C	D	E	F
1						
2		週間天気予報				
3						
4	日付	天気	最高気温			
5	8月1日	曇り	31			
6	8月2日	晴れ	33			
7	8月3日	晴れ	34			
8	8月4日	雨時々曇り	25			
9	8月5日	雨	23			
10	8月6日	曇りのち晴れ	28			
11	8月7日	晴れ	30			
12						
13		真夏日の日数	=COUNTIFS(			
14		晴れの日数	COUNTIFS(**検索条件範囲1, 検索条件1, ...**)			
15						

❷ 検索条件範囲1は，セル（C5～C11）をドラッグし，「,」を入力する。
検索条件1は，「">=30"」と入力し，「）」を入力する。

❸ Enter を押すと，「真夏日の日数」が表示される。

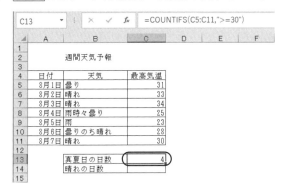

❹ セル（C14）をクリックし，次のように入力し Enter を押すと，「晴れの日数」
が表示される。

セル（C14）=COUNTIFS（B5:B11,"晴れ"）

引数 **検索条件範囲1**…カウント対象となるセル範囲や配列などを指定する。
検索条件1…カウントの対象となるセルを定義する条件を数値，式，文字列で指定する。式と文字列については，二重引用符（"）で囲む必要がある。例) ">=50","男","女"

実技練習　7 ……　ファイル名：1学期成績一覧表

次の表は，あるクラスの1学期の成績一覧表である。作成条件にしたがって表を作成しなさい。

番号	氏名	簿記	情報処理	ビジネス基礎	平均	評定
	成績一覧表					
1	秋田　祐子	87	56	95	※※	※※
2	石川　聡子	41	100	82	※※	※※
3	石橋　真理恵	57	87	91	※※	※※
4	佐伯　久美	98	81	83	※※	※※
5	須賀　良一	75	79	94	※※	※※
6	田村　良子	64	80	100	※※	※※

評定別人数集計表

評定	人数
A	※※
B	※※
C	※※

作成条件

① 表の形式および体裁は，前ページの表を参考にして設定する。

設定する書式：罫線，列幅

② ※※印の部分は，式や関数などを利用して求める。

③ 「平均」は，「簿記」，「情報処理」，「ビジネス基礎」の3科目の平均を求める。ただし，小数第1位未満を四捨五入し，小数第1位まで表示する。

④ G列の「評定」は，「平均」が85点以上の場合は A を表示し，75点以上の場合は B を表示し，75点未満の場合は C を表示する。

⑤ 評定別人数集計表は，「評定」別の人数を求める。

筆記練習 7

(1) 次の表は，模擬問題点数集計表である。「70点以上」の回数を集計するために，J5に設定する式として適切なものを選び，記号で答えなさい。

番号	第1回	第2回	第3回	第4回	第5回	第6回	第7回	第8回	70点以上
1	61	63	77	92	76	71	76	85	6
2	67	86	65	87	95	90	82	79	6
3	81	98	70	60	70	75	82	96	7
4	86	77	82	83	81	93	90	66	7
5	76	69	88	67	72	82	69	93	5
6	94	84	65	94	95	67	60	63	4
7	77	96	83	98	95	63	67	63	5
8	94	91	76	74	64	75	69	81	6
9	98	91	77	75	74	66	86	89	7
10	84	66	92	77	61	81	94	89	6

ア．=COUNTIFS(B5:I5,">70")

イ．=COUNTIFS(B5:I5,>=70)

ウ．=COUNTIFS(B5:I5,">=70")

(2) 右の表は，ドッジボール大会成績一覧表である。勝った場合は ○ を表示し，勝ち点は2点，引き分けの場合は △ を表示し，勝ち点は1点，負けた場合は × を表示し，勝ち点はなしとする。勝ち点の合計を表示させるために，F4に設定する式として適切なものを選び，記号で答えなさい。

組	1組	2組	3組	4組	勝ち点
1組		○	○	○	6
2組	×		×	△	1
3組	×	○		×	2
4組	×	△	○		3

ア．=COUNTIFS(B4:E4,"○")+COUNTIFS(B4:E4,"△")

イ．=COUNTIFS(B4:E4,"○")*2+COUNTIFS(B4:E4,"△")

ウ．=COUNTIFS(B4:E4,"△")*2+COUNTIFS(B4:E4,"○")

(1)		(2)	

8　条件を満たす値の合計を求める（SUMIFS）

書　式	=SUMIFS（合計対象範囲, 条件範囲1, 条件1, [条件範囲2, 条件2]）
解説	SUMIFS関数は，範囲の中から検索条件を満たすデータを検索し，条件を満たした行の合計範囲セルの合計を計算する。
使用例	=SUMIFS（$D$5:$D$12,$B$5:$B$12,A16）

各商品の種類からアイスクリームに一致する行の売上個数合計を
　　　条件範囲1　　　　　　　条件1　　　　　　　　　　　　　　　合計対象範囲
求める。

SUMIFS

（サムイフス）
「SUM」と「IF」が語源。
複数の条件を指定できるため「S」がついている。

9　条件を満たす値の平均を求める（AVERAGEIFS）

書　式	=AVERAGEIFS（平均対象範囲, 条件範囲1, 条件1, [条件範囲2, 条件2]）
解説	AVERAGEIFS関数は，範囲の中から検索条件を満たすデータを検索し，条件を満たした行の平均範囲セルの平均を計算する。
使用例	=AVERAGEIFS（$D$5:$D$12,$B$5:$B$12,A16）

各商品の種類からアイスクリームに一致する行の売上個数平均を
　　　条件範囲1　　　　　　　条件1　　　　　　　　　　　　　　　平均対象範囲
求める。

AVERAGEIFS

（アベレージイフス）
「AVERAGE」と「IF」が語源。複数の条件を指定できるため「S」がついている。

例題 8　アイスクリーム売上一覧表

次のようなアイスクリーム売上一覧表を，作成条件にしたがって作成しなさい。

アイスクリーム売上一覧表

商品名	種類	単価	売上個数	売上金額
牧場牛乳アイス	アイスクリーム	150	42	6,300
いちごコーン	アイスミルク	120	50	6,000
シューアイス	ラクトアイス	130	38	4,940
カリカリ君	氷菓	60	127	7,620
カフェスティック	アイスミルク	100	34	3,400
ジェットもなか	ラクトアイス	140	82	11,480
スーパーバニラ	アイスクリーム	200	61	12,200
チョコバー	氷菓	110	73	8,030

売上集計表

	売上数合計	売上数平均	売上金額合計	売上金額平均
アイスクリーム	103	51.5	18,500	9,250
アイスミルク	※	※	※	※
ラクトアイス	※	※	※	※
氷菓	※	※	※	※

↓

アイスクリーム売上一覧表

商品名	種類	単価	売上個数	売上金額
牧場牛乳アイス	アイスクリーム	150	42	6,300
いちごコーン	アイスミルク	120	50	6,000
シューアイス	ラクトアイス	130	38	4,940
カリカリ君	氷菓	60	127	7,620
カフェスティック	アイスミルク	100	34	3,400
ジェットもなか	ラクトアイス	140	82	11,480
スーパーバニラ	アイスクリーム	200	61	12,200
チョコバー	氷菓	110	73	8,030

売上集計表

	売上数合計	売上数平均	売上金額合計	売上金額平均
アイスクリーム	103	51.5	18,500	9,250
アイスミルク	84	42.0	9,400	4,700
ラクトアイス	120	60.0	16,420	8,210
氷菓	200	100.0	15,850	7,825

（完成例）

① 表の形式および体裁は，前ページの表を参考にして設定する。

　　設定する書式：罫線，列幅，数値につける3桁ごとのコンマ

② ※印の部分は，式や関数などを利用して求める。

③ 「売上金額」は，次の式で求める。

　　「単価 × 売上個数」

④ 「売上数合計」は，種類別の「売上個数」の合計を求める。

⑤ 「売上数平均」は，種類別の「売上個数」の平均を求める。ただし，小数第1位まで表示する。

⑥ 「売上金額合計」は，種類別の「売上金額」の合計を求める。

⑦ 「売上金額平均」は，種類別の「売上金額」の平均を求める。ただし，整数部のみ表示する。

条件を満たすデータの集計（SUMIFS・AVERAGEIFS）

❶ セル（E5）をクリックし，「単価 × 売上個数」の式を入力して「売上金額」を求める。セル（E6～E12）に式をコピーする。

❷ セル（B16）をクリックし，「=SUMIFS(」と入力する。

			fx	=SUMIFS(	
	A	B	C	D	E
1					
2		アイスクリーム売上一覧表			
3					
4	商品名	種類	単価	売上個数	売上金額
5	牧場牛乳アイス	アイスクリーム	150	42	6,300
6	いちごコーン	アイスミルク	120	50	6,000
7	シューアイス	ラクトアイス	130	38	4,940
8	カリカリ君	氷菓	60	127	7,620
9	カフェスティック	アイスミルク	100	34	3,400
10	ジェットもなか	ラクトアイス	140	82	11,480
11	スーパーバニラ	アイスクリーム	200	61	12,200
12	チョコバー	氷菓	110	73	8,030
13					
14	売上集計表				
15		売上数合計	売上数平均	売上金額合計	売上金額平均
16	アイスクリーム	=SUMIFS(			
17	アイスミルク	SUMIFS(合計対象範囲, 条件範囲1, 条件1, ...)			
18	ラクトアイス				
19	氷菓				

❸ 合計対象範囲は，セル（D5～D12）をドラッグし，[F4]を1回押して絶対参照を設定後，「,」を入力する。

　条件範囲1は，セル（B5～B12）をドラッグし，[F4]を1回押して絶対参照を設定後，「,」を入力する。

　条件1は，セル（A16）をクリックし，「)」を入力する。

B16			fx	=SUMIFS($D$5:$D$12,$B$5:$B$12,A16)	
	A	B	C	D	E
1					
2		アイスクリーム売上一覧表			
3					
4	商品名	種類	単価	売上個数	売上金額
5	牧場牛乳アイス	アイスクリーム	150	42	6,300
6	いちごコーン	アイスミルク	120	50	6,000
7	シューアイス	ラクトアイス	130	38	4,940
8	カリカリ君	氷菓	60	127	7,620
9	カフェスティック	アイスミルク	100	34	3,400
10	ジェットもなか	ラクトアイス	140	82	11,480
11	スーパーバニラ	アイスクリーム	200	61	12,200
12	チョコバー	氷菓	110	73	8,030
13					
14	売上集計表				
15		売上数合計	売上数平均	売上金額合計	売上金額平均
16	アイスクリーム	=SUMIFS($D$5:$D$12,$B$5:$B$12,A16)			
17	アイスミルク				
18	ラクトアイス				
19	氷菓				

❹ Enter を押すと，アイスクリームの「売上個数」の合計が計算される。

| B16 | ▼ | ⋮ | × | ✓ | fx | =SUMIFS($D$5:$D$12,$B$5:$B$12,A16) |

▲	A	B	C	D	E
1					
2		アイスクリーム売上一覧表			
3					
4	商品名	種類	単価	売上個数	売上金額
5	牧場牛乳アイス	アイスクリーム	150	42	6,300
6	いちごコーン	アイスミルク	120	50	6,000
7	シューアイス	ラクトアイス	130	38	4,940
8	カリカリ君	氷菓	60	127	7,620
9	カフェスティック	アイスミルク	100	34	3,400
10	ジェットもなか	ラクトアイス	140	82	11,480
11	スーパーバニラ	アイスクリーム	200	61	12,200
12	チョコバー	氷菓	110	73	8,030
13					
14	売上集計表				
15		売上数合計	売上数平均	売上金額合計	売上金額平均
16	アイスクリーム	103			
17	アイスミルク				
18	ラクトアイス				
19	氷菓				

❺ セル（B17～B19）に式をコピーする。

❻ 「売上数平均」は，セル（C16）をクリックし，次のように入力して Enter を押す。

　セル（C16）=AVERAGEIFS（$D$5:$D$12,$B$5:$B$12,A16）

| C16 | ▼ | ⋮ | × | ✓ | fx | =AVERAGEIFS($D$5:$D$12,$B$5:$B$12,A16) |

▲	A	B	C	D	E
1					
2		アイスクリーム売上一覧表			
3					
4	商品名	種類	単価	売上個数	売上金額
5	牧場牛乳アイス	アイスクリーム	150	42	6,300
6	いちごコーン	アイスミルク	120	50	6,000
7	シューアイス	ラクトアイス	130	38	4,940
8	カリカリ君	氷菓	60	127	7,620
9	カフェスティック	アイスミルク	100	34	3,400
10	ジェットもなか	ラクトアイス	140	82	11,480
11	スーパーバニラ	アイスクリーム	200	61	12,200
12	チョコバー	氷菓	110	73	8,030
13					
14	売上集計表				
15		売上数合計	売上数平均	売上金額合計	売上金額平均
16	アイスクリーム	103	=AVERAGEIFS($D$5:$D$12,$B$5:$B$12,A16)		
17	アイスミルク	84			
18	ラクトアイス	120			
19	氷菓	200			

❼ セル（C17～C19）に式をコピーする。

❽ 「売上金額合計」は，セル（D16）をクリックし，次のように入力して Enter を押す。

　セル（D16）=SUMIFS（$E$5:$E$12,$B$5:$B$12,A16）

❾ セル（D17～D19）に式をコピーする。

❿ 「売上金額平均」は，セル（E16）をクリックし，次のように入力して Enter を押す。

　セル（E16）=AVERAGEIFS（$E$5:$E$12,$B$5:$B$12,A16）

⓫ セル（E17～E19）に式をコピーする。

引数 **条件範囲1**…条件1を評価する範囲。

　　　条件1…計算の対象となるセルに定義する条件を指定する。

　　　（SUMIFS）合計対象範囲…加算する実際のセル範囲を指定する。合計対象範囲が条件範囲と同じセルの場合は，省略が可能である。

　　　（AVERAGEIFS）平均対象範囲…平均する実際のセル範囲を指定する。平均対象範囲が条件範囲と同じセルの場合は，省略が可能である。

次の表は，ある市の市民講座受付表である。作成条件にしたがって表を作成しなさい。

	講座名	開催週	受講人数
5	書道教室	1	14
6	ギター教室	1	15
7	ウクレレ教室	1	12
8	ダンス教室	1	26
9	書道教室	2	27
10	ギター教室	2	12
11	ウクレレ教室	2	28
12	ダンス教室	2	27
13	書道教室	3	13
14	ギター教室	3	21
15	ウクレレ教室	3	24
16	ダンス教室	3	21
17	書道教室	4	21
18	ギター教室	4	25
19	ウクレレ教室	4	23
20	ダンス教室	4	18

市民講座受付表

講座受付集計表

講座名	合計	平均
書道教室	※※	※※
ギター教室	※※	※※
ウクレレ教室	※※	※※
ダンス教室	※※	※※

作成条件

① 表の形式および体裁は，上の表を参考にして設定する。

　設定する書式：罫線，列幅

② ※※印の部分は，式や関数などを利用して求める。

③ 「合計」は，「講座名」ごとの「受講人数」の合計を求める。

④ 「平均」は，「講座名」ごとの「受講人数」の平均を求める。ただし，小数第1位まで表示する。

筆記練習 8

(1) 次の表は，今週の映画興行収入ベスト10の一覧表である。配給会社別集計表の「合計」は，今週の映画興行収入ベスト10の表をもとに，「配給会社」ごとに「興行収入」の合計を求める。H5に設定する式として適切なものを選び，記号で答えなさい。ただし，この式をH6〜H7にコピーするものとする。

今週の映画興行収入ベスト10　　　単位：千万円

	映画コード	タイトル	配給会社	興行収入
5	PA1021	ミッション	パラ	300
6	TU2005	ALL DAYS	竹梅	275
7	NE1014	リアル・ウッズ	西映	240
8	NE2014	怪獣くん	西映	220
9	TU2084	山本五十郎	竹梅	210
10	PA2101	ワイルド8	パラ	195
11	TU1117	運命の親	竹梅	182
12	PA1200	ドラゴンの男	パラ	132
13	NE1205	戦火の犬	西映	130
14	PA2233	フレンド	パラ	110

配給会社別集計表　　　単位：千万円

配給コード	配給会社	合計	平均
PA	パラ	737	184.3
TU	竹梅	667	222.3
NE	西映	590	196.7

ア．=SUMIFS($C$5:$C$14,$D$5:$D$14,G5)

イ．=AVERAGEIFS($D$5:$D$14,$C$5:$C$14,G5)

ウ．=SUMIFS($D$5:$D$14,$C$5:$C$14,G5)

(2) 次の表は，調理パンの売上を集計した表である。E列の「商品コード」ごとにH列に売上数の合計を求める。H5に設定する式として適切なものを選び，記号で答えなさい。ただし，この式をH6～H10にコピーするものとする。

	A	B	C	D	E	F	G	H
1								
2	調理パン売上集計表							
3					商品表			
4	商品コード	商品名	数量		商品コード	商品名	単価	売上数合計
5	A002	ジャムパン	3		A001	クリームパン	90	16
6	A002	ジャムパン	5		A002	ジャムパン	80	11
7	S001	卵サンド	3		S001	卵サンド	110	9
8	S002	ハムサンド	2		S002	ハムサンド	130	13
9	C001	焼きそばパン	2		C001	焼きそばパン	120	15
10	C002	コロッケパン	1		C002	コロッケパン	130	8
11	S001	卵サンド	1					
12	C002	コロッケパン	2					
13	A002	ジャムパン	2					
14	C002	コロッケパン	1					
15	A001	クリームパン	4					
16	C001	焼きそばパン	5					
17	A002	ジャムパン	1					
18	S002	ハムサンド	2					
19	C002	コロッケパン	4					
20	S001	卵サンド	2					
21	S002	ハムサンド	4					
22	A001	クリームパン	5					
23	S001	卵サンド	3					
24	C001	焼きそばパン	4					
25	A001	クリームパン	4					
26	A001	クリームパン	3					
27	S002	ハムサンド	5					
28	C001	焼きそばパン	4					

ア．=SUMIFS($A$5:$A$28,E5,$C$5:$C$28)

イ．=SUMIFS($C$5:$C$28,$A$5:$A$28,E5)

ウ．=SUMIFS($C$5:$C$28,E5,$A$5:$A$28)

(3) 次の表は，あるパスタ屋のランチの売上表である。「商品コード」ごとに「売上数」，「平均売上数」，「売上高」を求める。H5およびI5に設定する式の組み合わせとして適切なものを選び，記号で答えなさい。ただし，この式をそれぞれH6～H9，I6～I9にコピーするものとする。

	A	B	C	D	E	F	G	H	I	J
1										
2		ランチ売上表								
3					商品表					
4	商品コード	商品名	数量		商品コード	商品名	単価	売上数	平均売上数	売上高
5	P003	ペペロンチーノ	1		P001	ナポリタン	950	10	2.5	9,500
6	P005	ボロネーゼ	3		P002	カルボナーラ	1,100	12	3.0	13,200
7	P005	ボロネーゼ	2		P003	ペペロンチーノ	900	9	2.3	8,100
8	P002	カルボナーラ	4		P004	アラビアータ	1,050	15	3.8	15,750
9	P005	ボロネーゼ	3		P005	ボロネーゼ	1,000	11	2.8	11,000
10	P002	カルボナーラ	4							
11	P003	ペペロンチーノ	4							
12	P001	ナポリタン	1							
13	P004	アラビアータ	3							
14	P001	ナポリタン	2							
15	P003	ペペロンチーノ	3							
16	P004	アラビアータ	4							
17	P002	カルボナーラ	2							
18	P005	ボロネーゼ	3							
19	P003	ペペロンチーノ	1							
20	P004	アラビアータ	4							
21	P001	ナポリタン	4							
22	P004	アラビアータ	4							
23	P002	カルボナーラ	2							
24	P001	ナポリタン	3							

ア．(H5) =SUMIFS($C$5:$C$24,$A$5:$A$24,E5)　(I5) =AVERAGEIFS($C$5:$C$24,$A$5:$A$24,E5)

イ．(H5) =SUMIFS($A$5:$A$24,E5,$C$5:$C$24)　(I5) =AVERAGEIFS($A$5:$A$24,E5,$C$5:$C$24)

ウ．(H5) =SUMIFS($A$5:$A$24,$C$5:$C$24,E5)　(I5) =AVERAGEIFS($A$5:$A$24,$C$5:$C$24,E5)

(1)		(2)		(3)	

10　n番目に大きい数値を求める（LARGE）

LARGE
（ラージ）
大きいという意味。

書 式 =LARGE（配列，順位）

解説 LARGE関数は，配列の中の大きい方から数えてn番目の値を表示する。

使用例 =LARGE（$D$5:$D$10,C12）

<u>数量の中で1番目</u>に大きい数値を求める。
　配列　　　 順位

11　n番目に小さい数値を求める（SMALL）

SMALL
（スモール）
小さいという意味。

書 式 =SMALL（配列，順位）

解説 SMALL関数は，配列の中の小さい方から数えてn番目の値を表示する。

使用例 =SMALL（$E$5:$E$10,C12）

<u>売上金額の中で1番目</u>に小さい数値を求める。
　配列　　　　　 順位

例題 9 商品売上一覧表

次のような商品売上一覧表を，作成条件にしたがって作成しなさい。

商品売上一覧表

商品コード	商品名	単価	数量	売上金額
1001	冷蔵庫	85,000	10	※
1008	電子レンジ	46,000	12	※
1010	エアコン	89,000	16	※
1004	洗濯機	46,000	13	※
1012	扇風機	4,500	15	※
1006	掃除機	24,000	18	※
		1	2	3
売上数量ベスト3		※	※	※
売上金額ワースト3		※	※	※

商品売上一覧表

商品コード	商品名	単価	数量	売上金額
1001	冷蔵庫	85,000	10	850,000
1008	電子レンジ	46,000	12	552,000
1010	エアコン	89,000	16	1,424,000
1004	洗濯機	46,000	13	598,000
1012	扇風機	4,500	15	67,500
1006	掃除機	24,000	18	432,000
		1	2	3
売上数量ベスト3		18	16	15
売上金額ワースト3		67,500	432,000	552,000

（完成例）

作成条件

① 表の形式および体裁は，上の表を参考にして設定する。

　　設定する書式：罫線，列幅，数値につける3桁ごとのコンマ

② ※印の部分は，式や関数などを利用して求める。

③ 「売上金額」は，次の式で求める。

　　「単価 × 数量」

④ 「売上数量ベスト3」は，「数量」の中で1番目から3番目に大きい値を求める。

⑤ 「売上金額ワースト3」は，「売上金額」の中で1番目から3番目に小さい値を求める。

n番目に大きい値（LARGE）・小さい値（SMALL）

❶ セル（E5）をクリックし，**「単価 × 数量」**の式を入力し，「売上金額」を求める。

❷ セル（E6～E10）に式をコピーする。

❸ セル（C13）をクリックし，「=LARGE（」と入力する。

❹ 配列は，セル（D5～D10）をドラッグし，F4 を1回押して絶対参照を設定後，「,」を入力する。

順位は，セル（C12）をクリックし，「)」を入力する。

❺ Enter を押すと，数量の中で1番大きな値が表示される。

❻ セル（D13～E13）に式をコピーする。

❼ セル（C14）をクリックし，「=SMALL（」と入力する。

❽ 配列は，セル（E5～E10）をドラッグし，F4 を1回押して絶対参照を設定後，「,」を入力する。

順位は，セル（C12）をクリックし，「)」を入力する。

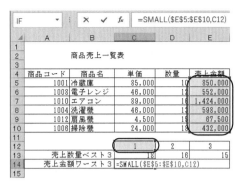

	配列	順位

❾ Enter を押すと，売上金額の中で1番小さい値が表示される。

❿ セル（D14～E14）に式をコピーする。

引 数 **配列**…抽出の対象となるデータが入力されているセル範囲を指定する。
　　　　　順位…（LARGE）　抽出する値の，大きい方から数えた順位を数値で指定する。セル内に数値を入力して，そのセル
　　　　　　　　　　　　　　　を指定してもよい。
　　　　　　　　　　　　　　　順位が0以下の値，または，データの個数より大きい場合，エラー値（#NUM!）となる。
　　　　　　　　　　（SMALL）　抽出する値の，小さい方から数えた順位を数値で指定する。
　　　　　　　　　　　　　　　順位が0以下の値，または，データの個数より大きい場合，エラー値（#NUM!）となる。

実技練習　9 ‥‥‥　ファイル名：障害物競走順位表

次の表は，障害物競走の順位表である。作成条件にしたがって表を作成しなさい。

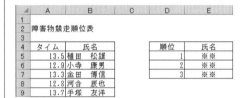

作成条件

① 表の形式および体裁は，左の表を参考にして設定する。
　　設定する書式：罫線，列幅

② ※※印の部分は，式や関数などを利用して求める。

③ E列の「氏名」は，タイムの早い順（昇順）に各順位の
　氏名を表示する。

筆記練習　9

　右の表は，YOSAKOIソーラン大会の成績表である。
E4の「ランキング」に順位（「得票数」の降順）を入力す
ると，E6に「チーム名」を表示する。E6に設定する次
の式の空欄にあてはまる関数として適切なものを選び，
記号で答えなさい。ただし，同じ「得票数」はないも
のとする。

	A	B	C	D	E	F
1						
2	YOSAKOIソーラン大会成績表				ランキング	
3	No.	得票数	チーム名			2 位の
4	1	59	黒潮舞姫		チーム名は	
5	2	198	ソーラン隊		風の舞	です。
6	3	45	世紗恋			
7	4	56	激舞			
8	5	132	風の舞			
9	6	128	祭美組			
10	7	61	北海翔舞			
11	8	108	踏舞屋			

=VLOOKUP(　　　　　 (B4:B11,E4),B4:C11,2,FALSE)

ア． SMALL　　　　　　　　　**イ．** LARGE　　　　　　　　　**ウ．** RANK

3 文字列操作

12 数値を書式設定した文字列で表示する（TEXT）

TEXT

（テキスト）
画面に表示可能な文字情報という意味。

TEXT関数は，数値を文字列に変換して表示する。

書 式 =TEXT（値，表示形式）

解説 TEXT関数は，表示形式コードを使用して数値に書式設定を適用することで，数値の表示方法を変更して表示する。表示形式を「"」で囲む。

使用例 =TEXT（1234,"#,##0"）

<u>1234</u>を3桁ごとに，<u>桁区切り</u>して文字列として表示する。
　　値　　　　　　　　　　　表示形式

例題 10 TEXT関数練習

次のようなTEXT関数練習を，作成条件にしたがって作成しなさい。

	A	B	C	D	E	F
1						
2		ＴＥＸＴ関数練習				
3						
4	1．1234（数値）を桁区切りして表示					※
5						
6	2．0.5（小数）を分数で表示					※
7						
8	3．2022年7月1日（日付）をもとに曜日を表示					※
9						
10	4．19800（数値）を名数記号（円）で表示					※

→

	A	B	C	D	E	F
1						
2		ＴＥＸＴ関数練習				
3						
4	1．1234（数値）を桁区切りして表示					1,234
5						
6	2．0.5（小数）を分数で表示					1/2
7						
8	3．2022年7月1日（日付）をもとに曜日を表示					金
9						
10	4．19800（数値）を名数記号（円）で表示					¥19,800

（完成例）

作成条件

① 表の形式および体裁は，上の表を参考にして設定する。

　　設定する書式：罫線，列幅

② ※印の部分は，関数などを利用して求める。

③ セル（F4）は，値を3桁ごとに桁区切りして表示する。

④ セル（F6）は，値を分数で表示する。

⑤ セル（F8）は，値を曜日で表示する。

⑥ セル（F10）は，値を名数記号（円）で表示する。

数値を書式設定した文字列で表示する（TEXT）

❶ セル（F4）をクリックし，「=TEXT（」と入力する。

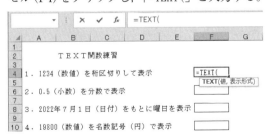

❷ 「1234」と「,」を入力する。

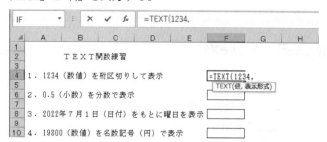

❸ 「"#,##0"」と「)」を入力し，Enter を押すと，桁区切りされた文字列が表示される。

▶ **Point**
#,##0の場合は「0」を表示するが，#,###とすると0を入力しても空白となる。

❹ セル(F6)をクリックし，「=TEXT(0.5,"#/#")」と入力し，Enter を押すと，分数に変換された文字列が表示される。

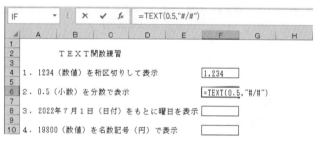

❺ セル(F8)をクリックし，「=TEXT("2022/7/1","aaa")」と入力し，Enter を押すと，日付に合わせた曜日が表示される。

▶ **Point**
aaaの場合，表示は「日」のようになる。aaaaの場合，表示は「日曜日」のようになる。

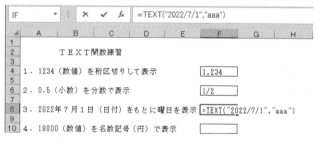

❻ セル(F10)をクリックし，「=TEXT(19800,"¥##,##0")」と入力し，Enter を押すと，名数記号(円)が付いた文字列が表示される。

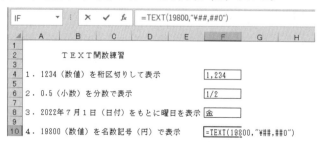

参考 TEXT関数で扱えるさまざまな表示形式コード

TEXT関数で用いることができる表示形式には，次のようなものがある。

表示形式	表示形式コード
数値	「#」…1桁分の数字を表示。数値の桁数が少ない場合は，余分な0は表示しない。 「0」…1桁分の数字を表示。数値の桁数が少ない場合は，先頭に0を表示する。 「,」…桁区切りの記号を付ける。　「.」…小数点を表す。 「%」…パーセント記号を付ける。　「¥」…¥(円記号)を付ける。 「$」…$(ドル記号)を付ける　　　「/」…分数を表す。
時刻	「h」…時刻の「時」を表す。　　　「m」…時刻の「分」を表す。 「s」…時刻の「秒」を表す。
日付	「y」…西暦の「年」を表す。「yyyy」，「yy」のような表記となる。 「m」…「月」を表示する。　　　「d」…「日」を表示する。 「a」…「曜日」を表示する。

実技練習 10 …… ファイル名：買い物リスト

次の表は，ある集まりで必要な買い物リストである。作成条件にしたがって表を完成させなさい。

	A	B	C
1			
2		買い物リスト	
3	NO	商品	金額
4	1	お茶	450
5	2	ジュース	900
6	3	菓子パン	300
7	4	弁当	1200
8	5	お菓子	1000
9		合計	※

作成条件

① 表の形式および体裁は，左の表を参考にして設定する。

設定する書式：罫線，列幅

② ※印の部分は，関数などを利用して求める。

③ セル(C9)の「合計」は，C4からC8の合計を求める。ただし，円記号と桁区切りを関数により設定すること。

筆記練習 10

祝日一覧表を作成する。「日付」をもとに「曜日」を漢字一文字により自動で表示するように，B5に設定する式として適切なものを選び，記号で答えなさい。

	A	B	C
1			
2		2022年祝日一覧表	
3			
4	日付	曜日	祝日
5	1月1日	土	元日
6	1月10日	月	成人の日
7	2月11日	金	建国記念の日
8	2月23日	水	天皇誕生日
9	3月21日	月	春分の日
10	4月29日	金	昭和の日
11	5月3日	火	憲法記念日
12	5月4日	水	みどりの日
13	5月5日	木	こどもの日
14	7月18日	月	海の日
15	8月11日	木	山の日
16	9月19日	月	敬老の日
17	9月23日	金	秋分の日
18	10月10日	月	スポーツの日
19	11月3日	木	文化の日
20	11月23日	水	勤労感謝の日

ア．=TEXT(A5,"aaaa")

イ．=TEXT(A5,aaa)

ウ．=TEXT(A5,"aaa")

13 文字列の検索①（SEARCH）

SEARCH

（サーチ）
探すという意味。

書　式　=SEARCH（検索文字列，対象，[開始位置]）

解説　SEARCH関数は，検索文字列から対象で指定した文字列の開始位置を数値で表示する。大文字・小文字の区別はなく，ワイルドカードを用いての検索が可能である。

使用例　=SEARCH("立",B5,1)

「<u>栃木県立◎◎高等学校</u>」という文字列から，「<u>立</u>」という文字列
　　　　対象　　　　　　　　　　　　　　　　　　　　　　　検索文字列
が何文字目から始まるか，<u>1文字目</u>から検索する。
　　　　　　　　　　　　開始位置

14 文字列の検索②（FIND）

FIND

（ファインド）
見つけるという意味。

書　式　=FIND（検索文字列，対象，[開始位置]）

解説　FIND関数は，検索文字列から対象で指定した文字列の開始位置を数値で表示する。大文字・小文字の区別をし，ワイルドカードを用いての検索はできない。

使用例　=FIND("立",B5,1)

「<u>栃木県立◎◎高等学校</u>」という文字列から，「<u>立</u>」という文字列
　　　　対象　　　　　　　　　　　　　　　　　　　　　　　検索文字列
が何文字目から始まるか，<u>1文字目</u>から検索する。
　　　　　　　　　　　　開始位置

例題 11 関東大会出場校一覧

次のような関東大会出場校一覧を，作成条件にしたがって作成しなさい。

関東大会出場校一覧

学校番号	学校名称	都県名	学校名	略称
TO053	栃木県立◎◎高等学校	栃木県	◎◎高等学校	◎◎高
IB046	茨城県立○○高等学校	※	※	※
GU068	群馬県立☆☆高等学校	※	※	※
SA007	埼玉県立□□高等学校	※	※	※
TK198	東京都立■■高等学校	※	※	※
CH072	千葉県立△△高等学校	※	※	※
KA013	神奈川県立××高等学校	※	※	※
YA021	山梨県立◇◇高等学校	※	※	※

関東大会出場校一覧

学校番号	学校名称	都県名	学校名	略称
TO053	栃木県立◎◎高等学校	栃木県	◎◎高等学校	◎◎高
IB046	茨城県立○○高等学校	茨城県	○○高等学校	○○高
GU068	群馬県立☆☆高等学校	群馬県	☆☆高等学校	☆☆高
SA007	埼玉県立□□高等学校	埼玉県	□□高等学校	□□高
TK198	東京都立■■高等学校	東京都	■■高等学校	■■高
CH072	千葉県立△△高等学校	千葉県	△△高等学校	△△高
KA013	神奈川県立××高等学校	神奈川県	××高等学校	××高
YA021	山梨県立◇◇高等学校	山梨県	◇◇高等学校	◇◇高

（完成例）

作成条件

① 表の形式および体裁は，上の表を参考にして設定する。

　　設定する書式：罫線，列幅

② ※印の部分は，式や関数などを利用して求める。

③ 「都県名」は，「学校名称」から都県名を抜き出して表示する。

④ 「学校名」は，「学校名称」から都県名以外を抜き出して表示する。

⑤ 「略称」は，「学校名」から「高」を含む学校名を抜き出して表示する。

（注）なお，③〜⑤はSEARCH関数を用いること。

検索する文字列の位置を求める（SEARCH・FIND）

❶ セル（C5）をクリックし，「=LEFT(B5,SEARCH(」と入力する。

❷ 検索文字列は，「"立",」を入力する。

対象は，セル（B5）をクリックし，「,」を入力する。

開始位置は，1文字目から検索を始めるので，「1」と「)」を入力する。

❸ 「-1)」を入力し Enter を押すと，「都県名」が表示される。

❹ セル（C6～C12）に式をコピーする。

❺ セル（D5）をクリックし，「=MID(B5,SEARCH("立",B5,1)+1,LEN(B5)-SEARCH("立",B5,1))」を入力し，Enter を押すと，「学校名」が表示される。

▶ **Point**
SEARCH関数とFIND関数は，おもに文字列から特定の文字を抜き出すときに使用される。

▶ **Point**
LEFT関数は，左端から任意の文字数を抽出する関数である。

▶ **Point**
SEARCH関数では，「立」の開始位置が求められるので，「4」が戻り値となるが，その1文字前までが都県名となるので，「-1」を設定する。

▶ **Point**
MID関数は，文字列の途中から任意の文字数を抽出する関数，LEN関数は，文字列の長さを求める関数である。

❻ セル（D6～D12）に式をコピーする。

❼ セル（E5）をクリックし，「=LEFT(D5,SEARCH("高",D5,1))」と入力し，[Enter]を押すと，「略称」が表示される。

	IF	▼ :	× ✓ fx	=LEFT(D5,SEARCH("高",D5,1))				
	A	B	C	D	E	F	G	H
1								
2		関東大会出場校一覧						
3								
4	学校番号	学校名称	都県名	学校名	略称			
5	TO053	栃木県立◎◎高等学校	栃木県	◎◎高等学校	=LEFT(D5,SEARCH("高",D5,1))			
6	IB046	茨城県立○○高等学校	茨城県	○○高等学校				
7	GU068	群馬県立☆☆高等学校	群馬県	☆☆高等学校				
8	SA007	埼玉県立□□高等学校	埼玉県	□□高等学校				
9	TK198	東京都立■■高等学校	東京都	■■高等学校				
10	CH072	千葉県立△△高等学校	千葉県	△△高等学校				
11	KA013	神奈川県立××高等学校	神奈川県	××高等学校				
12	YA021	山梨県立◇◇高等学校	山梨県	◇◇高等学校				

❽ セル（E6～E12）に式をコピーする。

引数 **検索文字列**…検索する文字列を指定する。
　対　　象…検索文字列を含む文字列，セル番地を指定する。
　開始位置…検索を開始する位置を指定する。対象の先頭から検索を開始するときは，「1」を指定する。開始位置を省略すると「1」を指定したとみなされる。

参考 SEARCH関数とFIND関数の違い────────────────────

　SEARCH関数，FIND関数は，ともにセル内の文字列から該当する文字列の位置を数値で表すものである。しかし，両者の区別がつきにくいため，その違いを下の表にまとめた。

	文字・数値の全角・半角区別	大文字・小文字の区別	ワイルドカード
SEARCH	区別する	区別しない	使用できる
FIND	区別する	区別する	使用できない

　日本語の文字列を検索する際は，ワイルドカードが使えるか使えないかの差のみなので，FIND関数を使うことが少なくなる。

　しかし，大文字・小文字が混在する英字では，目的により使い分けることとなる。また，ワイルドカードを使う場合は，注意が必要となる。

```
Senior High school Student

SEARCH("h",B2,1)        8
FIND("h",B2,1)         11
```

　また，これらの関数を活用する場面としては，文字列の操作を行う関数（LEFT関数など）の引数に設定することが多い。

実技練習 11 ⋯⋯⋯ ファイル名：高校名一覧表

　次の表は，ある町の高校名一覧表である。作成条件にしたがって表を作成しなさい。

	A	B	C
1			
2		高校名一覧表	
3			
4	高校名	英語名	略称
5	中央高校	ChuoHighSchool	Chuo
6	東高校	HigashiHighSchool	※※
7	西高校	NishiHighSchool	※※
8	南高校	MinamiHighSchool	※※
9	北高校	KitaHighSchool	※※
10	坂上高校	SakagamiHighSchool	※※
11	高原高校	TakaharaHighSchool	※※

作成条件

① 表の形式および体裁は，左の表を参考にして設定する。
　設定する書式：罫線，列幅
② ※※印の部分は，式や関数などを利用して求める。
③ 「略称」は，「英語名」をもとに学校名のみを抜き出す。ただし，FIND関数を用いること。

(1) ある政令指定都市の区役所で
は，自治会長の住所を右の表を
用いて管理している。B列に入
力された「住所」を，「区名」と
「町名番地等」に分けて表示す
る場合，C4とD4に設定する次
の式の空欄にあてはまる関数と

	A	B	C	D
1				
2	20XX 年度 自治会長住所一覧表			
3	氏名	住所	区名	町名番地等
4	中田　○○	中央区錦×－×－×	中央区	錦×－×－×
5	加藤　○○	東区徳川町×－×××－×	東区	徳川町×－×××－×
6	中村　○○	西区牛島町×－×－××	西区	牛島町×－×－××
7	安藤　○○	南区霞町×－××－×	南区	霞町×－××－×
8	青木　○○	北区名城×－×－×	北区	名城×－×－×
9	橋本　○○	平成区曙町×－××	平成区	曙町×－××

して適切なものを選び，記号で答えなさい。なお，空欄には同じ関数が入るものとする。

C4の式　　=LEFT(B4,⬚("区",B4,1))

D4の式　　=MID(B4,⬚("区",B4,1)+1,LEN(B4)-⬚("区",B4,1))

ア．SEARCH　　　　　　　イ．TEXT　　　　　　　ウ．MATCH

(2) 右の表は，氏名の間にあるスペースを取り除くた
めのものである。姓と名の間には，全角スペースが
1文字分挿入されており，スペース分を詰めたもの
を「結合氏名」に表示する。B5に設定する式とし
て適切なものを選び，記号で答えなさい。

	A	B	C
1			
2	氏名間スペース削除		
3			
4	氏名	空白文字位置	結合氏名
5	田中　○○	3	田中○○
6	鈴木　○	3	鈴木○
7	上山田　○○○	4	上山田○○○
8	勅使河原　○○	5	勅使河原○○

ア．=SEARCH(A5," ",1)

イ．=SEARCH(" ",A5,1)

ウ．=FIND(A5," ",1)

(3) 右の表は，日本人の友人の名
前についてまとめたものである。
B列の回答とC列のイニシャル
をもとに，D列に名前の開始文
字位置を計算し，E列に名前の
みを表示する。D5に設定する
式として適切なものを選び，記
号で答えなさい。ただし，この
式をD6〜D10までコピーする
ものとする。

	A	B	C	D	E
1					
2		Do you have any Japanese friends ?			
3					
4		What's your friend's name ?	Initial		Name
5		His name is Masao	M	13	Masao
6		Her name is Ai	A	13	Ai
7		His name is Isamu	I	13	Isamu
8		His name is Maruo	M	13	Maruo
9		His name is Hiroshi	H	13	Hiroshi
10		Her name is Naomi	N	13	Naomi
11					
12					
13					
14					
15					
16					

ア．=IF(B5="","",SEARCH(C5,B5,2))

イ．=IF(B5="","",FIND(C5,B5,1))

ウ．=IF(B5="","",FIND(C5,B5,2))

(1)		(2)		(3)	

4 数学／三角

15 指定した数値を超えない最大の整数を求める（INT）

INT

（インティジャー）
INTeger
整数という意味。

書　式	=INT（数値）
解説	INT関数は，引数で指定した数値を超えない最大の整数を表示する。
使用例	=INT（B5/C5）

在庫数を<u>販売単位で割った</u>答えの整数部のみを表示する。
数値

16 除算の余りを求める（MOD）

MOD

（モデュラス）
MODulus
剰余という意味。

書　式	=MOD（数値，除数）
解説	MOD関数は，数値を除数で割った余りを表示する。除数と同じ符号になる。除数に0を指定すると，エラー値が返される。
使用例	=MOD（B5,C5）

在庫数を<u>販売単位</u>で割った答えの余り部分のみを表示する。
数値　　　除数

例題 12 ラーメン在庫管理表

次のようなラーメン在庫管理表を，作成条件にしたがって作成しなさい。

	A	B	C	D	E
1					
2		ラーメン在庫管理表			
3					
4	商品名	在庫数	販売単位	セット数	残り在庫
5	醤油ラーメン	173	5	※	※
6	味噌ラーメン	166	5	※	※
7	塩ラーメン	145	3	※	※
8	とんこつラーメン	143	3	※	※

	A	B	C	D	E
1					
2		ラーメン在庫管理表			
3					
4	商品名	在庫数	販売単位	セット数	残り在庫
5	醤油ラーメン	173	5	34	3
6	味噌ラーメン	166	5	33	1
7	塩ラーメン	145	3	48	1
8	とんこつラーメン	143	3	47	2

（完成例）

作成条件

① 表の形式および体裁は，上の表を参考にして設定する。

設定する書式：罫線，列幅

② ※印の部分は，式や関数などを利用して求める。

③ 「セット数」は，次の式で求める。ただし，INT関数を用いて小数点以下を切り捨て，整数部のみ表示する。

「在庫数　÷　販売単位」

④ 「残り在庫」は，セットにできなかった余りを表示する。

整数化（INT）・剰余の算出（MOD）

❶ セル（D5）をクリックし，「=INT(」と入力する。

D5	▼	:	×	✓	fx	=INT(

	A	B	C	D	E	F
1						
2		ラーメン在庫管理表				
3						
4	商品名	在庫数	販売単位	セット数	残り在庫	
5	醤油ラーメン	173	5	=INT(		
6	味噌ラーメン	166	5	INT(数値)		
7	塩ラーメン	145	3			
8	とんこつラーメン	143	3			

❷ 数値は，「在庫数 ÷ 販売単位」の式と「)」を入力する。

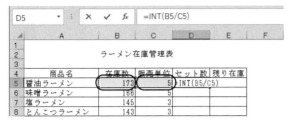

❸ Enter を押すと，セット数が計算される。

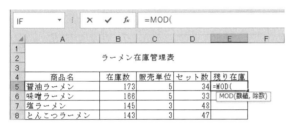

❹ セル（D6〜D8）に式をコピーする。

❺ セル（E5）をクリックし，「=MOD(」と入力する。

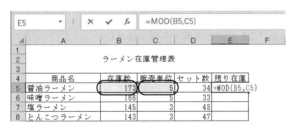

❻ 数値は，セル（B5）をクリックし，「,」を入力する。
　　除数は，セル（C5）をクリックし，「)」を入力する。

❼ Enter を押すと，残り在庫数が計算される。

❽ セル（E6〜E8）に式をコピーする。

引 数 INT関数
　　　　数値…小数点以下を切り捨てて整数にする実数を指定する。ここでは，計算式などを指定することが多い。
　　　　　　　　正の数のときは，小数点以下の値が切り捨てられ，負の数のときは，絶対値の小数点以下の値が切り上げ
　　　　　　　　られ，0から遠い方の値が戻り値となる。

MOD関数

　　数値…割り算の分子となる数値を指定する。

　　除数…割り算の分母となる数値を指定する。

　　　　除数に「0」を指定するとエラー値（#DIV/0!）となる。

参考　INT関数とROUNDDOWN関数の違い

（1）　Excel上での結果から見る違い

　　正の数のときは，INT関数，ROUNDDOWN関数ともに小数点以下が切り捨てられ，「123」が表示される。

　　負の数のときは，INT関数は小数点以下が切り上げられ「−124」が表示される。ROUNDDOWN関数は，小数点以下が切り捨てられ「−123」が表示される。

（2）　数直線から見る違い

　　両方の関数とも，正の数「123.456」では，小数点以下切り捨てを行い「123」と表示される。しかし，「−123.456」では，ROUNDDOWN関数は，絶対値として負の数を扱い小数点以下の値を切り捨てて「−123」と表示するのに対し，INT関数は，数値上（数直線上）のより小さい値へ切り捨てを行い「−124」と表示する。

実技練習　12　……　ファイル名：硬貨の金種計算表

次の表は，硬貨の金種を計算する表である。作成条件にしたがって表を作成しなさい。

	A	B
1		
2	硬貨の金種計算表	
3		
4	金額（千円未満）	789
5		
6	金種	枚数
7	500	※※
8	100	※※
9	50	※※
10	10	※※
11	5	※※
12	1	※※

作成条件

①　表の形式および体裁は，上の表を参考にして設定する。

　　設定する書式：罫線，列幅

②　※※印の部分は，式や関数などを利用して求める。

③　B7〜B12は，金種ごとの硬貨の枚数を求める。なお，100円以下の枚数については，次の式で求める。

　　「（元の金額（B4）　÷　1つ前の金種（A7））の余り　÷　当該金種（A8）」

(1) 右の表は，ある学校の校外学習の班編成表である。「余り」は，
「人数」を5人で割った余りを求める。C4に設定する式として
適切なものを選び，記号で答えなさい。

	A	B	C
1			
2	班編成		
3	クラス	人数	余り
4	3年1組	38	3
5	3年2組	39	4
6	3年3組	40	0
7	3年4組	37	2
8	3年5組	39	4
9	3年6組	38	3

ア．=MOD(B4,5)

イ．=MOD(5,B4)

ウ．=ROUNDDOWN(B4/B5,0)

(2) あるクラスの生徒を5人ずつのグループに分
けて，それぞれの班のメンバーに1～5の連番
を振りたい。A2に設定する次の式の空欄にあ
てはまる関数として適切なものを選び，記号で
答えなさい。ただし，この式をA3～A31まで
コピーするものとする。

	A	B	C	D	E
1	班別番号	連番	氏名	氏名（カタカナ）	性別
2	1	1	上野　英三	アガノ　エイゾウ	男
3	2	2	上野　莉菜	アガノ　リナ	女
4	3	3	井口　和馬	イグチ　カズマ	男
5	4	4	碓井　義之	ウスイ　ヨシユキ	男
6	5	5	岡田　清吾	オカダ　セイゴ	男
7	1	6	金城　岩生	カナシロ　イワオ	男
?	?	?	?	?	?
25	4	24	永田　恒男	ナガタ　ツネオ	男
26	5	25	西脇　希望	ニシワキ　ノゾミ	女
27	1	26	芳賀　昌信	ハガ　マサノブ	男
28	2	27	堀口　光代	ホリグチ　ミツヨ	女
29	3	28	安田　都	ヤスダ　ミヤコ	女
30	4	29	矢野　柚希	ヤノ　ユズキ	女
31	5	30	吉村　武秀	ヨシムラ　タケヒデ	男

ア．=MOD(B5,5)

イ．=IF(MOD(B2,5)=0,MOD(B2,5),5)

ウ．=IF(MOD(B2,5)=0,5,MOD(B2,5))

(3) 右の表は，あるテーマパークの来場者数日計表である。
「増減率」は，「**入場者数　÷　前年**」から100%を引いて
表示したものである。このとき，小数第1位未満をより小
さい値に切り捨てている。E5に設定する式として適切な
ものを選び，記号で答えなさい。

	A	B	C	D	E
1					
2			来場者数日計表		
3					
4	日	曜日	入場者数	前年	増減率
5	1	日	36,684	32,847	11.6
6	2	月	36,710	32,229	13.9
7	3	火	31,648	30,502	3.7
8	4	水	30,356	32,355	-6.2
9	5	木	52,941	56,393	-6.2
10	6	金	68,536	58,408	17.3
11	7	土	35,210	37,592	-6.4
12	8	日	27,319	34,297	-20.4
13	9	月	26,524	30,167	-12.1
14	10	火	31,867	37,658	-15.4
15	11	水	30,365	24,592	23.4
16	12	木	52,533	68,777	-23.7
17	13	金	51,724	60,095	-14
18	14	土	37,574	22,842	64.4
19	15	日	21,953	25,553	-14.1

ア．=INT(C5/D5*100-100)

イ．=INT((C5/D5*100-100)*10)/10

ウ．=ROUNDDOWN(C5/D5*100-100,1)

(1)		(2)		(3)	

5 日付／時刻

17 特定の日付のシリアル値を求める（DATE）

書　式 =DATE（年，月，日）

解説 DATE関数は，年・月・日からシリアル値に変換した値を表示する。

使用例 =DATE（$C$4+A7,1,1）

今日の日付に1年加えた年の「1月1日」を求める。
_年　　　　　　　_{月・日}

DATE

（デート）
日付という意味。

18 シリアル値から日を求める（DAY）

書　式 =DAY（シリアル値）

解説 DAY関数は，シリアル値で指定されている日付の日を表示する。

DAY

（デイ）
日という意味。

19 シリアル値から月を求める（MONTH）

書　式 =MONTH（シリアル値）

解説 MONTH関数は，シリアル値で指定されている日付の月を表示する。

MONTH

（マンス）
月という意味。

20 シリアル値から年を求める（YEAR）

書　式 =YEAR（シリアル値）

解説 YEAR関数は，シリアル値で指定されている日付の年を表示する。

使用例 =YEAR（TODAY（））

今日の日付から年だけを表示する。
_{シリアル値}

YEAR

（イヤー）
年という意味。

21 シリアル値から曜日を求める（WEEKDAY）

書　式 =WEEKDAY（シリアル値，[種類]）

解説 WEEKDAY関数は，シリアル値で指定されている日付の曜日を求める。種類は，1・2・3の3種類がある。1は戻り値が1（日曜）〜7（土曜），2は戻り値が1（月曜）〜7（日曜），3は戻り値が0（月曜）〜6（日曜）となる。

使用例 =WEEKDAY（B7,1）

1年後の日付をもとに日曜日を「1」として曜日を求める。
_{シリアル値}　　　　　　　　　　　　　　_{種類}
ただし，VLOOKUP関数などを用いて曜日への換算表を参照させなければ，戻り値の「数値」のままとなってしまう。

WEEKDAY

（ウィークデイ）
平日という意味。種類の引数は，通常1が規定値となる。なお，1の場合は省略可能である。

例題 13 日付・曜日の計算表

次のような日付・曜日の計算表を，作成条件にしたがって作成しなさい。

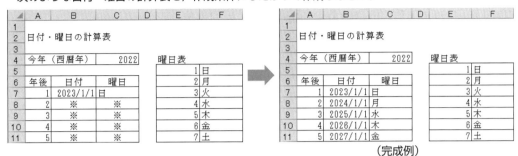

（完成例）

作成条件

① 表の形式および体裁は，上の表を参考にして設定する。

　　設定する書式：罫線，列幅

② ※印の部分は，式や関数などを利用して求める。

③ この表は，1〜5年後の「1月1日」の曜日を求める表である。

④ 「今年（西暦）」は，今年の西暦を関数によって求める。

⑤ 「日付」は，C4のセルを基準に，「年後」を加えて求めた「日付」を表示する。

⑥ 「曜日」は，「日付」をもとに曜日表を参照して表示する。

日付・曜日の計算（YEAR・DATE・WEEKDAY）

❶ セル（C4）をクリックし，「=YEAR(TODAY())」と入力する。

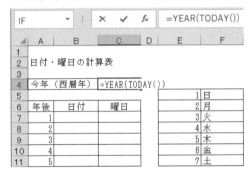

❷ セル（B7）をクリックし，「=DATE(」と入力する。

▶ Point

DATE関数の引数は，
直接数値で指定するこ
とも可能である。

❸ 引数「年」は，セル（C4）をクリック後，F4 を1回押し，絶対参照に設定する。
加える年数を計算するため「+」を入力し，セル（A7）をクリック後，「,」を入力する。

引数「月」「日」は，「1,1)」と入力し，Enter を押すと，1年後の日付が表示される。

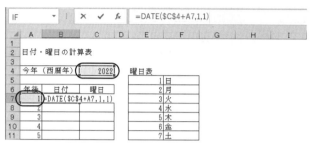

❹ セル（B8〜B11）に式をコピーする。

❺ セル（C7）をクリックし，「=VLOOKUP(WEEKDAY(」と入力する。

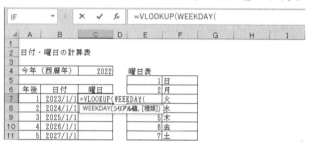

❻ シリアル値は，セル（B7）をクリックし，「,」を入力する。
種類を「1」とし，「)」を入力する。

❼ VLOOKUP関数の引数については，「,」を入力し，範囲はセル（E5〜F11）
をドラッグ後，F4 を1回押し，「,」を入力する。

列番号は，「2,」，検索方法は，「FALSE)」と入力する。

Enter を押すと，該当する曜日が表示される。

❽ セル（C8〜C11）に式をコピーする。

引数 DATE関数

年…西暦の4桁を指定する。2桁では「1900」年を基準として計算するため，1900年代のシリアル値が戻り値
となる。

月…月を表す正（1〜12），または負の整数を指定する。

月の引数に1より小さい整数を指定した場合，指定した値の絶対値に1を加算した月数分さかのぼった月を
戻り値とする。

例1：−4を指定した場合，5か月さかのぼることになるので前年の8月とみなされる。

月の引数に12より大きな整数を指定した場合，指定した値から12を減算し，残りを翌年以降の月とする。

例2：15を指定した場合，翌年の3月とみなされる。

日…日を表す正（1〜31），または負の整数を指定する。

日の引数に1より小さい整数を指定した場合，指定した値の絶対値に1を加算した日数分さかのぼった日付
とみなされる。

日の引数にその月の最後の日付より大きな整数を指定した場合，指定した値からその月の最後の日付を減算
し，残りを翌月の日付とする。

WEEKDAY・DAY・MONTH・YEAR関数

シリアル値…シリアル値は，「1900年1月1日」を「1」として計算される値である。

［セルの書式設定］−［表示形式］で「日付」の書式を設定してある場合は，その種類に応じた表示と
なる。

（WEEKDAY関数のみ）

種類	日	月	火	水	木	金	土
1	1	2	3	4	5	6	7
2	7	1	2	3	4	5	6
3	6	0	1	2	3	4	5

参考 セルの書式設定からの表示方法

戻り値に応じて，曜日表などを設定しておき，VLOOKUP関数などで参照して明示的に表示する方
法のほかに，［セルの書式設定］−［表示形式］−［ユーザー定義］の種類で，「a」を3個（aaa）や4個（aaaa）
と指定することで，曜日を表示させることができる。ただし，日曜日「1」〜土曜日「7」となる。

実技練習 13 …… **ファイル名：誕生日計算表**

次の表は，誕生日計算表である。作成条件にしたがって表を作成しなさい。

作成条件

① 表の形式および体裁は，上の表を参考にして設定する。

設定する書式：罫線，列幅

② ※※印の部分は，式や関数などを利用して求める。

③ D4〜D6は，今日の日付から「年」「月」「日」をそれぞれ抽出して表示する。

④ ※印の部分は，各自が「年」「月」「日」を入力する。

⑤ D12は，D8〜D10の値をもとにシリアル値へ変換し，曜日を求める関数で求めた値をもとに，曜
日表を参照して表示する。

(1) あるアイススケート場では，毎週水曜日をサービスデーとして，一日滑走料金が割引になる。曜日をもとに，本日の滑走料金を求めるために，B6に設定する次の式の空欄にあてはまる関数として適切なものを選び，記号で答えなさい。

	A	B	C
1			
2	一日滑走料金		
3	通常料金	1,800	円
4	サービスデー	900	円
5			
6	本日の料金は	1,800	円

=IF(_____ (TODAY(),1)=4,B4,B3)

ア．DATE　　　　　　**イ**．DAY　　　　　　**ウ**．WEEKDAY

(2) 右の表は，ある会社における受注一覧表である。注文を受け付けた翌日から3営業日後に発送を行う。ただし，月曜日は定休日であり，注文の受付は可能であるが，発送作業は行わない。「曜日」が「金」・「土」・「日」のいずれかの場合は，月曜日の分を「定休日加算」として「発送予定日」に1日分を加算する。F6に設定する式として適切なものを選び，記号で答えなさい。なお，「曜日」はセルの書式設定により数値から自動で曜日が表示されるように表示形式が設定されている。

	A	B	C	D	E	F	G
1							
2		受注一覧表					
3							
4	受付No.	受注日				定休日加算	発送予定日
5		年	月	日	曜日		
6	1001	2022	4	3	日	1	4月7日(木)
7	1002	2022	4	6	水	0	4月9日(土)
8	1003	2022	4	7	木	0	4月10日(日)
9	1004	2022	4	9	土	1	4月13日(水)
10	1005	2022	4	12	火	0	4月15日(金)
11	1006	2022	4	15	金	1	4月19日(火)
12	1007	2022	4	18	月	0	4月21日(木)
13	1008	2022	4	21	木	0	4月24日(日)
14	1009	2022	4	23	土	1	4月27日(水)
15	1010	2022	4	29	金	1	5月3日(火)
16	1011	2022	5	9	月	0	5月12日(木)
17	1012	2022	5	13	金	1	5月17日(火)
18	1013	2022	5	16	月	0	5月19日(木)
19	1014	2022	5	22	日	1	5月26日(木)

ア．=IF(WEEKDAY(DATE(B6,C6,D6),1)<5,0,1)
イ．=IF(WEEKDAY(DATE(B6,C6,D6),2)<5,0,1)
ウ．=IF(WEEKDAY(DATE(B6,C6,D6),3)<5,0,1)

(3) 右の表は，ある学校の創立から10年ごとの年をまとめたものである。B3〜B6のセルに創立の年号，年，月，日を入力すると9行目に創立の年の「西暦」と「和暦」が表示され，10行目以降に10年ごとの「西暦」と「和暦」が計算される。B10に設定する式として適切なものを選び，記号で答えなさい。なお，B10の式をB11〜B21にコピーするものとする。

	A	B	C	D	E	F
1						
2	創立記念日計算表				西暦変換表	
3	年号	明治			明治	1868
4		35	年		大正	1912
5		5	月		昭和	1926
6		1	日		平成	1989
7					令和	2019
8	周年	西暦	和暦			
9	創立	1902	明治35年			
10	10	1912	明治45年			
11	20	1922	大正11年			
12	30	1932	昭和7年			
13	40	1942	昭和17年			
14	50	1952	昭和27年			
15	60	1962	昭和37年			
16	70	1972	昭和47年			
17	80	1982	昭和57年			
18	90	1992	平成4年			
19	100	2002	平成14年			
20	110	2012	平成24年			
21	120	2022	令和4年			
22	130	2032	令和14年			

ア．=YEAR(DATE($B$9,$B$5,$B$6)+A10)
イ．=YEAR(DATE($B$9+A10,$B$5,$B$6))
ウ．=YEAR(DATE($B$6,$B$5,$B$9+A10))

(1)		(2)		(3)	

22 時刻を計算して求める（TIME）

書　式 =TIME（時，分，秒）

解説 TIME関数は，「時」「分」「秒」を時刻データ（シリアル値）に変換する。

使用例 =TIME（B6,0,0）

日本の現在時刻から，時差（時間）分だけプラスした時刻が各国の現在時刻となる。指定しない部分の引数は，0としておく。また，引数には負の数を設定することはできない。

> **TIME**
>
> **（タイム）**
> 時間という意味。

例題 14 日本との時差

　次の表は，日本の現在の時刻と世界各国の時差を示した表である。作成条件にしたがって表を作成しなさい。

	A	B	C
1			
2		日本との時差	
3			
4	国	時差（時間）	現地の現在時刻
5	日本	0	2022/1/1 0:00
6	ジャマイカ	-14	2021/12/31 10:00
7	アルゼンチン	-12	※
8	ギリシャ	-7	※
9	中国	-1	※
10	パプアニューギニア	1	※
11	ニュージーランド	3	※

	A	B	C
1			
2		日本との時差	
3			
4	国	時差（時間）	現地の現在時刻
5	日本	0	2022/1/1 0:00
6	ジャマイカ	-14	2021/12/31 10:00
7	アルゼンチン	-12	2021/12/31 12:00
8	ギリシャ	-7	2021/12/31 17:00
9	中国	-1	2021/12/31 23:00
10	パプアニューギニア	1	2022/1/1 1:00
11	ニュージーランド	3	2022/1/1 3:00

（完成例）

作成条件

① 表の形式および体裁は，上の表を参考にして設定する。
　　設定する書式：罫線，列幅
② ※印の部分は，式や関数などを利用して求める。
③ C5は，日本の現在時刻を求める。
④ C6～C11は，世界各国の時刻を求める。

時刻の計算（TIME）

❶ セル（C5）をクリックし，「=NOW()」と入力し，Enter を押すと，日本の今現在の時刻が表示される。

VALUE	× ✓ fx	=NOW()	
	A	B	C
1			
2		日本との時差	
3			
4	国	時差（時間）	現地の現在時刻
5	日本	0	=NOW()
6	ジャマイカ	-14	
7	アルゼンチン	-12	
8	ギリシャ	-7	
9	中国	-1	
10	パプアニューギニア	1	
11	ニュージーランド	3	

> ▶ **Point**
> NOW関数は，コンピュータの時刻を取得する。

❷ セル (C6) をクリックし，「=IF(B6>=0,$C$5+TIME(」と入力する。

▶ **Point**
B列の「時差」が負の
数の場合は，TIME関
数でそのまま扱えない
ので，IF関数を用いて
計算式を分岐させる。

	A	B	C	D	E	F	G
1							
2		日本との時差					
3							
4	国	時差（時間）	現地の現在時刻				
5	日本	0	2022/1/1 0:00				
6	ジャマイカ	-14	=IF(B6>=0,$C$5+TIME(				
7	アルゼンチン	-12					
8	ギリシャ	-7					
9	中国	-1					
10	パプアニューギニア	1					
11	ニュージーランド	3					

（IF式入力欄 =IF(B6>=0,$C$5+TIME(/ TIME(時,分,秒)）

❸ 「時差（時間）」は，セル (B6) をクリックし，「,」を入力する。
　分と秒については引数を設定しないため，「0,0」を入力し，「)」を入力する。

C6　=IF(B6>=0,$C$5+TIME(B6,0,0)

	A	B	C	D	E	F	G
1							
2		日本との時差					
3							
4	国	時差（時間）	現地の現在時刻				
5	日本	0	2022/1/1 0:00				
6	ジャマイカ	-14	=IF(B6>=0,$C$5+TIME(B6,0,0)				
7	アルゼンチン	-12	IF(論理式, [値が真の場合], [値が偽の場合])				
8	ギリシャ	-7					
9	中国	-1					
10	パプアニューギニア	1					
11	ニュージーランド	3					

❹ 「,」を入力し，「$C$5-TIME(-B6,0,0))」と入力する。

▶ **Point**
B列が負の数の場合は，
時間の符号を「+」に
してシリアル値を求め，
日本の現在時刻から引
く。

C6　=IF(B6>=0,$C$5+TIME(B6,0,0),$C$5-TIME(-B6,0,0))

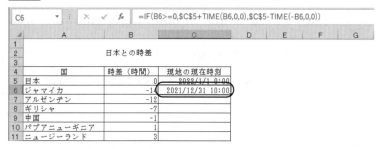

	A	B	C	D	E	F	G
1							
2		日本との時差					
3							
4	国	時差（時間）	現地の現在時刻				
5	日本	0	2022/1/1 0:00				
6	ジャマイカ	-14	=IF(B6>=0,$C$5+TIME(B6,0,0),$C$5-TIME(-B6,0,0))				
7	アルゼンチン	-12					
8	ギリシャ	-7					
9	中国	-1					
10	パプアニューギニア	1					
11	ニュージーランド	3					

❺ Enter を押すと，セル (C6) の計算結果が表示される。

▶ **Point**
セルの書式設定で表示
形式を設定していなけ
ればシリアル値で表示
される。

C6　=IF(B6>=0,$C$5+TIME(B6,0,0),$C$5-TIME(-B6,0,0))

	A	B	C	D	E	F	G
1							
2		日本との時差					
3							
4	国	時差（時間）	現地の現在時刻				
5	日本	0	2022/1/1 0:00				
6	ジャマイカ	-14	2021/12/31 10:00				
7	アルゼンチン	-12					
8	ギリシャ	-7					
9	中国	-1					
10	パプアニューギニア	1					
11	ニュージーランド	3					

❻ セル (C7〜C11) に式をコピーする。

引数 **時**…時を表す数値を0〜23の範囲で指定する。
　　　　23を超える値は，24で除算され，剰余が時間として計算される。
　分…分を表す数値を0〜59の範囲で指定する。
　　　　59を超える値は，時と分に変換される。
　秒…秒を表す数値を0〜59の範囲で指定する。
　　　　59を超える値は，時，分，秒に変換される。
　時間を表すシリアル値は，0〜0.99999999の範囲の小数で0：00：00（午前0時）〜23：59：59（午後11時59分59
秒）で表される。

次の表は，あるレンタサイクルの時間計算表である。作成条件にしたがって表を作成しなさい。

	A	B	C	D	E
1					
2		レンタル時間計算表			
3					
4	貸出時間		返却時間		利用時間
5	時	分	時	分	
6	11	35	12	38	1:03
7	11	43	16	16	※※
8	11	47	15	13	※※
9	12	35	16	24	※※
10	12	43	16	38	※※
11	13	29	14	35	※※

作成条件

① 表の形式および体裁は，上の表を参考にして設定する。

  設定する書式：罫線，列幅

② ※※印の部分は，式や関数などを利用して求める。

③ 「利用時間」は，次の式で求める。ただし，時間に関する関数を用い，セルの書式設定で表示形式を適宜変更すること。

  「返却時間 － 貸出時間」

(1) 右の表は，ある公民館の会議室の利用時間計算表である。「利用時間」は，「終了時刻」から「開始時刻」を引いて求める。F5に設定する式として適切なものを選び，記号で答えなさい。

	A	B	C	D	E	F
1						
2		利用時間計算表				
3	部屋番号	開始時刻		終了時刻		利用時間
4		時	分	時	分	
5	101	12	08	14	15	2:07
6	102	14	12	17	00	2:48
7	101	16	15	18	53	2:38
8	103	14	17	15	39	1:22
9	102	17	25	20	20	2:55

ア．=TIME(D5,E5,0)-TIME(B5,C5,0)

イ．=TIME(B5,C5,0)-TIME(D5,E5,0)

ウ．=NOW()-TIME(B5,E5,0)

(2) 右の表は，スポーツ大会のコートごとの競技時刻を計算する表である。競技を開始した時刻を，C列の「時」，D列の「分」に入力すると，E列に「終了予定時刻」とF列に「残り時間」を表示する。E6に設定する式として適切なものを選び，記号で答えなさい。ただし，この式をE7～E9にコピーするものとする。

	A	B	C	D	E	F
1						
2		競技時間計算表				
3					現在時刻	9:51
4	コート名	競技時間	開始時刻		終了予定	残り時間
5		（分）	時	分	時刻	
6	Aコート	15	9	37	9:52	0:01
7	Bコート	15	9	48	10:03	0:12
8	Cコート	15	9	42	9:57	0:06
9	Dコート	15	9	52	10:07	0:16

ア．=TIME($C6,$D6,0)+$B6

イ．=TIME($C6,$D6)+TIME(0,$B6)

ウ．=TIME($C6,$D6,0)+TIME(0,$B6,0)

(1)		(2)	

23 シリアル値から時間を求める（HOUR）

HOUR

（アワー）
時間という意味。

書 式 =HOUR（シリアル値）

解説 HOUR関数は，シリアル値で指定されている「時」を表示する。

使用例 =HOUR（C4）

現在の時刻から何時かを求める。
_{シリアル値}

24 シリアル値から分を求める（MINUTE）

MINUTE

（ミニット）
分という意味。

書 式 =MINUTE（シリアル値）

解説 MINUTE関数は，シリアル値で指定されている「分」を表示する。

使用例 =MINUTE（C4）

現在の時刻から何分かを求める。
_{シリアル値}

25 シリアル値から秒を求める（SECOND）

SECOND

（セカンド）
秒という意味。

書 式 =SECOND（シリアル値）

解説 SECOND関数は，シリアル値で指定されている「秒」を表示する。

使用例 =SECOND（C4）

現在の時刻から何秒かを求める。
_{シリアル値}

例題 15 時刻関数練習

次のような「日付・曜日の計算表」を，作成条件にしたがって作成しなさい。

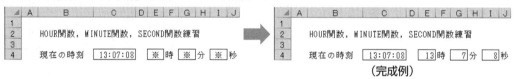

（完成例）

作成条件

① 表の形式および体裁は，上の表を参考にして設定する。

設定する書式：罫線，列幅

② ※印の部分は，関数などを利用して求める。

③ この表は，現在の時刻をもとに「時」「分」「秒」を求める表である。

④ C4の「現在の時刻」は，NOW関数によって求める。

⑤ E4には「時」を，G4には「分」を，I4には「秒」を表示する。

時間の計算（HOUR・MINUTE・SECOND）

❶ セル（C4）をクリックし，「=NOW()」と入力する。

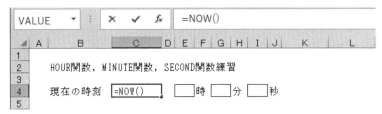

❷ セル（E4）をクリックし「=HOUR(」と入力する。

❸ 引数「シリアル値」は，セル（C4）をクリックし「)」を入力後， Enter を押すと，現在の「時」が表示される。

❹ セル（G4）をクリックし「=MINUTE(」と入力する。

❺ 引数「シリアル値」は，セル（C4）をクリックし「)」を入力後， Enter を押すと，現在の「分」が表示される。

❻ セル (I4) をクリックし「=SECOND(」と入力する。

❼ 引数「シリアル値」は，セル (C4) をクリックし「)」を入力後，[Enter] を押すと，現在の「秒」が表示される。

参考 時刻の表示形式

HOUR関数，MINUTE関数，SECOND関数を用いて計算を行った際，表示が「1900/1/7 0:00」のようになる場合がある。これは，セルの書式設定が「ユーザー定義」になっているからである。

そこで，セルの書式設定の表示形式を「標準」に変更すると，正しく表示される。

次の表は，あるパン屋の焼き上がり予定時刻表である。作成条件にしたがって作成しなさい。

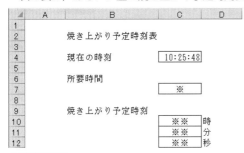

作成条件

① 表の形式および体裁は，上の表を参考にして設定する。

　　設定する書式：罫線，列幅

② ※※印の部分は，関数などを利用して求める。

③ ※印の部分は，所要時間を入力する。ただし，入力については「時:分:秒」のように「:」コロンで区切ることとし，セルの書式設定で表示形式を適宜変更すること。

④ C10は，現在の時刻に所要時間を加算して「時」を表示する。

⑤ C11は，現在の時刻に所要時間を加算して「分」を表示する。

⑥ C12は，現在の時刻に所要時間を加算して「秒」を表示する。

筆記練習 15

　次の表は，ある企業の出社時間と退社時間から勤務時間を算出するものである。C6に出社から退社までの時間が計算されている。このC6の時間をもとに，休憩時間1時間を差し引いた時間を求めるためにC9に設定する式として適切なものを選び，記号で答えなさい。

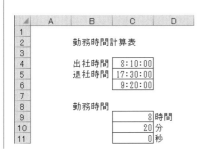

ア．=HOUR(C6)-1

イ．=MINUTE(C6)-1

ウ．=SECOND(C6)-1

6 論理

26 条件をすべて満たす（AND）

書 式 =AND（論理式1，［論理式2］）

解説　AND関数は，引数で指定した論理式をすべて満たしたとき，TRUEを戻り値として返す。

使用例　=AND（B5>=70,C5>=70）
筆記の点数が70点以上，実技の点数が70点以上という条件を両方満たすとき「TRUE」を返す。それ以外は「FALSE」となる。

論理式1・論理式2

AND
（アンド）
「…かつ…」という意味。

27 いずれかの条件を満たす（OR）

書 式　=OR（論理式1，［論理式2］）

解説　OR関数は，引数で指定した論理式のいずれかを満たしたとき，TRUEを戻り値として返す。

使用例　=OR（B5>=70,C5>=70）
筆記の点数が70点以上，実技の点数が70点以上という条件を片方でも満たせば「TRUE」を返す。それ以外は「FALSE」となる。

OR
（オア）
「…または…」という意味。

28 論理式の答えの逆を求める（NOT）

書 式　=NOT（論理式）

解説　NOT関数は，論理式がTRUEのときにFALSEを戻り値とし，FALSEのときにTRUEを戻り値とする。

使用例　=NOT（D5="合格"）
D列の判定が合格ではないときは「TRUE」を返す。それ以外は「FALSE」となる。

NOT
（ノット）
「…でない」という意味。

例題 16 情報処理模擬問題点数表

次のような情報処理模擬問題点数表を，作成条件にしたがって作成しなさい。

クラス番号	筆記	実技	判定	宿題の有無
1A01	79	75	合格	宿題なし
1A02	70	77	※	※
1A03	73	83	※	※
1A04	73	67	※	※
1A05	88	77	※	※
1A06	84	86	※	※
1A07	69	65	※	※
1A08	71	76	※	※
1A09	89	65	※	※
1A10	83	76	※	※

クラス番号	筆記	実技	判定	宿題の有無
1A01	79	75	合格	宿題なし
1A02	70	77	合格	宿題なし
1A03	73	83	合格	宿題なし
1A04	73	67	あと一歩	宿題あり
1A05	88	77	合格	宿題なし
1A06	84	86	合格	宿題なし
1A07	69	65	頑張れ	宿題あり
1A08	71	76	合格	宿題なし
1A09	89	65	あと一歩	宿題あり
1A10	83	76	合格	宿題なし

（完成例）

作成条件

① 表の形式および体裁は，上の表を参考にして設定する。

設定する書式：罫線，列幅

② ※印の部分は，式や関数などを利用して求める。

③ 「判定」は，「筆記」と「実技」がともに70点以上の場合は 合格 ， どちらか片方が70点以上の場合 あと一歩 ， 両方とも70点未満の場合は 頑張れ を表示する。

④ 「宿題の有無」は，「判定」が 合格 でないときは 宿題あり ， それ以外の場合は 宿題なし を表示する。

複合条件による判定（AND・OR・NOT）

❶ セル（D5）をクリックし，「=IF(AND(」と入力する。

❷ 論理式1は，セル（B5）をクリックし，「>=70,」と入力する。

論理式2は，セル（C5）をクリックし，「>=70)」と入力する。

その後，IF関数の「,」を入力し，真の場合の引数「"合格",」を入力する。

❸ IF関数の偽の場合の引数は，筆記か実技のどちらかが70点以上かを判定するため，さらにIF関数を設定することになる。

「IF(OR(B5>=70,C5>=70),"あと一歩","頑張れ")」

最初に設定したIF関数の「)」を入力し， Enter を押すと，該当する判定結果が表示される。

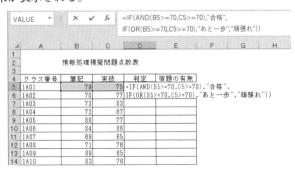

▶ **Point**

設定によっては，セル（D5）のように関数が折り返して表示される。通常は，1行で表示される。

❹ セル（D6〜D14）に式をコピーする。

❺ セル（E5）をクリックし，「=IF(NOT(D5="合格"),"宿題あり","宿題なし")」
と入力する。

| D5 | ▼ | : | × | ✓ | fx | =IF(NOT(D5="合格"),"宿題あり","宿題なし") |

	A	B	C	D	E	F	G	H	I
1									
2		情報処理模擬問題点数表							
3									
4	クラス番号	筆記	実技	判定	宿題の有無				
5	1A01	79	76	合格	=IF(NOT(D5="合格"),"宿題あり","宿題なし")				
6	1A02	70	77	合格					
7	1A03	73	83	合格					
8	1A04	73	67	あと一歩					
9	1A05	88	77	合格					
10	1A06	84	88	合格					
11	1A07	69	65	頑張れ					
12	1A08	71	76	合格					
13	1A09	89	85	あと一歩					
14	1A10	83	76	合格					

❻ Enter を押すと，該当する判定結果が表示される。

❼ セル（E6〜E14）に式をコピーする。

引数 **論理式1，論理式2**…「TRUE」または「FALSE」に評価できる式の条件。
おもにIF関数の論理式引数として使用され，複数の条件を設定する際に用いる。
複数条件のAND・OR・NOT関数は，IF関数の論理式や，データベース関数の条件などを設定するときに，ネスト（入れ子）にして使用する。

実技練習 16 …… ファイル名：売上集計表

次の表は，ある洋品店の売上集計表である。作成条件にしたがって表を作成しなさい。

	A	B	C	D	E	F	G	H	I	J	K
1											
2		売上集計表									
3	通常日						特売日				
4	売上NO	会員種別	売上金額	割引額	請求金額		売上NO	会員種別	売上金額	割引額	請求金額
5	1001	会員	6,500	0	6,500		1101	一般	11,400	1,140	10,260
6	1002	一般	14,600	※※	※※		1102	会員	6,800	※※	※※
7	1003	会員	14,200	※※	※※		1103	会員	8,200	※※	※※
8	1004	一般	7,400	※※	※※		1104	会員	8,000	※※	※※
9	1005	会員	8,900	※※	※※		1105	一般	7,300	※※	※※
10	1006	一般	8,500	※※	※※		1106	会員	11,800	※※	※※
11	1007	会員	12,600	※※	※※		1107	一般	9,700	※※	※※
12	1008	会員	12,200	※※	※※		1108	一般	13,700	※※	※※
13	1009	一般	11,000	※※	※※		1109	一般	10,600	※※	※※
14	1010	会員	7,700	※※	※※		1110	会員	13,000	※※	※※

作成条件

① 表の形式および体裁は，上の表を参考にして設定する。
　　設定する書式：罫線，列幅，数値につける3桁ごとのコンマ

② ※※印の部分は，式や関数などを利用して求める。

③ 通常日は次のように作成する。
　1. D列の「割引額」は，B列の「会員種別」が 会員 で，かつC列の「売上金額」が10,000以上の場合は，10%の割引額を求める。それ以外の場合は 0 とする。ただし，整数部のみ表示する。
　2. E列の「請求金額」は，次の式で求める。
　　「売上金額 － 割引額」

④ 特売日は次のように作成する。
　1. J列の「割引額」は，H列の「会員種別」が 会員 か，またはI列の「売上金額」が10,000以上の場合は，10%の割引額を求める。それ以外の場合は 0 とする。ただし，整数部のみ表示する。
　2. K列の「請求金額」は，次の式で求める。
　　「売上金額 － 割引額」

(1) 次の表は，ある家具販売店の配達料金表である。「地区」が 市内 か，または「重さ」が30以下で，かつ「最大長」が200以下の場合は，「料金」に 無料 を，それ以外の場合は 500 を表示するために，E5に設定する式として適切なものを選び，記号で答えなさい。

	A	B	C	D	E
1					
2		家具配達料金表			
3					
4	受付番号	地区	重さ	最大長	料金
5	G101	市内	20	180	無料
6	G102	市外	30	210	500
7	G103	市外	30	190	無料
8	G104	市内	40	220	無料
9	G105	市外	50	170	500

ア． =IF(OR(B5="市内",AND(C5>=30,D5>=200)),"無料",500)

イ． =IF(OR(B5="市内",AND(C5<=30,D5<=200)),"無料",500)

ウ． =IF(AND(B5="市内",OR(C5<=30,D5<=200)),"無料",500)

(2) 次の表は，12月の新車登録台数の一覧である。「車コード」の左から1文字が，Hの場合はハイブリッド車，Gの場合はガソリン車を表している。「判定」は，ハイブリッド車で，「登録台数」が5,000以上で，かつ「前月比(%)」が100以上の場合に ○ を表示し，それ以外の場合は何も表示しない。G4に設定する式として適切なものを選び，記号で答えなさい。ただし，この式をG5〜G13にコピーするものとする。

	A	B	C	D	E	F	G
1							
2	12月の新車登録台数一覧表						
3	車コード	メーカー	車種名	登録台数	前月比(%)	順位	判定
4	GT101	トヨシキ	モッツァレラ	15,267	99.8	3	
5	GT102	トヨシキ	フローラ	12,227	148.3	4	
6	HT101	トヨシキ	アルファ	3,443	114.7	9	
7	HT102	トヨシキ	ポラリス	34,456	124.3	1	○
8	GN201	ニッシ	セニョール	8,586	98.1	6	
9	GP301	ポンタ	ジャスト	18,141	106.6	2	
10	GP303	ポンタ	スナップワゴン	8,664	347.5	5	
11	HP301	ポンタ	アウトサイト	5,884	138.0	8	○
12	HP302	ポンタ	ＣＬ－Ｙ	3,225	122.0	10	
13	GM401	マエダ	デミダス	7,840	128.9	7	

ア． =IF(AND(RIGHT(A4,1)="H",D4>=5000,E4>=100,"○",""）

イ． =IF(OR(LEFT(A4,1)="H",D4>=5000,E4>=100),"○","")

ウ． =IF(AND(LEFT(A4,1)="H",D4>=5000,E4>=100),"○","")

(1)		(2)	

7 文字列結合

29 文字列を結合する（&）

& （アンパサンド）
「…と…」を意味する記号。

書　式 = "文字列" & "文字列"

解説 &は，文字列どうしをつなぎ合わせ一つの文字列にする。

使用例 =A5 & "の天気は" & B5 & "でした。"

「1月1日の天気は，晴れでした。」となるように，セル内の文字
列と定型の文字列を組み合わせるときのつなぎとして使う。

（1月1日：A5，晴れ：B5）

例題 17 天気の記録

次のような天気の記録を，作成条件にしたがって作成しなさい。

	A	B	C
1			
2		天気の記録	
3			
4	日付	天気	記録
5	1月1日	晴れ	1月1日の天気は，晴れでした。
6	1月2日	晴れ	※
7	1月3日	晴れ	※
8	1月4日	晴れ	※
9	1月5日	曇り	※
10	1月6日	曇り	※
11	1月7日	晴れ	※

→

	A	B	C
1			
2		天気の記録	
3			
4	日付	天気	記録
5	1月1日	晴れ	1月1日の天気は，晴れでした。
6	1月2日	晴れ	1月2日の天気は，晴れでした。
7	1月3日	晴れ	1月3日の天気は，晴れでした。
8	1月4日	晴れ	1月4日の天気は，晴れでした。
9	1月5日	曇り	1月5日の天気は，曇りでした。
10	1月6日	曇り	1月6日の天気は，曇りでした。
11	1月7日	晴れ	1月7日の天気は，晴れでした。

（完成例）

作成条件

① 表の形式および体裁は，上の表を参考にして設定する。

　　設定する書式：罫線，列幅

② ※印の部分は，式や関数などを利用して求める。

③ 「日付」の書式は，文字列型とする。

④ 「記録」は，「日付」と「天気」をもとに，文字列を結合して表示する。

文字列を結合する（&）

❶ セル（C5）をクリックし，「=」を入力しセル（A5）をクリックし，文字列結合
の「&」を入力し「"の天気は，"&」と入力する。

VALUE	▼ : × ✓ fx	=A5&"の天気は，"&	

	A	B	C	D
1				
2		天気の記録		
3				
4	日付	天気	記録	
5	1月1日	晴れ	=A5&"の天気は，"&	
6	1月2日	晴れ		
7	1月3日	晴れ		
8	1月4日	晴れ		
9	1月5日	曇り		
10	1月6日	曇り		
11	1月7日	晴れ		

❷ セル (B5) をクリックし，「&"でした。"」と入力し，[Enter] を押すと結合した
文字列が表示される。

VALUE		× ✓ fx	=A5&"の天気は，"&B5&"でした。"		
	A	B	C	D	E
1					
2		天気の記録			
3					
4	日付	天気	記録		
5	1月1日	晴れ	=A5&"の天気は，"&B5&"でした。"		
6	1月2日	晴れ			
7	1月3日	晴れ			
8	1月4日	晴れ			
9	1月5日	曇り			
10	1月6日	曇り			
11	1月7日	晴れ			

❸ セル (C6 〜 C11) に式をコピーする。

実技練習　17　‥‥‥　ファイル名：生徒会役員名簿

次の生徒会役員名簿を，作成条件にしたがって作成しなさい。

	A	B	C	D	E	F	G	H	I
1									
2	生徒会役員名簿								
3									
4	学年	クラス	番号	氏	名	氏名	シ	メイ	シメイ
5	3	1	19	仙台	和徳	※	センダイ	カズノリ	※
6	3	2	17	千葉	優香	※	チバ	ユウカ	※
7	3	2	24	新潟	義則	※	ニイガタ	ヨシノリ	※
8	3	2	31	福岡	真菜	※	フクオカ	マナ	※
9	3	3	28	浜松	三郎	※	ハママツ	サブロウ	※
10	3	4	7	岡山	真紀子	※	オカヤマ	マキコ	※
11	3	4	36	横浜	修二	※	ヨコハマ	シュウジ	※

作成条件

① 表の形式および体裁は，上の表を参考にして設定する。
　　設定する書式：罫線，列幅
② ※印の部分は，式や関数などを利用して求める。
③ 「氏名」は，「氏」と「名」を結合する。ただし，「氏」と「名」の間にスペースを1文字分設定する。
④ 「シメイ」は，「シ」と「メイ」を結合する。ただし，「シ」と「メイ」の間にスペースを1文字分
　 設定する。

筆記練習　17

右の表は，ある競技会の全国大会出場校上位8校の一覧表である。「都道府県」と「高校名」を結合し「都道府県立〜高等学校」とした「学校名」を表示したい。C5に設定する式として適切なものを選び，記号で答えなさい。

	A	B	C
1			
2		全国大会出場ベスト8	
3			
4	高校名	都道府県	学校名
5	八戸○○高校	青森県	青森県立八戸○○高等学校
6	盛岡△△高校	岩手県	岩手県立盛岡△△高等学校
7	会津▲▲高校	福島県	福島県立会津▲▲高等学校
8	宇都宮□□高校	栃木県	栃木県立宇都宮□□高等学校
9	船橋○×高校	千葉県	千葉県立船橋○×高等学校
10	東京△□高校	東京都	東京都立東京△□高等学校
11	京都××高校	京都府	京都府立京都××高等学校
12	神戸▲○高校	兵庫県	兵庫県立神戸▲○高等学校

ア．=B5+"立 "+LEFT(A5,SEARCH("高校",A5,1)-1)+"高等学校 "

イ．=B5&立 &LEFT(A5,SEARCH("高校",A5,1)-1)&高等学校

ウ．=B5&"立 "&LEFT(A5,SEARCH("高校",A5,1)-1)&"高等学校 "

Lesson 2 関数のネスト

関数のネストは，関数の中に関数を入れ込むことを指し，3級でも複雑な処理内容を満たす方法の一つとして学んできた。ここでは，より複雑な処理内容にも対応した実用的な関数のネストを学ぶ。

1 IF関数のネスト(1)

IF関数で扱う引数の論理式は，セルの値と定数，またはセルの値とセルの値を比較することは3級で学んだ。ここでは，IF関数の論理式の片方もしくは両方を，関数または数式として設定できることを学ぶ。つまり，論理式として，関数とセルの値，関数と定数，関数と関数を比較し，真の場合か，偽の場合を表示または実行できることを確認する。

例題 18 100m走予選結果

次のような100m走予選結果を，作成条件にしたがって作成しなさい。

▲	A	B	C
1			
2	100m走　予選結果		
3	選手番号	記録	備考
4	1	11.09	※
5	2	11.46	※
6	3	11.32	※
7	4	10.91	※
8	5	11.28	※
9	6	10.80	※
10	7	10.77	※
11	8	11.15	※

▲	A	B	C
1			
2	100m走　予選結果		
3	選手番号	記録	備考
4	1	11.09	予選通過
5	2	11.46	
6	3	11.32	
7	4	10.91	予選通過
8	5	11.28	
9	6	10.80	予選通過
10	7	10.77	予選通過
11	8	11.15	

(完成例)

作成条件

① 表の形式および体裁は，上の表を参考にして設定する。
　　設定する書式：罫線，列幅
② ※印の部分は，「記録」の上位4名に 予選通過 を表示し，それ以外の場合は何も表示しない。
　　なお，C4の式をC5～C11までコピーするものとする。

IF関数のネスト

❶ セル（C4）をクリックし，「=IF(」と入力する。

▲	A	B	C	D	E
1					
2	100m走　予選結果				
3	選手番号	記録	備考		
4	1	11.09	=IF(		
5	2	11.46			
6	3	11.32	IF(論理式, [真の場合], [偽の場合])		
7	4	10.91			
8	5	11.28			
9	6	10.80			
10	7	10.77			
11	8	11.15			

❷ 論理式は，上位4名かを判定するため，「RANK(B4,$B$4:$B$11,1)<=4,」と入力する。

▲	A	B	C	D	E	F
1						
2	100m走　予選結果					
3	選手番号	記録	備考			
4	1	11.09	=IF(RANK(B4,$B$4:$B$11,1)<=4,			
5	2	11.46	IF(論理式, [真の場合], [偽の場合])			
6	3	11.32				
7	4	10.91				
8	5	11.28				
9	6	10.80				
10	7	10.77				
11	8	11.15				

> ▶ **Point**
> RANK関数は順位をつける関数である。また，100m走は時間が短いほど上位になるため，RANK関数の順序指定は「1」（昇順）となる。

❸ 真の場合は「"予選通過",」，偽の場合は「"")」を入力し，[Enter]を押す。

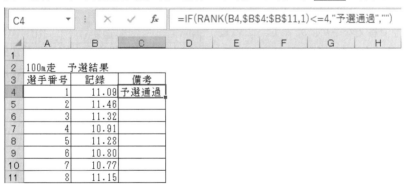

C4				fx	=IF(RANK(B4,$B$4:$B$11,1)<=4,"予選通過","")			
▲	A	B	C	D	E	F	G	H
1								
2	100m走　予選結果							
3	選手番号	記録	備考					
4	1	11.09	予選通過					
5	2	11.46						
6	3	11.32						
7	4	10.91						
8	5	11.28						
9	6	10.80						
10	7	10.77						
11	8	11.15						

❹ セル（C5〜C11）に式をコピーする。

▲	A	B	C
1			
2	100m走　予選結果		
3	選手番号	記録	備考
4	1	11.09	予選通過
5	2	11.46	
6	3	11.32	
7	4	10.91	予選通過
8	5	11.28	
9	6	10.80	予選通過
10	7	10.77	予選通過
11	8	11.15	

次の表は，走り幅跳び記録表である。作成条件にしたがって，表を作成しなさい。

	A	B	C	D	E	F
1						
2	走り幅跳び記録表					
3	選手番号	1回目	2回目	3回目	記録	備考
4	1	652	630	699	699	県大会出場
5	2	646	703	678	※※	※※
6	3	689	657	675	※※	※※
7	4	691	678	676	※※	※※
8	5	631	642	683	※※	※※
9	6	648	673	638	※※	※※
10	7	662	673	706	※※	※※
11	8	657	656	698	※※	※※

作成条件

① 表の形式および体裁は，上の表を参考にして設定する。

設定する書式：罫線，列幅

② ※※印の部分は，式や関数などを利用して求める。

③ 「記録」は，「1回目」～「3回目」で最もよい成績を表示する。

④ 「備考」は，「記録」の上位3名に 県大会出場 を表示し，それ以外の場合は何も表示しない。

筆記練習　18

(1) 右の表は，支店別売上一覧である。「備考」には，「売上高」が平均以下の場合に 強化指定 を表示し，それ以外の場合は何も表示しない。D4に設定する式として適切なものを選び，記号で答えなさい。ただし，この式をD5～D8までコピーするものとする。

	A	B	C	D
1				
2	支店別売上一覧			
3	店コード	支店名	売上高	備考
4	101	千葉支店	4,282	
5	102	船橋支店	4,453	
6	103	柏支店	3,650	強化指定
7	104	市川支店	4,592	
8	105	館山支店	3,398	強化指定

ア． =IF(C4>=AVERAGE($C$4:$C$8),"強化指定","")

イ． =IF(C4<=AVERAGE($C$4:$C$8),"","強化指定")

ウ． =IF(C4<=AVERAGE($C$4:$C$8),"強化指定","")

(2) 右の表は，ゴルフ大会予選成績の一覧である。「備考」には，「記録」の上位4名に 本大会出場 と表示するため，E4には以下のような式が設定されている。この式と同等の結果が得られる式として適切なものを選び，記号で答えなさい。ただし，この式をE5～E11までコピーするものとする。

	A	B	C	D	E
1					
2	ゴルフ大会予選成績一覧				
3	選手番号	1日目	2日目	記録	備考
4	1	85	76	161	本大会出場
5	2	82	99	181	本大会出場
6	3	92	98	190	
7	4	94	101	195	
8	5	89	96	185	本大会出場
9	6	101	109	210	
10	7	98	102	200	
11	8	79	86	165	本大会出場

=IF(RANK(D4,$D$4:$D$11,1)<=4,"本大会出場","")

ア． =IF(RANK(D4,$D$4:$D$11,0)>=4,"","本大会出場")

イ． =IF(SMALL($D$4:$D$11,4)>=D4,"本大会出場","")

ウ． =IF(LARGE($D$4:$D$11,4)<=D4,"本大会出場","")

(1)		(2)	

2 IF関数のネスト(2)

IF関数を複数利用することで，複数の論理式を比較し，さまざまな条件判断をすることができることは3級で学んだ。ここでは，AND関数(OR関数またはNOT関数)を利用しても，同様の処理が可能であることを学ぶ。

例えば，=IF(A1="○",IF(B1="○","☆",""),"")をIF関数とAND関数を利用し，=IF(AND(A1="○",B1="○"),"☆","")としても，同様の結果が得られる。

例題 19 検定結果一覧

次のような検定結果一覧を，作成条件にしたがって作成しなさい。

▲	A	B	C	D
1				
2		検定結果一覧		
3	受験番号	午前	午後	合否
4	1001	91	82	※
5	1002	96	67	※
6	1003	95	85	※
7	1004	65	64	※
8	1005	72	67	※

⇒

▲	A	B	C	D
1				
2		検定結果一覧		
3	受験番号	午前	午後	合否
4	1001	91	82	合格
5	1002	96	67	
6	1003	95	85	合格
7	1004	65	64	
8	1005	72	67	

(完成例)

作成条件

① 表の形式および体裁は，上の表を参考にして設定する。

　　設定する書式：罫線，列幅

② ※印の部分は，「午前」が80以上，かつ「午後」が80以上の場合に 合格 を表示し，それ以外の場合は何も表示しない。

IF関数のネスト(2)

❶ セル(D4)をクリックし，「=IF(」と入力する。

▲	A	B	C	D	E	F	G
1							
2		検定結果一覧					
3	受験番号	午前	午後	合否			
4	1001	91	82	=IF(			
5	1002	96	67	IF(**論理式**, [真の場合], [偽の場合])			
6	1003	95	85				
7	1004	65	64				
8	1005	72	67				

❷ 論理式は，「午前」が80以上，かつ「午後」が80以上かを判定するため，「AND(B4>=80,C4>=80),」と入力する。

▲	A	B	C	D	E	F	G
1							
2		検定結果一覧					
3	受験番号	午前	午後	合否			
4	1001	91	82	=IF(AND(B4>=80,C4>=80),			
5	1002	96	67	IF(論理式, **[真の場合]**, [偽の場合])			
6	1003	95	85				
7	1004	65	64				
8	1005	72	67				

▶ **Point**
AND関数は，複数の論理式をすべて満たしたとき，TRUE(真の場合)を返す関数である。

❸ 真の場合は「"合格",」，偽の場合は「""）」を入力し，Enter を押す。

| D4 | ▼ | : | × | ✓ | fx | =IF(AND(B4>=80,C4>=80),"合格","") |

検定結果一覧

受験番号	午前	午後	合否
1001	91	82	合格
1002	98	67	
1003	95	85	
1004	65	64	
1005	72	67	

❹ セル（D5～D8）に式をコピーする。

実技練習　19 …… **ファイル名：携帯電話請求金額一覧**

次の表は，携帯電話請求金額一覧である。作成条件にしたがって，表を作成しなさい。

携帯電話請求金額一覧

顧客番号	契約者名	プラン名	請求金額	備考
25010201A	髙橋　○○	A	12,622	プラン変更の提案
25010202B	田中　○○	B	9,485	※※
25010203B	中野　○○	B	7,285	※※
25010204A	成瀬　○○	A	7,060	※※
25010205C	松木　○○	C	8,208	※※
25010206A	宮川　○○	A	10,004	※※
25010207B	山下　○○	B	8,287	※※
25010208C	山本　○○	C	15,280	※※

作成条件

① 表の形式および体裁は，上の表を参考にして設定する。

　　設定する書式：罫線，列幅，数値につける3桁ごとのコンマ

② ※※印の部分は，式や関数などを利用して求める。

③ 「備考」は，「プラン名」が C ではなく，かつ「請求金額」が10,000を超えている場合に プラン変更の提案 を表示し，それ以外の場合は何も表示しない。

筆記練習　19

(1) 次の表は，クイズ大会一次予選結果である。「備考」には，「筆記順位」が2位以上の成績か，または「早押し順位」が2位以上の成績の場合に 一次予選通過 を表示し，それ以外の場合は何も表示しない。F5に設定する式として適切なものを選び，記号で答えなさい。

クイズ大会一次予選結果

選手番号	筆記	筆記順位	早押し	早押し順位	備考
1	95	1	60	3	一次予選通過
2	85	3	60	3	
3	55	8	80	1	一次予選通過
4	90	2	40	6	一次予選通過
5	75	6	20	7	
6	80	5	60	3	
7	85	3	20	7	
8	75	6	70	2	一次予選通過

ア．=IF(AND(C5<=2,E5<=2),"一次予選通過","")

イ．=IF(NOT(C5<=2,E5<=2),"一次予選通過","")

ウ．=IF(OR(C5<=2,E5<=2),"一次予選通過","")

(2) 右の表は，情報処理部小テスト結果である。「備考」には，「点数」が0以上，かつ20以下の場合は何も表示せず，それ以外の場合は 入力エラー を表示する。C5に設定する式として適切なものを選び，記号で答えなさい。

	A	B	C
1			
2	情報処理部小テスト結果		
3			
4	氏名	点数	備考
5	浅川 ○○	6	
6	岡村 ○○	15	
7	片井 ○○	14	
8	瀬島 ○○	11	
9	多田 ○○	209	入力エラー
10	仲間 ○○	16	
11	星野 ○○	10	
12	松川 ○○	-2	入力エラー

ア．=IF(AND(B5>=0,B5<=20),"","入力エラー")

イ．=IF(AND(B5<=0,B5>=20),"","入力エラー")

ウ．=IF(OR(B5>=0,B5<=20),"","入力エラー")

(3) 右の表は，通学方法調査一覧である。「備考」には，「電車」に ○ か，または「バス」が ○ の場合は 学割発行 を表示し，それ以外の場合は何も表示しない。F5に設定する式として適切なものを選び，記号で答えなさい。

	A	B	C	D	E	F
1						
2	通学方法調査一覧					
3						
4	生徒番号	電車	バス	自転車	徒歩	備考
5	130701		○			学割発行
6	130702	○				学割発行
7	130703			○		
8	130704				○	
9	130705	○				学割発行
≀	≀	≀	≀	≀	≀	≀
42	130738			○		
43	130739				○	
44	130740	○				学割発行

ア．=IF(AND(B5="○",C5="○"),"学割発行","")

イ．=IF(OR(B5="○",C5="○"),"","学割発行")

ウ．=IF(OR(B5="○",C5="○"),"学割発行","")

(4) 右の表は，施設使用料計算書である。「請求金額」には，「住所」が 船橋市 でない場合は「使用料」を表示し，船橋市の場合は「使用料」から1割引きした金額を表示する。E5に設定する式として適切なものを選び，記号で答えなさい。

	A	B	C	D	E
1					
2	施設使用料計算書				
3					
4	代表者名	住所	施設名	使用料	請求金額
5	青木 ○○	船橋市	第1体育館	3,000	2,700
6	石川 ○○	千葉市	大会議室	5,000	5,000
7	上田 ○○	船橋市	第2体育館	3,000	2,700
8	笠島 ○○	市川市	小会議室A	2,000	2,000
9	小林 ○○	習志野市	小会議室C	2,000	2,000
10	坂本 ○○	船橋市	茶道室	1,500	1,350
11	鈴村 ○○	船橋市	小会議室B	2,000	1,800

ア．=IF(NOT(B5="船橋市"),D5,D5*0.9)

イ．=IF(NOT(B5<>"船橋市"),D5,D5*0.9)

ウ．=IF(NOT(B5="船橋市"),D5,D5*0.1)

(1)		(2)		(3)		(4)	

3 VLOOKUP関数のネスト

　VLOOKUP関数で扱う引数の検索値は，セルの値または定数であることはすでに学んだ。ここでは，VLOOKUP関数の引数（検索値）に，関数または数式を設定できることを学ぶ。

　例えば，あるデータの左端から2桁を抽出し，抽出された値を検索値として，範囲内から検索する処理が，1つの関数式として設定できる。

例題 20 売上ベスト5

　次のような売上ベスト5を，作成条件にしたがって作成しなさい。

	A	B	C	D
1				
2	売上ベスト5			
3	支店コード	支店名	所在地	売上高
4	KT02	舞鶴	※	2,920
5	CB02	船橋	※	2,605
6	AC02	名古屋	※	1,922
7	CB01	千葉	※	1,699
8	KT01	京都	※	1,195
9				
10	所在地表			
11	所在地コード	所在地		
12	CB	千葉		
13	AC	愛知		
14	KT	京都		

→

	A	B	C	D
1				
2	売上ベスト5			
3	支店コード	支店名	所在地	売上高
4	KT02	舞鶴	京都	2,920
5	CB02	船橋	千葉	2,605
6	AC02	名古屋	愛知	1,922
7	CB01	千葉	千葉	1,699
8	KT01	京都	京都	1,195
9				
10	所在地表			
11	所在地コード	所在地		
12	CB	千葉		
13	AC	愛知		
14	KT	京都		

（完成例）

作成条件
① 表の形式および体裁は，上の表を参考にして設定する。
　　設定する書式：罫線，列幅，数値につける3桁ごとのコンマ
② ※印の部分は，「支店コード」の左端から2文字をもとに，所在地表を参照して表示する。

VLOOKUP関数のネスト

❶ セル（C4）をクリックし，「=VLOOKUP(」と入力する。

▶ Point
HLOOKUP関数の場合も同様である。

❷　検索値は，支店コード(A4)の左端から2文字のため，「LEFT(A4,2),」と入力する。

▲	A	B	C	D	E	F	G
1							
2	売上ベスト5						
3	支店コード	支店名	所在地	売上高			
4	KT02	舞鶴	=VLOOKUP(LEFT(A4,2),				
5	CB02	船橋	VLOOKUP(検索値, 範囲, 列番号, [検索方法])				
6	AC02	名古屋		1,922			
7	CB01	千葉		1,699			
8	KT01	京都		1,195			

❸　範囲はセル(A12～B14)をドラッグし，F4 を1回押す。列番号は「2,」，検索方法は「FALSE)」を入力し，Enter を押すと，該当する所在地が表示される。

C4	▼	✕ ✓ fx	=VLOOKUP(LEFT(A4,2),$A$12:$B$14,2,FALSE)					
▲	A	B	C	D	E	F	G	H
1								
2	売上ベスト5							
3	支店コード	支店名	所在地	売上高				
4	KT02	舞鶴	京都	2,920				
5	CB02	船橋		2,605				
6	AC02	名古屋		1,922				
7	CB01	千葉		1,699				
8	KT01	京都		1,195				

❹　セル(C5～C8)に式をコピーする。

▲	A	B	C	D
1				
2	売上ベスト5			
3	支店コード	支店名	所在地	売上高
4	KT02	舞鶴	京都	2,920
5	CB02	船橋	千葉	2,605
6	AC02	名古屋	愛知	1,922
7	CB01	千葉	千葉	1,699
8	KT01	京都	京都	1,195

参考　**数値への変換方法**

同様の処理条件で，下記のような「支店コード」および「所在地コード」の場合に，例題と同じ式を入力すると，「#N/A」と表示されてしまう。原因は，「所在地コード」は数値であるが，LEFT関数で抽出した値が，文字として認識されてしまうためである。よって，抽出した値を数値にする必要があるため，「LEFT(A4,2)」の前にVALUE関数を入力し，

　=VLOOKUP(VALUE(LEFT(A4,2)),$A$12:$B$14,2,FALSE)

としなければならない。RIGHT関数，MID関数の場合も同様に処理する。

▲	A	B	C	D
1				
2	売上ベスト5			
3	支店コード	支店名	所在地	売上高
4	2602	舞鶴	※	2,920
5	1202	船橋	※	2,605
6	2302	名古屋	※	1,922
7	1201	千葉	※	1,699
8	2601	京都	※	1,195
9				
10	所在地表			
11	所在地コード	所在地		
12	12	千葉		
13	23	愛知		
14	26	京都		

次の表は，ある公園のレンタル自転車一覧表である。作成条件にしたがって表を作成しなさい。

	A	B	C	D	E	F	G
1							
2		レンタル自転車一覧表				タイプ表	
3	種類コード	タイプ	タイヤサイズ	色		タイプコード	タイプ
4	C24B	シティ	24	ブルー		C	シティ
5	C26B	※※	※※	※※		D	電動アシスト
6	C26W	※※	※※	※※		M	マウンテン
7	C26R	※※	※※	※※		K	キッズ
8	D26B	※※	※※	※※			
9	D26W	※※	※※	※※		色表	
10	M24B	※※	※※	※※		色コード	色
11	M26B	※※	※※	※※		B	ブルー
12	K16B	※※	※※	※※		W	ホワイト
13	K16W	※※	※※	※※		R	レッド
14	K16R	※※	※※	※※			

作成条件

① 表の形式および体裁は，上の表を参考にして設定する。

　　設定する書式：罫線，列幅

② ※※印の部分は，式や関数などを利用して求める。

③ 「タイプ」は，「種類コード」の左端から1文字を抽出し，タイプ表を参照して表示する。

④ 「タイヤサイズ」は，「種類コード」の左端から2けた目より2文字を抽出する。

⑤ 「色」は，「種類コード」の右端から1文字を抽出し，色表を参照して表示する。

(1) 次の表は，あるベビー用品店の仕入商品一覧表である。「区分名」は，「商品番号」の左端から3文字を抽出し，数値に変換した値をもとに，区分表を参照して表示している。B4に設定する式の空欄 (a)，(b) にあてはまる式として適切な組み合わせを選び，記号で答えなさい。

	A	B	C	D	E	F	G
1							
2	仕入商品一覧表					区分表	
3	商品番号	区分名	商品名	数量		区分番号	区分名
4	11002	新生児	新生児肌着（男児用）	5		100	新生児
5	12005	新生児	新生児肌着（女児用）	5		200	ベビー
6	18006	新生児	新生児用ミルク	10		300	子供
7	25013	ベビー	ベビー靴下	20		400	その他
8	26004	ベビー	ベビー上着	5			
9	27008	ベビー	ベビー下着	5			
10	31007	子供	子供パジャマ（男児用）	15			
11	32016	子供	子供パジャマ（女児用）	15			
12	42004	その他	ベビーカー	10			
13	42005	その他	チャイルドシート	10			

=VLOOKUP([　　(a)　　] ,$F$4:$G$7,2, [　(b)　])

ア．(a) LEFT(A4,3)　　　　　　　(b) TRUE

イ．(a) VALUE(LEFT(A4,3))　　　(b) FALSE

ウ．(a) VALUE(LEFT(A4,3))　　　(b) TRUE

(2) 次の表は，ある企業の海外研修希望表である。「所属名」は，「社員コード」の左端から3けた目より1文字を抽出し，部署表を参照して表示している。C4に設定する式として適切なものを選び，記号で答えなさい。

	A	B	C	D	E	F
1						
2	海外研修希望表				部署表	
3	通し番号	社員コード	所属名		所属コード	所属名
4	1	24E001	営業部		E	営業部
5	2	24K125	経理部		K	経理部
6	3	23K032	経理部		J	情報部
7	4	23K065	経理部			
8	5	23E021	営業部			
9	6	23J115	情報部			
10	7	22E065	営業部			
11	8	22K053	経理部			
12	9	22J038	情報部			
13	10	21J014	情報部			

ア．=VLOOKUP(MID(B4,1,3),$E$4:$F$6,2,FALSE)

イ．=VLOOKUP(MID(B4,3,1),$E$4:$F$6,2,FALSE)

ウ．=VLOOKUP(MID(B4,3,1),$E$4:$F$6,2,TRUE)

(3) 次の表は，ある紳士服店の販売額確認表である。「値引率」は，「商品コード」の右端から6文字を抽出し，数値に変換した値をもとに，値引率表を参照して表示している。B4に設定する式の空欄(a)，(b)，(c)にあてはまる式として適切な組み合わせを選び，記号で答えなさい。

	A	B	C	D	E
1					
2	販売額確認表				
3	商品コード	値引率	値引額	販売額	
4	HRSK058000	5%	2,900	55,100	
5					
6	値引率表				
7	定価	0	5,000	30,000	100,000
8		～4,999	～29,999	～99,999	
9	値引率	1%	2%	5%	8%

=HLOOKUP([(a)   ] ,B7:E9, [(b)] , [(c)])

ア．(a) RIGHT(A4,6)　　　　(b) 3　　(c) FALSE

イ．(a) VALUE(LEFT(A4,6))　　(b) 2　　(c) TRUE

ウ．(a) VALUE(RIGHT(A4,6))　(b) 3　　(c) TRUE

(1)		(2)		(3)	

4 INDEX関数のネスト

INDEX関数で扱う引数の行番号と列番号は，セルの値または定数であることはすでに学んだ。ここでは，INDEX関数の引数（行番号や列番号）に，関数または数式を設定できることを学ぶ。

例えば，あるデータが参照する表の行項目の中で何番目に相当するのか，関数や数式で求めた値が行番号となる処理が，1つの関数式として設定できる。

例題 21 オリジナルグッズ単価計算表

商品コードと数量を入力すると商品単価を表示するオリジナルグッズ単価計算表を作成しなさい。

	A	B	C	D	E
1					
2			オリジナルグッズ単価計算表		
3			商品コード	数量	商品単価
4			H	25	※
5					
6			価格一覧表		
7			商品コード	商品コード	商品コード
8			T	H	C
9		数量	バッグ	ハッピ	キャップ
10		1〜19	2,100	3,200	1,600
11		20〜29	1,000	2,600	1,200
12		30〜59	900	2,500	1,000
13		60〜	700	2,400	900

⬇

	A	B	C	D	E
1					
2			オリジナルグッズ単価計算表		
3			商品コード	数量	商品単価
4			H	25	2,600
5					
6			価格一覧表		
7			商品コード	商品コード	商品コード
8			T	H	C
9		数量	バッグ	ハッピ	キャップ
10		1〜19	2,100	3,200	1,600
11		20〜29	1,000	2,600	1,200
12		30〜59	900	2,500	1,000
13		60〜	700	2,400	900

（完成例）

作成条件

① 表の形式および体裁は，上の表を参考にして設定する。

設定する書式：罫線，列幅，数値ごとにつける3桁ごとのコンマ

② ※印の部分は，「商品コード」と「数量」から，価格一覧表を参照して表示する。

INDEX関数のネスト

❶ セル (E4) をクリックし,「=INDEX(」と入力する。

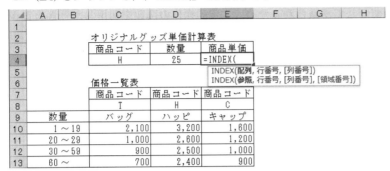

オリジナルグッズ単価計算表

商品コード	数量	商品単価
H	25	=INDEX(

INDEX(**配列**, 行番号, [列番号])
INDEX(**参照**, 行番号, [列番号], [領域番号])

価格一覧表

数量	商品コード T バッグ	商品コード H ハッピ	商品コード C キャップ
1〜19	2,100	3,200	1,600
20〜29	1,000	2,600	1,200
30〜59	900	2,500	1,000
60〜	700	2,400	900

❷ 範囲は,「価格一覧表」内のセル (C10〜E13) をドラッグし,「,」と入力する。

オリジナルグッズ単価計算表

商品コード	数量	商品単価
H	25	=INDEX(C10:E13,

INDEX(配列, **行番号**, [列番号])
INDEX(参照, **行番号**, [列番号], [領域番号])

価格一覧表

数量	商品コード T バッグ	商品コード H ハッピ	商品コード C キャップ
1〜19	2,100	3,200	1,600
20〜29	1,000	2,600	1,200
30〜59	900	2,500	1,000
60〜	700	2,400	900

❸ 行番号は,範囲内 (A10〜A13) における「数量」の相対的な位置であるため,「MATCH(D4,A10:A13,1),」と入力する。

▶ **Point**
MATCH関数は,検査値の範囲内における相対的な位置を表示する関数である。

オリジナルグッズ単価計算表

商品コード	数量	商品単価
H	25	=INDEX(C10:E13,MATCH(D4,A10:A13,1),

INDEX(配列, 行番号, [**列番号**])
INDEX(参照, 行番号, [**列番号**], [領域番号])

価格一覧表

数量	商品コード T バッグ	商品コード H ハッピ	商品コード C キャップ
1〜19	2,100	3,200	1,600
20〜29	1,000	2,600	1,200
30〜59	900	2,500	1,000
60〜	700	2,400	900

❹ 列番号は,範囲内 (C8〜E8) における「商品コード」の相対的な位置であるため,「MATCH(C4,C8:E8,0))」と入力する。その後 Enter を押すと,該当する単価が表示される。

E4　fx　=INDEX(C10:E13,MATCH(D4,A10:A13,1),MATCH(C4,C8:E8,0))

オリジナルグッズ単価計算表

商品コード	数量	商品単価
H	25	2,800

価格一覧表

数量	商品コード T バッグ	商品コード H ハッピ	商品コード C キャップ
1〜19	2,100	3,200	1,600
20〜29	1,000	2,600	1,200
30〜59	900	2,500	1,000
60〜	700	2,400	900

MATCH関数を利用した場合の抽出

　文字列操作の関数（LEFT，MID，RIGHT）では，数字を抽出した場合，得られた結果が文字列として認識されてしまうため，数値を参照する場合には，VALUE関数を利用する必要があった。MATCH関数では，得られた結果が数値として認識されるため，文字列操作の関数を利用したときのように，VALUE関数を利用しなくてもよい。

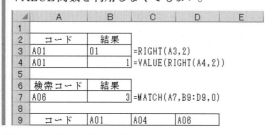

	A	B	C	D	E
1					
2	コード	結果			
3	A01	01	=RIGHT(A3,2)		
4	A01	1	=VALUE(RIGHT(A4,2))		
5					
6	検索コード	結果			
7	A06	3	=MATCH(A7,B9:D9,0)		
8					
9	コード	A01	A04	A06	

実技練習 21 ‥‥‥ ファイル名：請求金額計算表

　次の表は，ある百貨店の会員への請求金額計算表である。作成条件にしたがって表を作成しなさい。

	A	B	C	D	E	F
1						
2	請求金額計算表					
3	会員区分	金額	割引額	請求額		
4	G	75,000	※※	※※		
5						
6	割引率表					
7	金額＼会員区分		P	G	S	N
8	0 ～10,000		7%	5%	3%	1%
9	10,001 ～30,000		10%	7%	4%	2%
10	30,001 ～70,000		12%	10%	5%	3%
11	70,001		15%	12%	7%	5%

作成条件

① 表の形式および体裁は，上の表を参考にして設定する。
　　設定する書式：罫線，列幅，数値につける3桁ごとのコンマ
② ※※印の部分は，式や関数などを利用して求める。
③ 「割引額」は，「会員区分」と「金額」をもとに，割引率表の割引率を参照し，「金額」を掛けて求める。
④ 「請求額」は，「金額」から「割引額」を引いて求める。

筆記練習 21

(1) 右の表は，ある学校の修学旅行の班別行動表である。「班別行動」は，「組」と「班」を入力すると，班別行動表を参照して表示する。D3に設定する式の空欄(a)，(b)にあてはまる式として適切な組み合わせを選び，記号で答えなさい。

	A	B	C	D
1				
2	B	組		
3	4	班	班別行動	料理体験
4		班別行動表		
5	班＼組	A	B	C
6	1	料理体験	自然散策	料理体験
7	2	料理体験	芸能体験	工芸制作
8	3	漁業体験	農業体験	漁業体験
9	4	漁業体験	料理体験	自然散策
10	5	自然散策	芸能体験	漁業体験
11	6	農業体験	料理体験	芸能体験

=INDEX(B6:D11,　　　　(a)　　　　,　　　　(b)　　　　)

ア. (a)A3　　　　　　　　　　(b)MATCH(A2,B5:D5,0)

イ. (a)MATCH(A2,B5:D5,0)　　(b)A3

ウ. (a)MATCH(A3,A6:A11,0)　　(b)MATCH(A3,B5:D5,0)

(2) 次の表は，ある学校の時間割表である。E2は，曜日と時限を入力すると，時間割表から該当する科目を抽出して表示する。E2に設定する式として適切なものを選び，記号で答えなさい。

	A	B	C	D	E	F
1						
2	水	曜日の	1	時限目は	情 報 処 理	になります。
3						
4		時間割表				
5		月	火	水	木	金
6	0	簿　　　記	情 報 処 理	簿　　　記	情 報 処 理	簿　　　記
7	1	国 語 総 合	化 学 基 礎	情 報 処 理	英 語 　 Ⅰ	現 代 社 会
8	2	数 学　　Ⅰ	体　　　育	英 語 　 Ⅰ	ﾋﾞｼﾞﾈｽ基礎	簿　　　記
9	3	美 術　　Ⅰ	ﾋﾞｼﾞﾈｽ基礎	数 学　　Ⅰ	保　　　健	家 庭 総 合
10	4	美 術　　Ⅰ	簿　　　記	国 語 総 合	国 語 総 合	家 庭 総 合
11	5	情 報 処 理	数 学　　Ⅰ	総 合 学 習	化 学 基 礎	体　　　育
12	6	現 代 社 会	英 語　　Ⅰ	Ｌ　Ｈ　　Ｒ	簿　　　記	国 語 総 合

ア．=INDEX(B6:F12,C2,MATCH(A2,B5:F5,0))

イ．=INDEX(B6:F12,MATCH(C2,A6:A12,0),MATCH(A2,B5:F5,0))

ウ．=INDEX(B6:F12,MATCH(A2,B5:F5,0),MATCH(C2,A6:A12,0))

(3) 次の表は，ある地域の宿泊料金検索表である。「料金」は，「ホテルコード」と「人数」を入力すると，宿泊基本料金表を参照して表示する。D6に設定する式として適切なものを選び，記号で答えなさい。

	A	B	C	D	E	F	G
1							
2	宿泊料金検索表						
3							
4		ホテルコード	HR				
5		人数	2				
6		料金	39,000				
7							
8	宿泊基本料金表						
9			ホテルコード				
10		1室の利用者数	TK	HR	BL	LD	SH
11		1 名利用	52,000	47,000	43,000	35,000	30,000
12		2 名利用	45,000	39,000	33,000	27,000	25,000
13		3 名利用	41,000	35,000	25,000	18,000	16,000
14		4 名利用	35,000	28,000	21,000	15,000	12,000
15		5 名利用	30,000	23,000	16,000	10,000	8,000

ア．=INDEX(C11:G15,MATCH(D5,A11:A15,-1),MATCH(D4,C10:G10,0))

イ．=INDEX(C11:G15,D5,MATCH(D4,C10:G10,1))

ウ．=INDEX(C11:G15,D5,MATCH(D4,C10:G10,0))

(1)		(2)		(3)	

5 ROUND関数のネスト

ROUND関数で扱う引数の数値は，定数またはセルの値であることは3級で学んだ。ここでは，ROUND関数の引数（数値）には，関数または数式を設定できることを学ぶ。

例えば，あるデータの平均を求め，求められた値の端数処理が，1つの関数式として設定できる。

例題 22 進路別集計表

クラス別進路調査一覧表をもとに，進路別集計表を作成しなさい。

▲	A	B	C	D	E
1					
2	クラス別進路調査一覧表				
3		A	B	C	D
4	大学	31	33	18	16
5	短大	5	3	1	2
6	専門	2	3	10	9
7	就職	2	1	11	14
8	合計	40	40	40	41
9					
10	進路別集計表				
11		割合			
12	大学	※			
13	短大	※			
14	専門	※			
15	就職	※			

→

▲	A	B	C	D	E
1					
2	クラス別進路調査一覧表				
3		A	B	C	D
4	大学	31	33	18	16
5	短大	5	3	1	2
6	専門	2	3	10	9
7	就職	2	1	11	14
8	合計	40	40	40	41
9					
10	進路別集計表				
11		割合			
12	大学	60.87%			
13	短大	6.84%			
14	専門	14.91%			
15	就職	17.40%			

（完成例）

作成条件

① 表の形式および体裁は，上の表を参考にして設定する。

　　設定する書式：罫線，列幅

② ※印の部分は，各クラスの希望進路合計の学年全体の合計に対する割合を求める。ただし，小数第4位未満を切り上げ，％で小数第2位まで表示する。なお，B12に設定した式はB15までコピーするものとする。

ROUND関数のネスト

❶ セル（B12）をクリックし，「=ROUNDUP(」と入力する。

▲	A	B	C	D
10	進路別集計表			
11		割合		
12	大学	=ROUNDUP(		
13	短大	ROUNDUP(**数値, 桁数**)		
14	専門			
15	就職			

❷ 数値は，各クラスの希望進路合計を学年全体の合計で割って求めるため，「SUM(B4:E4)/SUM($B$8:$E$8)，」と入力する。

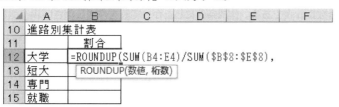

▶**Point**
希望進路合計を算出する「**SUM(B4:E4)**」は，希望進路ごとに「割合」を求めるため相対参照だが，学年全体の合計を算出する「**SUM($B$8:$E$8)**」は基準となる値のため，絶対参照となる。

❸ けた数は，小数第4位未満を切り上げるため，「4)」と入力し，Enter を押すと，割合が表示される。

▶**Point**
％で小数第2位まで表示されるようにセルの書式を設定する。

❹ セル (B13〜B15) に式をコピーする。

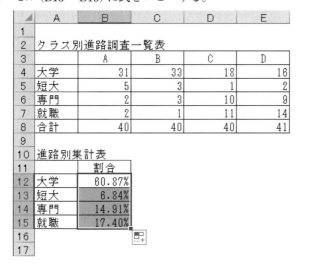

参考 ROUND関数のけた数

ROUND関数のけた数が「0」の場合は整数未満，「1」の場合は小数第1位未満，「2」の場合は小数第2位未満を処理する。「−1」の場合は10未満，「−2」の場合は100未満を処理する。ROUNDUP関数およびROUNDDOWN関数も同様である。

	A	B	C	D
1				
2	数値	けた数	結果	
3	12345.06789	4	12345.06790	セルC3：=ROUND(A3,B3)
4	12345.06789	3	12345.06800	セルC4：=ROUND(A4,B4)
5	12345.06789	2	12345.07000	セルC5：=ROUND(A5,B5)
6	12345.06789	1	12345.10000	セルC6：=ROUND(A6,B6)
7	12345.06789	0	12345.00000	セルC7：=ROUND(A7,B7)
8	12345.06789	−1	12350.00000	セルC8：=ROUND(A8,B8)
9	12345.06789	−2	12300.00000	セルC9：=ROUND(A9,B9)
10	12345.06789	−3	12000.00000	セルC10：=ROUND(A10,B10)
11	12345.06789	−4	10000.00000	セルC11：=ROUND(A11,B11)

次の表は，あるテーマパークの入場者数集計表である。作成条件にしたがって表を作成しなさい。

	A	B	C	D	E	F	G	H
1								
2	テーマパーク入場者数集計表					男女別入場者集計表		
3	区分	性別	先月	今月		性別	先月	今月
4	小人	男	9,265	9,985		男	28.4%	※※
5		女	23,012	24,085		女	※※	※※
6	中人	男	5,159	6,493				
7		女	13,952	14,453				
8	大人	男	26,768	28,932				
9		女	66,784	62,184				
10		合計	※※	※※				

作成条件

① 表の形式および体裁は，上の表を参考にして設定する。

    設定する書式：罫線，列幅，数値につける3桁ごとのコンマ

② ※※印の部分は，式や関数などを利用して求める。

③ 「合計」は，月ごとの合計を求める。

④ G4〜H5は，月ごとの男女別合計の各月の「合計」に対する割合を求める。ただし，小数第3位未満を四捨五入し，％で小数第1位まで表示するものとする。

筆記練習 **22**

(1) 右の表は，ある学校の修学旅行に関するデータを1枚のDVD（4.7GB）に保管することになり，それをリスト化したものである。E4は，「保存予定ファイルリスト」にあるファイルをすべて1枚のDVDに保存するための圧縮率を計算して表示する。E4に設定する式の空欄にあてはまる関数として適切なものを選び，記号で答えなさい。なお，％で小数第1位までを表示するものとする。また，1GB=1,000MBとする。

	A	B	C	D	E
1					
2	保存予定ファイルリスト				
3	番号	ファイル名	容量（MB）		必要圧縮率
4	1	関連書類	2		61.8%
5	2	A組写真	256		
6	3	B組写真	348		
7	4	C組写真	292		
8	5	D組写真	306		
9	6	A組動画	1,448		
10	7	B組動画	1,935		
11	8	C組動画	1,755		
12	9	D組動画	1,262		

=[   ] (4700/SUM(C4:C12),3)

ア．ROUNDUP   イ．ROUNDDOWN   ウ．ROUND

(2) 右の表は，ある学校の進路別説明会希望調査一覧から使用する教室数を集計した表である。「教室数」は，一つの教室に40名を割り当てた場合に必要な教室数を表示する。F4に設定する式として適切なものを選び，記号で答えなさい。なお，F4をF5～F7までコピーするものとする。

	A	B	C	D	E	F
1						
2	進路別説明会希望調査一覧			進路別説明会必要教室数		
3	学籍番号	進路コード		進路コード	進路	教室数
4	1301001	4		1	大学	3
5	1301002	1		2	短大	2
6	1301003	3		3	専門	2
7	1301004	1		4	就職	3
8	1301005	3				
≀	≀	≀				
319	1302076	1				
320	1302077	1				
321	1302078	3				
322	1302079	1				
323	1302080	1				

ア． =ROUNDUP(COUNTIFS($B$4:$B$323,D4)/40,0)

イ． =ROUNDUP(COUNTIFS($B$4:$B$323,D4)/40,-1)

ウ． =ROUNDDOWN(COUNTIFS($B$4:$B$323,D4)/40,0)

(3) 次の表は，あるクラスが昨年同様に演劇をするために，昨年度支出一覧から今年度の予算を概算で集計した表である。「概算」は，「項目名」ごとに「金額」の合計を求め，1,000円未満を切り上げて表示する。H4に設定する式として適切なものを選び，記号で答えなさい。なお，H4をH5～H8までコピーするものとする。

	A	B	C	D	E	F	G	H
1								
2	昨年度支出一覧					今年度概算		
3	伝票番号	項目コード	項目名	金額		項目コード	項目名	概算
4	1	1	衣装	8,709		1	衣装	19,000
5	2	2	小道具	8,928		2	小道具	14,000
6	3	5	その他	1,018		3	大道具	15,000
7	4	3	大道具	7,959		4	室内装飾	12,000
8	5	4	室内装飾	6,733		5	その他	4,000
9	6	1	衣装	6,887			合計	64,000
10	7	1	衣装	3,083				
11	8	2	小道具	4,990				
12	9	5	その他	1,780				
13	10	4	室内装飾	4,511				
14	11	3	大道具	6,125				
15	12	5	その他	317				

ア． =ROUNDUP(COUNTIFS($C$4:$C$15,G4),-3)

イ． =ROUNDUP(SUMIFS($D$4:$D$15,$C$4:$C$15,G4),-3)

ウ． =ROUNDUP(SUMIFS($D$4:$D$15,$C$4:$C$15,G4),1000)

(1)		(2)		(3)	

編末トレーニング

1 次の問いに答えなさい。

問1 右の表は，ある病院の電子掲示板である。「本日の日付」と「次回予約日」の月が一致する場合はお大事になさってください と表示し，それ以外の場合は 次回保険証を忘れないでください と表示する。A5に設定する次の式の空欄にあてはまる関数として適切なものを選び，記号で答えなさい。ただし，空欄には同じ関数が入るものとする。

	A	B	C
1	本日の日付	2022/5/23	
2			
3	次回予約日	2022/6/7	
4			
5	次回保険証を忘れないでください		

=IF(＿＿＿＿(B1)=＿＿＿＿(B3),"お大事になさってください",
"次回保険証を忘れないでください")

ア．DAY　　　　イ．MONTH　　　　ウ．YEAR

問2 右の表は，MOD関数の理解をうながすための検証表である。C2に次の式が設定されている場合，表示される値を答えなさい。

	A	B	C
1	MOD関数検証表		
2	10	-3	※

=MOD(A2,B2)

問3 右の表は，ある地域のレストラン評価一覧である。F4には，評価ランクを表示するため，次の式が設定されている。この式をF19までコピーしたとき，「判定」に B と表示される数を答えなさい。

	A	B	C	D	E	F
1						
2	レストラン評価一覧					
3	店名	料理	接客	雰囲気	価格	判定
4	A店	5	3	4	3	※
5	B店	3	5	4	5	※
6	C店	3	4	5	5	※
7	D店	5	4	5	4	※
8	E店	3	5	2	3	※
9	F店	5	4	4	2	※
10	G店	5	4	5	5	※
11	H店	4	5	4	3	※
12	I店	5	4	5	4	※
13	J店	3	3	4	3	※
14	K店	5	4	3	4	※
15	L店	5	5	3	3	※
16	M店	3	4	5	4	※
17	N店	5	5	5	3	※
18	O店	4	3	4	5	※
19	P店	4	5	3	2	※

=IF(SUM(B4:E4)>=18,"A",IF(SUM(B4:E4)>=15,"B","C"))

80 | Part I Excel関数編

問4 右の表は，ある学校における生徒数確認表である。「クラス」の左端から1文字は学年，右端から1文字は組を表している。生徒数確認表の「男子」，「女子」は，学年，組，性別をもとに，「生徒数一覧」を参照して表示する。B5に設定する式として適切なものを選び，記号で答えなさい。ただし，この式をC5までコピーするものとする。

	A	B	C	D	E	F	G
1							
2	生徒数確認表						
3	クラス	性別		計			
4		男子	女子				
5	1A	12	28	40			
6							
7	生徒数一覧						
8	組	1学年		2学年		3学年	
9		男子	女子	男子	女子	男子	女子
10	A	12	28	15	26	11	28
11	B	19	21	20	19	19	20
12	C	18	22	19	19	20	20
13	D	18	22	19	20	19	19
14	E	27	14	25	15	26	13
15	F	26	14	25	14	25	12
16	男女合計	120	121	123	113	120	112
17	学年合計	241		236		232	
18	合計	709					

ア．=INDEX($B$10:$G$15,MATCH(RIGHT($A$5,1),$A$10:$A$15,0),
　　VALUE(LEFT($A$5,1))*2+IF(B4="男子",-1,0))

イ．=INDEX($B$10:$G$15,VALUE(LEFT($A$5,1))*2+IF(B4="男子",-1,0),
　　MATCH(RIGHT($A$5,1),$A$10:$A$15,0))

ウ．=INDEX(MATCH(RIGHT($A$5,1),$A$10:$A$15,0),
　　VALUE(LEFT($A$5,1))*2+IF(B4="男子",-1,0),$B$10:$G$15)

問5 右の表は，ある検定試験に申し込んだ人数を学年別に集計した表である。学年別集計表の「受験者数」は，学年別に受験者数を集計するため，G4には次の式が設定されている。この式と同等の結果が得られる適切な式を選び，記号で答えなさい。ただし，各学年はAとB以外のクラスはないものとする。

	A	B	C	D	E	F	G
1							
2	受験申込者一覧					学年別集計表	
3	No.	クラス	番号	氏名		学年	受験者数
4	1	1A	25	塚口　幸太		1学年	7
5	2	3A	21	菅野　悠暉		2学年	8
6	3	2A	34	玉越　勝英		3学年	11
7	～	～	～	～			
25	22	1B	39	志賀　龍志			
26	23	3A	28	住友　将			
27	24	3B	35	醍醐　優太			
28	25	1A	38	芳賀　卓磨			
29	26	3A	8	古川　一貫			

=COUNTIFS(B4:B29,"1A")
　+COUNTIFS(B4:B29,"1B")

ア．=COUNTIFS($B$4:$B$29,LEFT(F4,1)*"?")

イ．=COUNTIFS($B$4:$B$29,LEFT(F4,1)+"*")

ウ．=COUNTIFS($B$4:$B$29,LEFT(F4,1)&"*")

問1		問2		問3		問4		問5	

2 次の問いに答えなさい。

問1 右の表は，ある駐車場の利用時間計算表である。「利用時間」は，「出庫時刻」から「入庫時刻」を引いて求める。C8に設定する式として適切なものを選び，記号で答えなさい。

	A	B	C
1			
2	駐車場利用時間計算表		
3	入庫時刻		
4	時	分	
5	9	15	
6	出庫時刻		
7	時	分	利用時間
8	12	10	2:55

ア．=TIME(INT((A8*60+B8-A5*60-B5)/60),MOD(A8*60+B8-A5*60-B5,60),0)
イ．=TIME(A5-A8,B5-B8,0)
ウ．=TIME(A5,B5,0)-TIME(A8,B8,0)

問2 右の表は，「名前」を「姓」と「名」に分けるための表である。C2に設定する式として適切ではないものを選び，記号で答えなさい。

	A	B	C
1	名前	姓	名
2	小山田　健一	小山田	健一

ア．=RIGHT(A2,LEN(A2)-SEARCH(" ",A2))
イ．=LEFT(A2,SEARCH(" ",A2)-1)
ウ．=MID(A2,SEARCH(" ",A2)+1,LEN(A2)-SEARCH(" ",A2))

問3 次の表は，ある模擬試験結果一覧である。H4には，次の式が設定されている。この式をH18までコピーしたとき，「備考」に ○ と表示される数を答えなさい。

=IF(AND(COUNT(B4:F4)>=3,G4>=85,MIN(B4:F4)>=70),"○","")

	A	B	C	D	E	F	G	H
1								
2	模擬試験結果一覧							
3	名前	第1回	第2回	第3回	第4回	第5回	平均	備考
4	上野　侑紀	91	欠	71	98	89	87.3	※
5	江澤　太	73	88	欠	94	欠	85.0	※
6	木村　貫	59	61	86	56	81	68.6	※
7	桑原　麻衣	84	66	61	74	76	72.2	※
8	近藤　一郎	欠	92	60	欠	欠	76.0	※
9	白石　大喜	94	92	87	72	86	86.2	※
10	鈴木　加里	68	82	96	82	97	85.0	※
11	武次　真実	欠	90	欠	100	欠	95.0	※
12	露﨑　莉乃	95	93	87	70	95	88.0	※
13	藤平　美里	57	87	60	50	56	62.0	※
14	古川　一基	92	欠	65	57	86	75.0	※
15	眞板　若菜	50	88	79	92	71	76.0	※
16	御園　宏貴	96	88	88	65	92	85.8	※
17	和田　仁呼	95	欠	欠	76	欠	85.5	※
18	渡辺　雅敏	71	94	86	91	92	86.8	※

問4 次の表は，マグロの漁獲高ランキングの漁獲量を地域別に集計した表である。「漁獲量平均」は，マグロの漁獲高ランキングから「地域」ごとに「漁獲量」の平均を求めるため，G4には次の式が設定されている。この式と同等の結果が得られる適切な式を選び，記号で答えなさい。

=AVERAGEIFS($D$4:$D$35,$C$4:$C$35,F4)

	A	B	C	D	E	F	G
1							
2	マグロの漁獲高ランキング					地域別漁獲量集計表	
3	順位	都道府県名	地域	漁獲量		地域	漁獲量平均
4	1	静岡県	中部	30,100		北海道	3,100
5	2	宮城県	東北	26,200		東北	6,767
6	3	高知県	四国	22,700		関東	6,775
7	4	宮崎県	九州沖縄	21,200		中部	7,600
8	5	鹿児島県	九州沖縄	15,400		近畿	5,200
9	6	東京都	関東	15,300		中国	1,867
10	7	三重県	近畿	14,300		四国	9,133
11	8	沖縄県	九州沖縄	13,400		九州沖縄	9,214
12	9	神奈川県	関東	9,800			
〜	〜	〜	〜				
32	29	秋田県	東北	100			
33	30	山形県	東北	100			
34	31	京都府	近畿	100			
35	32	福岡県	九州沖縄	100			

ア． =SUMIFS($D$4:$D$35,$C$4:$C$35,F4)/COUNT($C$4:$C$35)

イ． =SUM($D$4:$D$35)/COUNTIFS($C$4:$C$35,F4)

ウ． =SUMIFS($D$4:$D$35,$C$4:$C$35,F4)/COUNTIFS($C$4:$C$35,F4)

問5 右の表は，検定合格者数一覧である。検定合格者数一覧の「検定名」は，「検定コード」の左端から2文字を抽出し，検定一覧を参照して表示する。B4に設定する式として適切なものを選び，記号で答えなさい。

	A	B	C	D	E	F	G
1							
2	検定合格者数一覧					検定一覧	
3	検定コード	検定名	級	人数		名称コード	検定名
4	IP3	情報検定	3	225		IP	情報検定
5	IP2	情報検定	2	190		EN	英語検定
6	IP1	情報検定	1	45		BK	簿記検定
7	EN3	英語検定	3	56		AB	珠算検定
8	EN2	英語検定	2	20		CA	電卓検定
9	EN1	英語検定	1	17			
10	BK3	簿記検定	3	230			
11	BK2	簿記検定	2	168			
12	BK1	簿記検定	1	32			
13	AB3	珠算検定	3	78			
14	AB2	珠算検定	2	79			
15	AB1	珠算検定	1	160			
16	CA3	電卓検定	3	238			
17	CA2	電卓検定	2	234			
18	CA1	電卓検定	1	225			

ア． =VLOOKUP(LEFT(A4,2),$F$4:$G$8,2,FALSE)

イ． =VLOOKUP(LEFT(A4,2),$F$4:$G$8,2,TRUE)

ウ． =VLOOKUP(RIGHT(A4,2),$F$4:$G$8,2,FALSE)

問1		問2		問3		問4		問5	

Part **II** Excel 応用 | 編

Lesson **1** 応用操作

1 複合参照

セルの参照には，**相対参照**（A1）と**絶対参照**（$A$1），**複合参照**（$A1 または A$1）がある。複合参照とは相対参照と絶対参照を組み合わせたものであり，行だけを固定（A$1）したり，列だけを固定（$A1）する場合に用いる。

例題 23 ホテル宿泊料金計算表

次の表は，あるホテルの1泊1名あたりの宿泊料金を計算する表である。作成条件にしたがって，ホテル宿泊料金計算表を作成しなさい。

	A	B	C	D	E
1					
2	ホテル宿泊料金計算表				
3					
4	追加オプション		スタンダード	スーペリア	スイート
5			0	5,000	10,000
6	食事なし	0	※	※	※
7	朝食あり	2,500	※	※	※
8	朝夕食あり	6,000	※	※	※
9					
10	1泊1名あたり	12,000			

	A	B	C	D	E
1					
2	ホテル宿泊料金計算表				
3					
4	追加オプション		スタンダード	スーペリア	スイート
5			0	5,000	10,000
6	食事なし	0	12,000	17,000	22,000
7	朝食あり	2,500	14,500	19,500	24,500
8	朝夕食あり	6,000	18,000	23,000	28,000
9					
10	1泊1名あたり	12,000			

（完成例）

作成条件

① 表の体裁は，上の表を参考にして設定する。

$$\left[\begin{array}{l} 設\ 定\ す\ る\ 書\ 式：罫線 \\ 設定する数値の表示形式：3桁ごとのコンマ \end{array} \right]$$

② 表の※印の部分は，式や関数などを利用して求める。

③ C6には，絶対参照と複合参照を用いた式を設定し，E8までコピーする。

④ C6には，B10の1泊1名あたりの基本料金に，B列の食事のそれぞれのオプション料金と5行目の部屋のランクによる割増金を加えた式を入力する。

複合参照

❶ 1泊1名あたりの基本料金は，固定値なので絶対参照で入力する。直接キーボードで「$B$10」と入力できるが，セル (C6) をクリックして「=」を入力し，セル (B10) をクリックしてから F4 を1回押すと絶対参照になる。

▶ Point
F4 を1度押すごとに，セル番地は次のように変化する。

相対参照　B10

絶対参照　$B$10
（列も行も固定）

複合参照　B$10
（行を固定）

複合参照　$B10
（列を固定）

	A	B	C	D	E
1					
2	ホテル宿泊料金計算表				
3					
4	追加オプション		スタンダード	スーペリア	スイート
5			0	5,000	10,000
6	食事なし	0	=$B$10		
7	朝食あり	2,500			
8	朝夕食あり	6,000			
9					
10	1泊1名あたり	12,000			

❷ 食事のオプション料金は，B列を固定するので複合参照で入力する。直接キーボードで「+$B6」と入力できるが，「+」を入力し，セル (B6) をクリックしてから F4 を3回押すと複合参照になる。

	A	B	C	D	E
1					
2	ホテル宿泊料金計算表				
3					
4	追加オプション		スタンダード	スーペリア	スイート
5			0	5,000	10,000
6	食事なし	0	=$B$10+$B6		
7	朝食あり	2,500			
8	朝夕食あり	6,000			
9					
10	1泊1名あたり	12,000			

❸ 部屋のランクによる割増料金は，5行目を固定するので複合参照で入力する。直接キーボードで「+C$5」と入力できるが，「+」を入力し，セル (C5) をクリックしてから F4 を2回押すと複合参照になる。

	A	B	C	D	E
1					
2	ホテル宿泊料金計算表				
3					
4	追加オプション		スタンダード	スーペリア	スイート
5			0	5,000	10,000
6	食事なし	0	=$B$10+$B6+C$5		
7	朝食あり	2,500			
8	朝夕食あり	6,000			
9					
10	1泊1名あたり	12,000			

❹ セル (C6) の式をセル (E8) までコピーする。

	A	B	C	D	E	F
1						
2	ホテル宿泊料金計算表					
3						
4	追加オプション		スタンダード	スーペリア	スイート	
5			0	5,000	10,000	
6	食事なし	0	12,000	17,000	22,000	
7	朝食あり	2,500	14,500	19,500	24,500	
8	朝夕食あり	6,000	18,000	23,000	28,000	
9						
10	1泊1名あたり	12,000				

各参照を行った際の計算式の変化図

(1) 列方向にコピーした際の計算式の変化

◢	A	B	C	D	E
1		=A1	=$A1	=A$1	=$A$1
2	コピーする方向	=A2	=$A2	=A$1	=$A$1
3	↓	=A3	=$A3	=A$1	=$A$1

B列が「相対参照」，C列が列だけ固定の「複合参照」，D列が行だけ固定の「複合参照」，E列が「絶対参照」を示している。

(2) 行方向にコピーした際の計算式の変化

◢	A	B	C
1	コピーする方向→		
2	=A1	=B1	=C1
3	=$A1	=$A1	=$A1
4	=A$1	=B$1	=C$1
5	=$A$1	=$A$1	=$A$1

2行目が「相対参照」，3行目が列だけ固定の「複合参照」，4行目が行だけ固定の「複合参照」，5行目が「絶対参照」を示している。

実技練習 23 ‥‥‥ **ファイル名：九九表**

作成条件にしたがって，九九表を作成しなさい。

◢	A	B	C	D	E	F	G	H	I	J
1										
2	九九表									
3		1	2	3	4	5	6	7	8	9
4	1	※※	※※	※※	※※	※※	※※	※※	※※	※※
5	2	※※	※※	※※	※※	※※	※※	※※	※※	※※
6	3	※※	※※	※※	※※	※※	※※	※※	※※	※※
7	4	※※	※※	※※	※※	※※	※※	※※	※※	※※
8	5	※※	※※	※※	※※	※※	※※	※※	※※	※※
9	6	※※	※※	※※	※※	※※	※※	※※	※※	※※
10	7	※※	※※	※※	※※	※※	※※	※※	※※	※※
11	8	※※	※※	※※	※※	※※	※※	※※	※※	※※
12	9	※※	※※	※※	※※	※※	※※	※※	※※	※※

作成条件

① 表の形式および体裁は，上の表を参考にして設定する。

　　設定する書式：罫線，列幅

② 表の※※印の部分は，式や関数などを利用して求める。

③ B4に複合参照を用いた式を設定し，J12までコピーする。

筆記練習 23

右の表は，ある商品の売り上げを第1期と第2期に分けて12か月の移動合計を求めたものである。D5に設定する式として適切なものを選び，記号で答えなさい。ただし，この式をD6～D16にコピーするものとする。

ア． =B$17-SUM(B5:B$5)+SUM(C5:C$5)

イ． =B$17-SUM(B$5:B5)+SUM(C$5:C5)

ウ． =$B17-SUM(B$5:B5)+SUM(C$5:C5)

◢	A	B	C	D
1				
2	移動合計表			
3				
4	月期	第1期	第2期	移動合計
5	1月	910	940	17,600
6	2月	820	900	17,680
7	3月	1,220	1,290	17,750
8	4月	1,550	1,610	17,810
9	5月	1,660	1,700	17,850
10	6月	1,260	1,340	17,930
11	7月	1,330	1,420	18,020
12	8月	1,160	1,220	18,080
13	9月	1,610	1,710	18,180
14	10月	1,770	1,850	18,260
15	11月	1,940	2,020	18,340
16	12月	2,340	2,420	18,420
17	合計	17,570	18,420	

2 マルチシート

　マルチシートとは，ファイル（ブック）ごとに複数のシートを同時に利用することができる機能のことである。各シートの選択は，シート見出しをクリックすることによって行うことができる。また，複数のシートを同時に操作したり，同じフォーマットを持つシートどうしの**串刺し計算**などを行うことができる。

例題 24　宅配ピザマルチシート

　次の表は，ある宅配ピザ店の1日の売上数の一覧表である。作成条件にしたがって，売上集計表を作成しなさい。

シート名「中央店」

シート名「南店」

シート名「北店」

シート名「種類別単価表」

シート名「売上集計表」

（完成例）

作成条件

①　表の体裁は，上の表を参考にして設定する。

　　設定する書式：罫線
　　設定する数値の表示形式：3桁ごとのコンマ

②　表の※印の部分は，式や関数などを利用して求める。

③　中央店，南店，北店の売上一覧表と種類別単価表，さらに3店舗の売上集計表を作成し，それぞれシート名も変更する。

④　シート名「売上集計表」の「数量」は，中央店，南店，北店の「数量」の合計を計算する。

⑤　シート名「売上集計表」の「金額」は，「種類」をもとに，シート名「種類別単価表」を参照して求めた「単価」に「数量」（3店舗の合計）を掛けて求める。

各シートの作成とシート名の変更

❶ 名前を変更したいシートのシート見出しを右クリックし[名前の変更]を選択して，シート名を変更する。

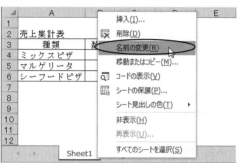

▶ **Point**
シート見出しのダブルクリックでも行える。

串刺し計算の方法（シートをまたいだ「数量」の合計を求める）

❶ シート名「売上集計表」のセル(B4)に「=SUM(」と入力する。

❷ シート名「中央店」のセル(B4)をクリックする。

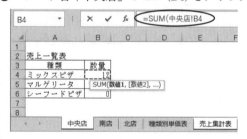

▶ **Point**
串刺し計算が可能な関数は次のとおりである。
・SUM
・AVERAGE
・COUNT
・COUNTA
・MAX
・MIN　　など

▶ **Point**
串刺し計算のイメージ

❸ Shift を押しながらシート名「北店」のシート見出しをクリックすると，シート名「中央店」からシート名「北店」の3つのシートのセル(B4)が選択される。

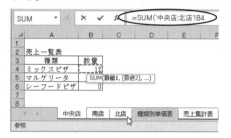

❹ 「)」を入力し， Enter を押すと，シート名「売上集計表」の「数量」に次の式が設定される。
　　セル(B4) =SUM(中央店:北店!B4)

❺ シート名「売上集計表」のセル(C4)に，「種類」をもとに，シート名「種類別単価表」を参照して求めた「単価」に，セル(B4)で集計された「数量」を掛けて金額を求める。
　　セル(C4) =VLOOKUP(A4,種類別単価表!$A$4:$B$6,2,FALSE)＊B4

参考 そのほかのシートやファイルへの参照

① ほかのシートのセルを参照する。

「中央店!B4」のように「!」で区切って指定する。

「中央店!B4:B6」のように範囲を指定することもできる。

② 複数のシートで共通なセルを参照する。

「中央店:北店!B4」のようにシート名を「:」でつないで指定する。

③ ほかのファイルのセルを参照する。

「[Book2]中央店!$B$4」のように，ファイル名を「[]」でくくって指定する。

「[Book2]中央店!$B$4」…ファイル名（Book2）のシート名（中央店）のセル（B4）

実技練習 24 …… ファイル名：在庫数一覧表

次の表は，ある家具会社の1月～3月の在庫数の一覧表である。作成条件にしたがって，在庫金額一覧表を作成しなさい。

シート名「晴海店」

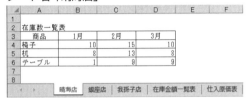

シート名「銀座店」

シート名「我孫子店」

シート名「仕入原価表」

シート名「在庫金額一覧表」

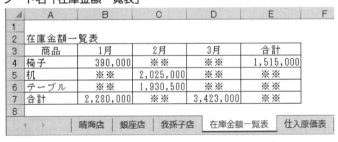

作成条件

① 表の体裁は，上の表を参考にして設定する。

　設　定　す　る　書　式：罫線

　設定する数値の表示形式：3桁ごとのコンマ

② 表の※※印の部分は，式や関数などを利用して求める。

③ 晴海店，銀座店，我孫子店の「数量」の合計に，「商品」をもとに，仕入原価表を参照して求めた「単価」を掛けて，在庫金額一覧表の金額を求める。

④ E列の「合計」は，1～3月の合計を求める。

⑤ 7行目の「合計」は，各列の合計を求める。

(1) ある学校では，ワープロ検定の申込を集計するために次の表を用いている。シート名「集計」の C5は，シート名「1組」「2組」「3組」のそれぞれのC5の値を合計するため，次の式が設定されている。この式と同等の結果が得られる適切な式を選び，記号で答えなさい。

=SUM(1組:3組!C5)

シート名「1組」

	速度	文書	速度＋文書	合計
男子	5	2	4	11
女子	2	5	6	13
合計	7	7	10	24

1組 ワープロ検定申込集計表

シート名「2組」

	速度	文書	速度＋文書	合計
男子	2	5	13	20
女子	5	3	7	15
合計	7	8	20	35

2組 ワープロ検定申込集計表

シート名「3組」

	速度	文書	速度＋文書	合計
男子	2	2	7	11
女子	8	1	13	22
合計	10	3	20	33

3組 ワープロ検定申込集計表

シート名「集計」

	速度	文書	速度＋文書	合計
男子	9	9	24	42
女子	15	9	26	50
合計	24	18	50	92

ワープロ検定申込集計表

ア. =1組!C5*2組!C5*3組!C5

イ. =1組!C5+2組!C5+3組!C5

ウ. =1組!C5/2組!C5/3組!C5

(2) 次の表は，年に2回実施される検定試験の学年別クラス別の合格者数を集計するための表である。シート名「6月検定」と「1月検定」をもとに，1年生から3年生までの各学年8クラスの合格者数を集計する。シート名「学年別集計」のB4に設定する式として適切なものを選び，記号で答えなさい。なお，シート名「6月検定」と「1月検定」の合格者一覧表の4桁の文字は受験番号であり，左端から1文字が学年，2文字目から1文字がクラス，残り2文字が生徒番号の文字列データである。

シート名「6月検定」

A	B	C	D	E
2233	2238	2309	2316	2432
2522	2605	2608	2621	2627
2703	2708	2710	2711	2715
2720	2721	2738	2825	

6月検定試験合格者一覧表

シート名「1月検定」

A	B	C	D	E
1223	1228	1319	1326	1421
1522	1605	1608	1616	1621
1702	1708	1709	1710	1724
1726	1729	1735	1802	1813

1月検定試験合格者一覧表

シート名「学年別集計」

学年別クラス別合格者数集計表

	1	2	3	4	5	6	7	8
1	0	2	2	1	1	4	8	2
2	0	2	2	1	1	4	8	1
3	0	0	0	0	0	0		

ア. =COUNTIFS(6月検定!$A$3:$E$6,$A4&B$3&"*")
　　+COUNTIFS(1月検定!$A$3:$E$6,$A4&B$3&"*")

イ. =COUNTIFS(6月検定:1月検定!$A$3:$E$6,
　　$A4&B$3&"*")

ウ. =COUNTIFS(6月検定&1月検定!$A$3:$E$6,
　　$A4&B$3&"*")

(1)		(2)	

3 フィルタ処理

フィルタ（フィルター）を使用することにより，ある条件を満たすレコード（データの行）を抽出することができる。

例題 25 宅配ピザ売上一覧表1

次の表は，ある宅配ピザ店の6日間の商品売上を示した表である。作成条件にしたがって，フィルタ処理をしなさい。

	A	B	C	D	E
1					
2	売上一覧表				
3					
4	日付	店	種類	数量	金額
5	9月16日	北店	ミックスピザ	18	※
6	9月16日	中央店	マルゲリータ	12	※
7	9月16日	北店	シーフードピザ	10	※
8	9月16日	南店	ミックスピザ	18	※
9	9月17日	中央店	マルゲリータ	12	※
10	9月17日	北店	ミックスピザ	13	※
11	9月18日	北店	シーフードピザ	15	※
12	9月18日	南店	マルゲリータ	12	※
13	9月19日	南店	ミックスピザ	18	※
14	9月20日	南店	シーフードピザ	21	※
15	9月20日	中央店	マルゲリータ	9	※
16	9月20日	中央店	マルゲリータ	18	※
17	9月20日	南店	ミックスピザ	9	※
18	9月21日	北店	マルゲリータ	21	※
19	9月21日	中央店	ミックスピザ	12	※
20	9月21日	北店	ミックスピザ	15	※
21					
22					
23			種類別単価表		
24			種類	単価	
25			ミックスピザ	1,200	
26			マルゲリータ	1,000	
27			シーフードピザ	1,350	

	A	B	C	D	E
1					
2	売上一覧表				
3					
4	日付	店	種類	数量	金額
5	9月16日	北店	ミックスピザ	18	21,600
7	9月16日	北店	シーフードピザ	10	13,500

（完成例）

作成条件

① 表の体裁は，上の表を参考にして設定する。

　設 定 す る 書 式：罫線
　設定する数値の表示形式：3桁ごとのコンマ

② 表の※印の部分は，式や関数などを利用して求める。

③ 「金額」は，「種類」をもとに，種類別単価表を参照して求めた「単価」に，「数量」を掛けて求める。

④ フィルタを用いて，「日付」が9月16日かつ，「店」が北店のデータを表示する。

フィルタ処理

❶ E列は，VLOOKUP関数を用いて単価を参照し，セル(D5)を掛ける。

　セル(E5)=VLOOKUP(C5,$C$25:$D$27,2,FALSE)＊D5

　セル(E6～E20)までコピーする。

❷ 売上一覧表のいずれかのセルを選択し，[データ] → [フィルター]をクリックする。

❸ セル(A4～E4)に▼が表示される。「日付」の▼をクリックし，9月16日のみを選択する。

❹ ＯＫ をクリックすると，9月16日のデータが表示される。

❺ 同様に，「店」の▼をクリックし，「北店」のみを選択して， ＯＫ をクリックする。

❻ 「日付」が9月16日かつ，「店」が北店のデータが表示される。

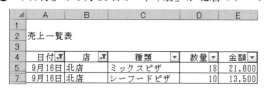

参考 **フィルタの解除方法**

① すべてのフィルタの解除

　売上一覧表のいずれかのセルを選択し，[データ] → [フィルター]をクリックする。

② 日付のフィルタを解除

　「日付」の▼をクリックし，[(すべて選択)]を選択する。

③ 「店」のフィルタも「日付」と同様に解除する。

例題 26 オートフィルタオプション

例題25で作成した売上一覧表に設定したフィルタを解除し，次の(1)〜(3)の完成例どおりに表示しなさい。

(1) 「店」が南店か北店のデータを表示する。

▲	A	B	C	D	E
1					
2	売上一覧表				
3					
4	日付 ▼	店 🔽	種類 ▼	数量 ▼	金額 ▼
5	9月16日	北店	ミックスピザ	18	21,600
7	9月16日	北店	シーフードピザ	10	13,500
8	9月16日	南店	ミックスピザ	18	21,600
10	9月17日	北店	ミックスピザ	13	15,600
11	9月18日	北店	シーフードピザ	15	20,250
12	9月18日	南店	マルゲリータ	12	12,000
13	9月19日	南店	ミックスピザ	18	21,600
14	9月20日	南店	シーフードピザ	21	28,350
17	9月20日	南店	ミックスピザ	9	10,800
18	9月21日	北店	マルゲリータ	21	21,000
20	9月21日	北店	ミックスピザ	15	18,000

（完成例）

(2) 「金額」が10,000以上で20,000未満のデータを表示する。

▲	A	B	C	D	E
1					
2	売上一覧表				
3					
4	日付 ▼	店 ▼	種類 ▼	数量 ▼	金額 🔽
6	9月16日	中央店	マルゲリータ	12	12,000
7	9月16日	北店	シーフードピザ	10	13,500
9	9月17日	中央店	マルゲリータ	12	12,000
10	9月17日	北店	ミックスピザ	13	15,600
12	9月18日	南店	マルゲリータ	12	12,000
16	9月20日	中央店	マルゲリータ	18	18,000
17	9月20日	南店	ミックスピザ	9	10,800
19	9月21日	中央店	ミックスピザ	12	14,400
20	9月21日	北店	ミックスピザ	15	18,000

（完成例）

(3) 「金額」が下位2位までのデータを表示する。

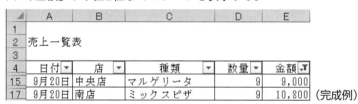

▲	A	B	C	D	E
1					
2	売上一覧表				
3					
4	日付 ▼	店 ▼	種類 ▼	数量 ▼	金額 🔽
15	9月20日	中央店	マルゲリータ	9	9,000
17	9月20日	南店	ミックスピザ	9	10,800

（完成例）

オートフィルタオプション

(1) 「店」が南店か北店のデータを表示する。（OR条件）

❶ フィルタを設定する。

❷ 「店」の▼をクリックし，[テキストフィルター] → [ユーザー設定フィルター]を選択すると，[オートフィルターオプション]が表示される。

❸ 南店「と等しい」，北店「と等しい」を設定し，[OR]を選択して， OK をクリックする。

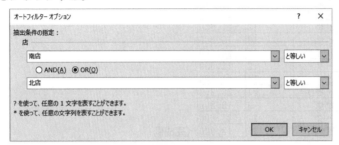

(2) 「金額」が10,000以上で20,000未満のデータを表示する。（AND条件）

❶ フィルタを設定する。

❷ 「金額」の▼をクリックし，[数値フィルター] → [ユーザー設定フィルター]を選択すると，[オートフィルターオプション]が表示される。

❸ 10000と「以上」，20000と「より小さい」を設定し，[AND]を選択して， OK をクリックする。

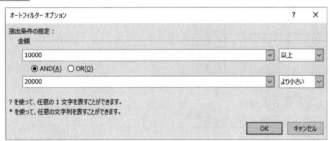

(3) 「金額」が下位2位までのデータを表示する。

❶ フィルタを設定する。

❷ 「金額」の▼をクリックし，[数値フィルター] → [トップテン]を選択すると，[トップテンオートフィルター]が表示される。

❸ 「下位」と「2」,「項目」を設定し， OK をクリックする。

次の表は，あるカレー店の本店と支店のそれぞれのメニューごとの売上数を示した表である。作成条件にしたがって，フィルタ処理をしなさい。

作成条件

① 「店名」が本店のデータを表示する。
② 「メニュー」がビーフカレーのデータを表示する。
③ 「売上数」が100以上のデータを表示する。
④ 「売上数」のトップ3を表示する。
⑤ 「売上数」が平均より大きいデータを表示する。
⑥ 「店名」が 本店 ，かつ「売上数」が 100 以上のデータを表示する。
⑦ 「メニュー」が カツカレー ，かつ「売上数」が平均より大きいデータを表示する。

筆記練習　25

上記の実技練習25の表で，「店名」が 本店 ，かつ「メニュー」が カツカレー ，または シーフードカレー のデータをフィルタ処理するとき，表示される画面として適切なものを選び，記号で答えなさい。

ア.

イ.

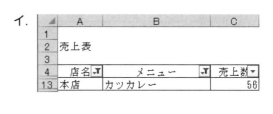

ウ.

	A	B	C
1			
2	売上表		
3			
4	店名	メニュー	売上数
13	本店	カツカレー	56
14	本店	シーフードカレー	12

4 グループ集計

グループ集計を使用することにより，店や商品など指定したグループごとに，合計や平均を集計することができる。

例題 27 宅配ピザ売上一覧表2

次の表は，ある宅配ピザ店の6日間の商品売上を示した表である。作成条件にしたがって，グループ集計機能を使用して集計しなさい。

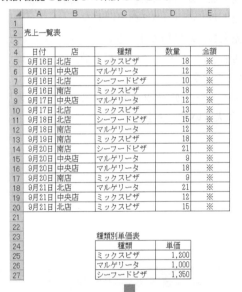

作成条件

① 表の体裁は，左の表を参考にして設定する。

　　（設 定 す る 書 式：罫線
　　　設定する数値の表示形式：3桁ごとのコンマ）

② 表の※印の部分は，式や関数などを利用して求める。

③ 「金額」は，「種類」をもとに，種類別単価表を参照して求めた「単価」に，「数量」を掛けて求める。

④ データを，第1キーとして「店」の昇順，第2キーとして「種類」の昇順に並べ替える。

⑤ 「店」ごとに，「数量」と「金額」の合計を求める。

（完成例）

グループ集計①

❶ E列は，VLOOKUP関数を用いて単価を参照し，セル (D5) を掛ける。

セル (E5) =VLOOKUP (C5,$C$25:$D$27,2,FALSE) ＊D5

セル (E6～E20) までコピーする。

❷ 売上一覧表のいずれかのセルを選択し，
[データ] → [並べ替え] をクリックすると
[並べ替え] が表示される。

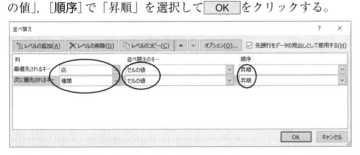

❸ [最優先されるキー] で「店」，[並べ替え
のキー] で「セルの値」，[順序] で「昇順」を選択する。続いて，[レベルの追加]
をクリックし，[次に優先されるキー] で「種類」，[並べ替えのキー] で「セル
の値」，[順序] で「昇順」を選択して ☐ OK ☐ をクリックする。

▶ **Point**
バージョンによっては，
[並べ替えのキー] の
「セルの値」は，「値」
と表示される。

※ 並べ替えのときに複数のキーを使用する場合は [レベルの追加] でキー項目
を増やす。

❹ [データ] → [小計] をクリックすると
[集計の設定] が表示される。

❺ [グループの基準] で「店」，[集計の方法]
で「合計」，[集計するフィールド] で「数量」
と「金額」を選択して， ☐ OK ☐ をクリック
する。

▶ **Point**
グループ集計するため
には，グループ化した
い項目をキー（基準）
としてデータを並べ替
える必要がある。例題
では，店ごとに集計す
るので，店をキーとし
て並べ替えておく。

❻ グループ集計された表が表示される。

	A	B	C	D	E
1					
2	売上一覧表				
3					
4	日付	店	種類	数量	金額
5	9月16日	中央店	マルゲリータ	12	12,000
6	9月17日	中央店	マルゲリータ	12	12,000
7	9月20日	中央店	マルゲリータ	9	9,000
8	9月20日	中央店	マルゲリータ	18	18,000
9	9月21日	中央店	ミックスピザ	12	14,400
10		**中央店 集計**		63	65,400
11	9月20日	南店	シーフードピザ	21	28,350

※ 左側の**レベル表示** (1 2 3 や ＋ ー) をクリックすると，項目の表示や非表示
を切り替えることができる。

例 題 28 宅配ピザ売上一覧表3

例題27で作成した表に，店ごとの数量平均と金額平均を追加しなさい。

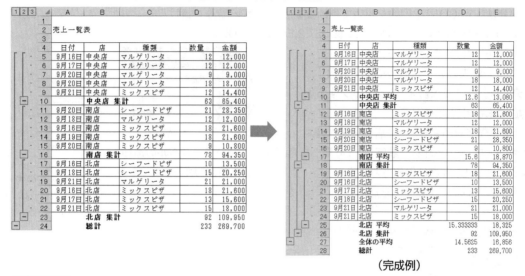

（完成例）

作成条件

① 「店」ごとに，集計（合計）された「数量」と「金額」に，それぞれの平均を追加する。

グループ集計②

❶ ［データ］→［小計］をクリックすると
［集計の設定］が表示される。

❷ ［グループの基準］で「店」，［集計の方法］
で「平均」，［集計するフィールド］で「数量」
と「金額」を選択し，［現在の小計をすべ
て置き換える］のチェックをはずして
OK をクリックする。

※集計手順を「平均」→「合計」にすると，
集計結果の表示が逆になる。

▶**Point**
集計行を削除したい場
合は，［集計の設定］
で すべて削除 をクリ
ックする。

参考 集計行をコピー＆ペーストする方法

（方法1）

コピーしたいセル範囲の先頭行（列）を選択した状態で，Ctrl キーを押しながら，コピーしたいセルを
1つずつ選択してコピーし，別のシートの任意の場所に貼り付ける。

（方法2）

① コピーしたい範囲をドラッグした状態で，［ホーム］から［検索と選択］をクリックし，［条件を選択
してジャンプ］をクリックする。

② ［選択オプション］が表示されるので，［可視セル］のチェックを入れて OK をクリックする。すると，
1つずつセルが選択された状態になるので，コピーして別のシートの任意の場所に貼り付ける。

　次の表は，ある宅配ピザ店の6日間の商品売上を示した表である。作成条件にしたがって，グループ集計機能を使用して集計しなさい。

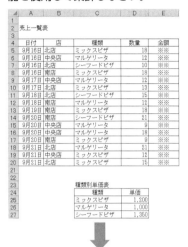

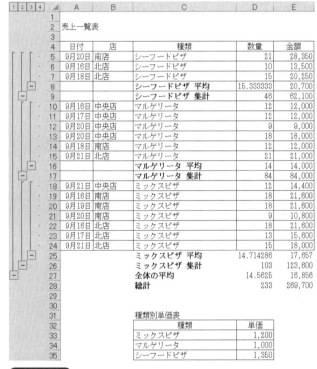

（完成例）

作成条件

① 　表の体裁は，上の表を参考にして設定する。

② 　設定する数値の表示形式：3桁ごとのコンマ

③ 　表の※※印の部分は，式や関数などを利用して求める。

④ 　「金額」は，「種類」をもとに，種類別単価表を参照して求めた「単価」に「数量」を掛けて求める。

⑤ 　データを，第1キーとして「種類」の昇順，第2キーとして「店」の昇順に並べ替える。

⑥ 　「種類」ごとに，「数量」と「金額」との合計を求める。

⑦ 　「種類」ごとに集計（合計）された「数量」と「金額」に，それぞれの平均を追加する。

5 クロス集計（ピボットテーブル）

収集されたデータのうち，いくつかの項目を選んでデータの分析や集計を行うことを**クロス集計**といい，Microsoft Excelでは**ピボットテーブル**という。ピボットテーブルは，これまでに学んだフィルタやグループ集計などを視覚的に行うことができる機能であり，行と列の項目をドラッグして入れ替えたりすることができる。

例題 29 宅配ピザ売上一覧表5

次の表は，ある宅配ピザ店の6日間の商品売上を示した表である。作成条件にしたがって，データ集計機能を使用して集計しなさい。

（完成例）

作成条件

① 表の体裁は，上の表を参考にして設定する。

② 設定する数値の表示形式：3桁ごとのコンマ

③ 表の※印の部分は，式や関数などを利用して求める。

④ 「金額」は，「種類」をもとに，種類別単価表を参照して求めた「単価」に「数量」を掛けて求める。

⑤ ピボットテーブルは，シート名「Sheet2」のA3～E8に作成する。

⑥ 行ラベルに「店」，列ラベルに「種類」として「金額」の集計（合計）を行う。

ピボットテーブルの作成

❶ E列は，VLOOKUP関数を用いて単価を参照し，セル (D5) を掛ける。

　セル (E5) =VLOOKUP (C5,$C$25:$D$27,2,FALSE) ＊D5

　セル (E6 ～ E20) までコピーする。

❷ 売上一覧表のいずれかのセルを選択し，[挿入] →
　[ピボットテーブル]をクリックすると，[ピボットテ
　ーブルの作成]が表示される。

❸ [テーブル/範囲]で「Sheet1!$A$4:$E$20」を確認し，[既存のワークシート]
　を選択して，シート名「Sheet2」のセル (A3) をクリック（場所に「Sheet2!$A$3」
　が表示）した後　OK　をクリックすると，Sheet2に[ピボットテーブルのフィ
　ールド]が表示される。

❹ 「行ラベル」に「店」，「列ラベル」に「種類」，「値」に「金額」をそれぞれ
　ドラッグする。

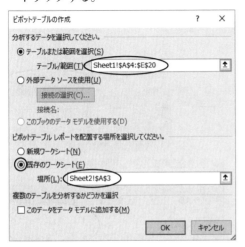
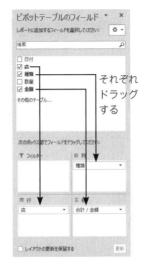

❺ 次のようなピボットテーブルが作成される。

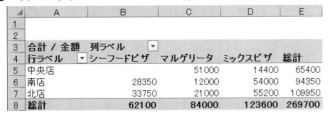

	A	B	C	D	E
1					
2					
3	合計 / 金額	列ラベル			
4	行ラベル	シーフードピザ	マルゲリータ	ミックスピザ	総計
5	中央店		51000	14400	65400
6	南店	28350	12000	54000	94350
7	北店	33750	21000	55200	109950
8	総計	62100	84000	123600	269700

参考 レイアウトの変更

・行列の入れ替え

　[ピボットテーブルのフィールド]で，行ラベルと列ラベルの各項目をドラッグして移動する。

	A	B	C	D	E
1					
2					
3	合計 / 金額	列ラベル			
4	行ラベル	中央店	南店	北店	総計
5	シーフードピザ		28350	33750	62100
6	マルゲリータ	51000	12000	21000	84000
7	ミックスピザ	14400	54000	55200	123600
8	総計	65400	94350	109950	269700

・項目の移動

　移動させたい項目を
ピボットテーブル上で
ドラッグして移動させ
る。

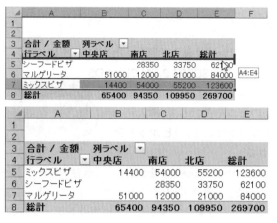

・値（集計方法）の変更

　［ピボットテーブルのフィールド］で，「値」の項目（合計／金額）を
クリックし，［値フィールドの設定］をクリックすると［値フィールド
の設定］が表示されるので，ここで集計方法（この例では「データの
個数」）を選択する。

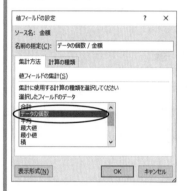

※バージョンによっては，
　［データの個数］ではな
　く［個数］と表示される。

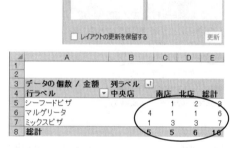

・並べ替え

　ピボットテーブルの項目は，行ラベルや列ラベルの▼のクリックから，［昇順］または，［降順］に並
べ替えることができる。また，［その他の並べ替えオプション］を選択すると，値の集計方法にしたがっ
て項目の並べ替えを行うことができる。

・フィルタ

　ピボットテーブルの項目は，行ラベルや列ラベルの▼のクリックから，チェックボックスをオン・オフすることによって，特定の項目だけを表示することができる。

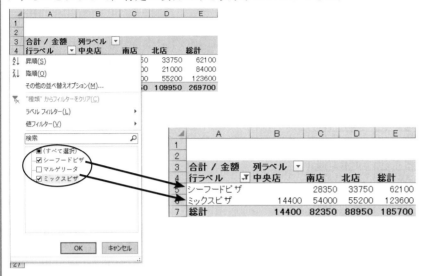

・空白セルに0を表示

　ピボットテーブル上で右クリックし，［ピボットテーブルオプション］をクリックすると，［ピボットテーブルオプション］が表示される。［空白セルに表示する値］に「0」を入力して OK をクリックする。

次の表は，ある電気店の売上集計表である。作成条件にしたがって，データ集計機能を使用して，集計しなさい。

	A	B	C	D
1				
2	売上集計表			
3				
4	月	店名	商品名	売上高
5	1	岡山店	テレビ	9,925,130
6	1	岡山店	エアコン	2,756,000
7	1	岡山店	洗濯機	8,437,739
8	1	岡山店	掃除機	8,687,304
9	1	岡山店	冷蔵庫	6,835,130
10	1	福岡店	テレビ	9,402,695
11	1	福岡店	エアコン	5,425,739
12	1	福岡店	洗濯機	4,285,739
13	1	福岡店	掃除機	544,347
14	1	福岡店	冷蔵庫	3,388,347
15	1	鹿児島店	テレビ	6,409,913
16	1	鹿児島店	エアコン	1,495,130
17	1	鹿児島店	洗濯機	7,112,956
18	1	鹿児島店	掃除機	3,408,608
19	1	鹿児島店	冷蔵庫	1,278,608

	A	B	C	D	E
1					
2					
3	合計 / 売上高	列ラベル ▼			
4	行ラベル ▼	岡山店	鹿児島店	福岡店	総計
5	エアコン	2756000	1495130	5425739	9676869
6	テレビ	9925130	6409913	9402695	25737738
7	洗濯機	8437739	7112956	4285739	19836434
8	掃除機	8687304	3408608	544347	12640259
9	冷蔵庫	6835130	1278608	3388347	11502085
10	総計	36641303	19705215	23046867	79393385

（完成例）

作成条件

1．表の体裁は，上の表を参考にして設定する。
　① ピボットテーブルは，シート名「Sheet2」のA3～E10に作成する。
　② 「行ラベル」に「商品名」，「列ラベル」に「店名」として「売上高」の集計（合計）を行う。
2．作成したピボットテーブルをもとに，次の①～⑤の処理を行い，別冊解答や完成例ファイルどおりに処理されているか確認する。
　① 行ラベルの「商品名」と列ラベルの「店名」を入れ替えたピボットテーブルを表示する。
　② ピボットテーブルの項目を「テレビ」「冷蔵庫」「エアコン」「掃除機」「洗濯機」の順番になるように移動する。
　③ ピボットテーブルの項目を「福岡」「岡山」「鹿児島」の順番になるように移動する。
　④ ピボットテーブルの項目を「総計」の降順に並べ替える。
　⑤ ピボットテーブルの項目を「テレビ」と「エアコン」だけ表示し，「テレビ」「エアコン」の順番になるように移動する。

6 ゴールシーク

ゴールシークとは，目標とする数値を得るために，1つのデータの値をさまざまに変化させ，条件に最も適した解（**最適解**）を得るためのデータ分析機能である。

例題 30 学食販売計画表

次の表は，ある学校の学食における販売計画表である。作成条件にしたがって，データ分析機能を使用して表を作成しなさい。

	A	B	C	D
1				
2	学食販売計画表			
3				
4	商品	単価	数量	売上金額
5	しゃけ弁	380	25	※
6	のり弁	300	※	※
7	カツ丼	450	20	※
8		合計	※	※

	A	B	C	D
1				
2	学食販売計画表			
3				
4	商品	単価	数量	売上金額
5	しゃけ弁	380	25	9,500
6	のり弁	300	55	16,500
7	カツ丼	450	20	9,000
8		合計	100	35,000

（完成例）

作成条件

① 表の体裁は，上の表を参考にして設定する。

> 設 定 す る 書 式：罫線
> 設定する数値の表示形式：3桁ごとのコンマ

② 表の※印の部分は，式や関数，データ分析機能で求める。

③ 「売上金額」は，次の式で求める。

「単価」×「数量」

④ 「合計」は各列の合計を求める。

⑤ 目標値35,000となるための「のり弁」の「数量」を，ゴールシーク機能を使って求める。

ゴールシーク

❶ セル（D5）に，「=B5*C5」と入力する。セル（D6〜D7）までコピーする。

	A	B	C	D	E
1					
2	学食販売計画表				
3					
4	商品	単価	数量	売上金額	
5	しゃけ弁	380	25	=B5*C5	
6	のり弁	300			
7	カツ丼	450	20		
8		合計			

❷ セル（C8）に，「=SUM(C5:C7)」と入力する。セル（D8）にコピーする。

	A	B	C	D	E
1					
2	学食販売計画表				
3					
4	商品	単価	数量	売上金額	
5	しゃけ弁	380	25	9,500	
6	のり弁	300		0	
7	カツ丼	450	20	9,000	
8		合計	=SUM(C5:C7)		
9					

❸ ［データ］→［What−If分析］→［ゴールシーク］をクリックすると，［ゴールシーク］が表示される。

❹ ［数式入力セル］に売上金額の合計が算出されるセル（D8），［目標値］に
35000，［変化させるセル］に「のり弁」の「数量」のセル（C6）を設定して
　OK　をクリックする。

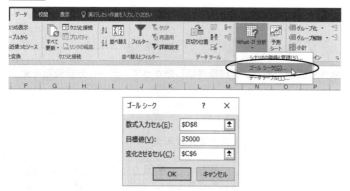

❺ 収束値が見つかった場合，下の図のようなメッセージが表示され，最適値が
表示される。

	A	B	C	D
1				
2	学食販売計画表			
3				
4	商品	単価	数量	売上金額
5	しゃけ弁	380	25	9,500
6	のり弁	300	55	16,500
7	カツ丼	450	20	9,000
8		合計	100	35,000

参考 収束値が見つからなかった場合

ゴールシークを実行し，下のようなエラーメッセージが出た場合には，下記の項目を確認する。

・計算式は，正しく入力されているか。
・数式入力セル番地，変化させるセル番地が正しいか。
・目標値が正しいか。

実技練習　28 ……　ファイル名：売上試算表

作成条件にしたがって，データ分析機能を使用して，次の売上試算表を作成しなさい。

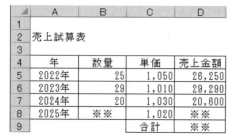

	A	B	C	D
1				
2	売上試算表			
3				
4	年	数量	単価	売上金額
5	2022年	25	1,050	26,250
6	2023年	29	1,010	29,290
7	2024年	20	1,030	20,600
8	2025年	※※	1,020	※※
9			合計	※※

作成条件
① 表の体裁は，左の表を参考にして設定する。
　　設定する数値の表示形式：3桁ごとのコンマ
② 表の※※印の部分は，式や関数，シミュレーション
　分析などで求める。
③ 目標値120,000となるための2025年の「数量」を，
　ゴールシーク機能を使って求める。

Lesson ❷ グラフの作成

二種類のデータがどのような関係にあるかを見るために、一方を縦軸に、他方を横軸に取り、測定データを図上に表すことで相関関係を分析する図を**散布図**という。

折れ線グラフと棒グラフなど、異なる種類のグラフを組み合わせたグラフを**複合グラフ**（2軸上のグラフ）という。変化の推移と量の比較のような意味合いの異なる情報や、比率と量のような単位の異なるデータを一つのグラフで表したものである。

この章では、複合グラフの作成を中心に解説していく。

1 複合グラフの作成

例題 31 商品別売上集計

商品別売上集計から、次のような2軸の複合グラフを作成条件にしたがって作成しなさい。

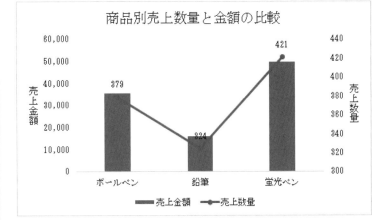

商品名	単価	10月	11月	12月	売上数量	売上金額
ボールペン	94	115	116	148	379	35,626
鉛筆	49	92	104	128	324	15,876
蛍光ペン	118	138	126	157	421	49,678
合計		345	346	433	1,124	101,180

（完成例）

作成条件
① 10月から12月までの「売上金額」を商品ごとに棒グラフで作成し、第1軸に設定する。
② 10月から12月までの「売上数量」を商品ごとに折れ線グラフで作成し、第2軸に設定する。
③ 数値軸（縦軸）の目盛は、最小値（0）、最大値（60,000）および間隔（10,000）を設定する。
④ 第2数値軸（縦軸）の目盛は、最小値（300）、最大値（440）および間隔（20）を設定する。
⑤ 軸ラベルの方向を設定する。
⑥ 凡例の位置を設定する。
⑦ 「売上数量」のみ、データラベルを設定する。

2軸上の折れ線グラフと棒グラフの作成

❶ セル（B4〜B7）をドラッグし，[Ctrl] を押しながら，セル（H4〜H7）をドラッグし，グラフデータの範囲を指定する。

❷ ［挿入］→［折れ線/面グラフの挿入］→［2-D 折れ線］→［マーカー付き折れ線］を選択すると，グラフが表示される。

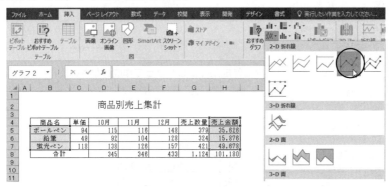

❸ 縦（値）軸目盛線上で右クリックし，削除を選択する。

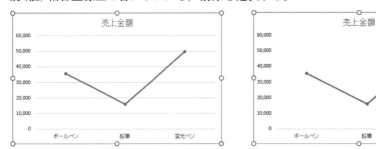

❹ グラフ上で右クリックし，［データの選択］を選択すると，［データソースの選択］が表示される。

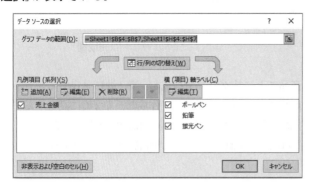

❺ ［凡例項目（系列）］の［追加］をクリックすると，［系列の編集］が表示される
ので，［系列名］にセル（G4）を，［系列値］にセル（G5〜G7）を選択して， OK
をクリックし，［データソースの選択］でもう一度 OK をクリックする。

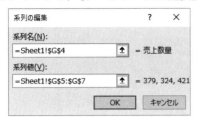

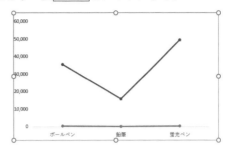

❻ 「売上数量」のグラフ上で右クリックし，［データ系列の書式設定］を選択す
ると［データ系列の書式設定］が表示されるので，［第2軸（上/右側）］を選択し，
×をクリックする。

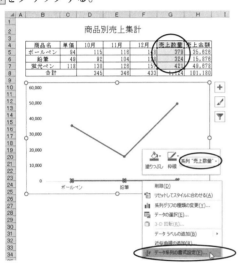

▶ **Point**
右クリック時に，ミニ
ツールバーや，グラフ
範囲がセルに表示され
るので，「売上数量」
なのか「売上金額」な
のか確認ができる。

❼ 「売上金額」のグラフ上で右クリックし，［系列グラフの種類の変更］を選択
すると，［グラフの種類の変更］が表示されるので，［組み合わせ］で「売上金額」
の［グラフの種類］から［縦棒］→［集合縦棒］を選択し， OK をクリックする。

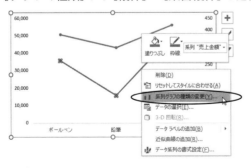

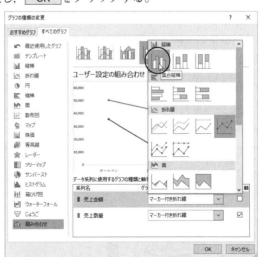

❽ 第2軸を右クリックして，［軸の書式設定］を選択すると，［軸の書式設定］が表示されるので，［軸のオプション］の［最小値］，［最大値］にそれぞれ「300」，「440」を入力し，単位の［主］が「20.0」であることを確認して，⊠をクリックする。

▶ **Point**
バージョンによっては，単位の［主］でなく目盛間隔の［目盛］と表示される。

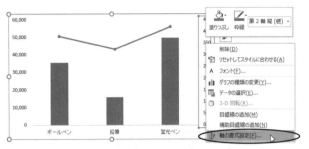

❾ ［グラフツール］→［デザイン］→［グラフ要素を追加］→［グラフタイトル］→［グラフの上］を選択すると，グラフ上に「グラフタイトル」が表示されるので，「商品別売上数量と金額の比較」と入力し直す。

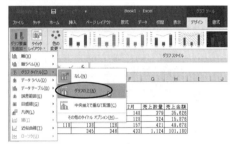

❿ ［グラフツール］→［デザイン］→［グラフ要素を追加］→［軸ラベル］→［第1縦軸］を選択すると，「軸ラベル」が表示されるので，「売上金額」と入力し直す。［第2縦軸］も同様に，「売上数量」と入力し直す。

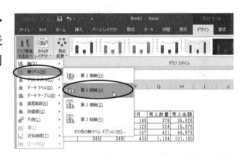

⓫ 第1縦軸の「売上金額」をクリックし，［軸ラベルの書式設定］の（タイトルのオプション）→（サイズとプロパティ）の［配置］で，［文字列の方向］を［縦書き］にする。第2縦軸のラベルも同様に設定する。

⓬ ［グラフツール］→［デザイン］→［グラフ要素を追加］→［凡例］→［下］を選択する。

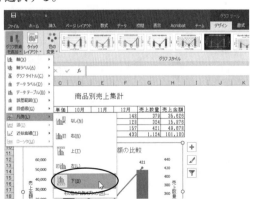

⓭ 「売上数量」のグラフを選択し，［グラフ要素を追加］→［データラベル］→［上］
を選択して，データラベルを追加する。

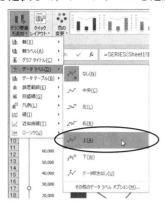

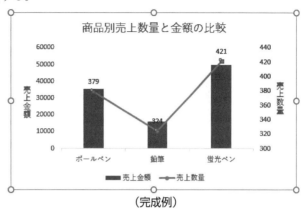

（完成例）

参考 棒グラフからの作成方法

作成するグラフを前後させても複合グラフを作成することができる。

❶ 「売上金額」をもとに，棒グラフを作成する。

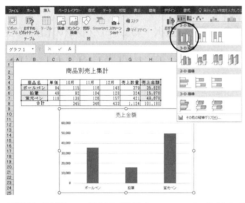

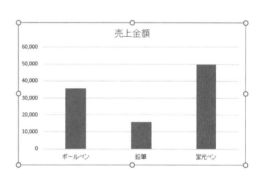

❷ 例題と同様に，「売上数量」のデータを追加し，「売上数量」のグラフ上で右クリックして，［データ系列の書式設定］から［第2軸（上/右側）］を選択する。

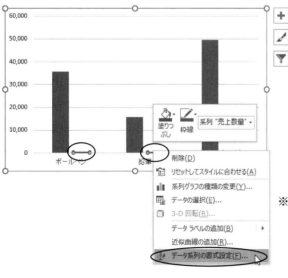

※マウスで選択するのが難しい場合，棒グラフを選択後，下矢印キー（バージョンによってはTabキー）を複数回押して選択範囲を移動させる。

❸ 「売上数量」のグラフ上で右クリックして，［系列グラフの種類の変更］から，［折れ線］→［マーカー付き折れ線］を選択する。

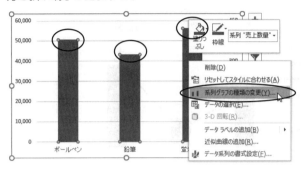
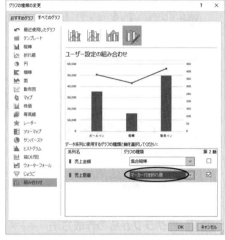

参考 複合グラフの数値軸（縦軸）の入れ替え

例題31（p.107）を例に，主軸の「売上金額」と第2軸の「売上数量」を入れ替える。

❶ グラフエリア内で右クリックし，［グラフの種類の変更］を選択すると，［グラフの種類の変更］が表示される。

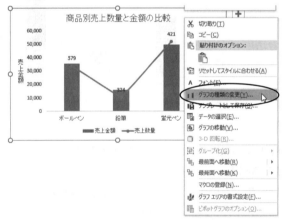
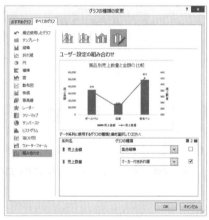

❷ ［系列名］が「売上数量」の［第2軸］をクリックして✓をはずし，「売上金額」の［第2軸］に✓を入れ，OK をクリックする。

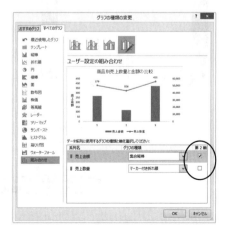

※バージョンによっては，変更手順に注意が必要である。[系列名]が「売上数量」の[第2軸]の✓を残したまま，「売上金額」の[第2軸]をクリックすると，項目軸が非表示になる。

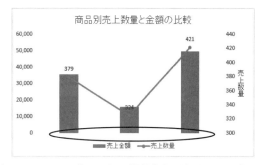

❸ 項目軸が，1,2,3となるため，再設定する。項目軸で右クリックし，[データの選択]を選択すると，[データソースの選択]が表示される。[凡例項目（系列）]の「売上数量」を選択し，[横（項目）軸ラベル]の[編集]をクリックすると，[軸ラベル]が表示される。軸ラベルの範囲を再設定すると，項目軸が正しく表示される。

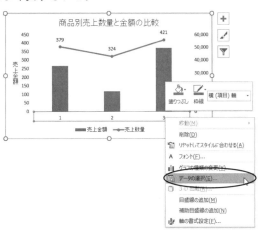

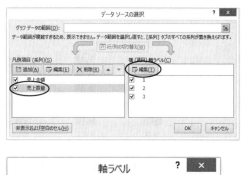

❹ 軸ラベルと目盛の間隔を再設定する。

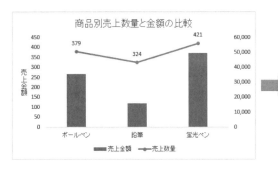

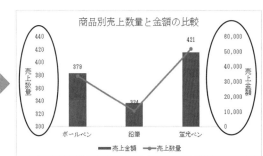

（数値軸の入れ替え後の完成例）

なお，[おすすめグラフ]（おすすめグラフ）機能を利用すると，意図と異なるグラフ候補が示される場合があるので，注意が必要である。

種類別売上分析表から，作成条件にしたがって，2軸の複合グラフを作成しなさい。

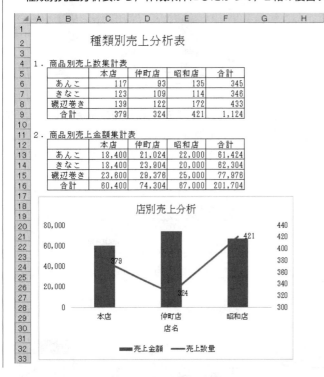

作成条件

① 「本店」から「昭和店」までの売上金額の「合計」を棒グラフで作成する。

② 「本店」から「昭和店」までの売上数量の「合計」を折れ線グラフで作成し，第2軸に設定する。最小値を「300」，最大値を「440」，目盛間隔を「20」に設定する。

テーマパーク入場表から，作成条件にしたがって，2軸の折れ線グラフを作成しなさい。

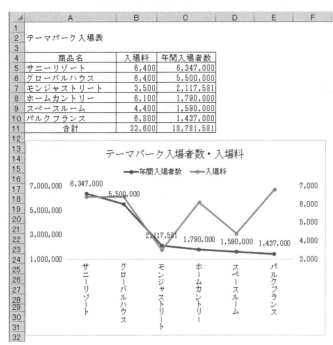

作成条件

① 「サニーリゾート」から「パルクフランス」までの「年間入場者数」を折れ線グラフで作成する。最小値を「1,000,000」，最大値を「7,000,000」，目盛間隔を「2,000,000」に設定する。

② 「サニーリゾート」から「パルクフランス」までの「入場料」を折れ線グラフで作成し，第2軸に設定する。最小値を「3,000」，最大値を「7,000」，目盛間隔を「1,000」に設定する。

2 複雑な範囲のグラフの作成

データの系列の配置が複雑な表や複数の表をもとにグラフを作成するときは，
データの範囲を追加しながら作成する。

例題 32 商品別店舗別販売数実績表

商品別店舗別販売数実績表から，作成条件にしたがって，積み上げ横棒グラフを作成しなさい。

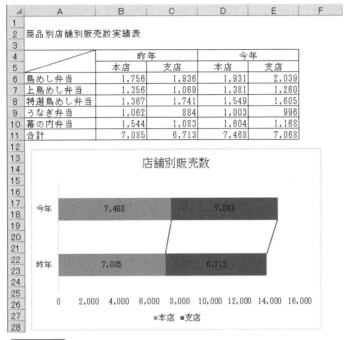

	昨年		今年	
	本店	支店	本店	支店
鳥めし弁当	1,756	1,936	1,931	2,039
上鳥めし弁当	1,356	1,069	1,381	1,260
特選鳥めし弁当	1,367	1,741	1,549	1,605
うなぎ弁当	1,062	884	1,003	996
幕の内弁当	1,544	1,083	1,604	1,168
合計	7,085	6,713	7,468	7,068

（完成例）

作成条件

① 「昨年」における「本店」と「支店」，「今年」における「本店」と「支店」の合計から積み上げ横棒グラフを作成する。

② 区分線を追加する。

範囲選択の考え方

例題32で，グラフ作成をするために，B11〜E11をデータ範囲としても，完成例のような積み上げ横棒グラフが作成できない。このような場合，項目軸と数値軸の交差点（•）に注目して，グラフ作成をするために使用するデータの順番を確認する。

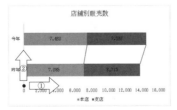

① 本店のデータ → 支店のデータ

② 昨年のデータ → 今年のデータ

①の方法では，まず本店のデータでグラフ作成をして支店のデータを追加する。
②も同様に作成する。①の方法はp.116からの手順1で，②の方法はp.118からの
手順2で作成方法を示す。

❶ セル (B11) を選択後，Ctrl を押しながらセル (D11) を選択する。

	A	B	C	D	E
1					
2	商品別店舗別販売数実績表				
3					
4		昨年		今年	
5		本店	支店	本店	支店
6	鳥めし弁当	1,756	1,936	1,931	2,039
7	上鳥めし弁当	1,356	1,069	1,381	1,260
8	特選鳥めし弁当	1,367	1,741	1,549	1,605
9	うなぎ弁当	1,062	884	1,003	996
10	幕の内弁当	1,544	1,083	1,604	1,168
11	合計	7,085	6,713	7,468	7,068

❷ [挿入]→[縦棒/横棒グラフの挿入]→[2-D横棒]→[積み上げ横棒]を選
択すると，グラフが表示される。横 (値) 軸目盛線を削除する。

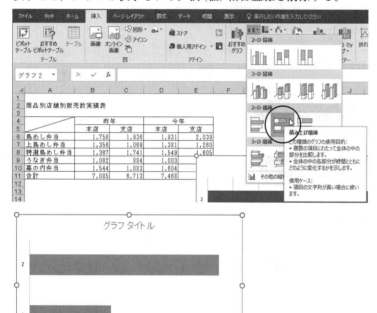

❸ グラフ上で右クリックし，[データの選択]を選択すると，[データソース
の選択]が表示される。「系列1」を選択し，[凡例項目 (系列)]の[編集]を
クリックすると，[系列の編集]が表示されるので，[系列名]にセル (B5) を
選択し，OK をクリックする。

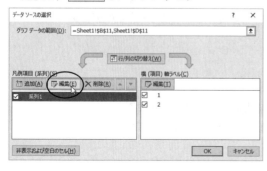

❹ ［データソースの選択］の［追加］をクリックすると，［系列の編集］が表示
されるので，［系列名］にセル（C5）を選択し，Ctrl を押しながら［系列値］
にセル（C11）とセル（E11）を選択して OK をクリックする。

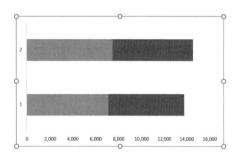

❺ ［データソースの選択］の［横（項目）軸ラベル］の［編集］をクリックすると
［軸ラベル］が表示されるので，［軸ラベルの範囲］に「昨年,今年」と入力して，
OK をクリックし，［データソースの選択］でもう一度 OK をクリック
する。

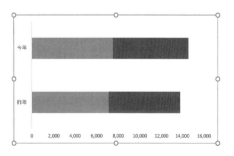

必ず半角「,」（コンマ）

❻ タイトル，凡例，データラベルの設定をする。
タイトル…［グラフツール］→［デザイン］→［グラフ要素を追加］→［グラフ
タイトル］→［グラフの上］を選択し，「店舗別販売数」と入力し直す。
凡例…［グラフツール］→［デザイン］→［グラフ要素を追加］→［凡例］→［下］
を選択する。
データラベル…［グラフツール］→［デザイン］→［グラフ要素を追加］→［デ
ータラベル］→［中央］を選択する。

❼ ［グラフツール］→［デザイン］→［グラフ要素を追加］→［線］→［区分線］を
選択し，区分線を追加する。

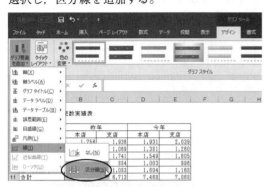

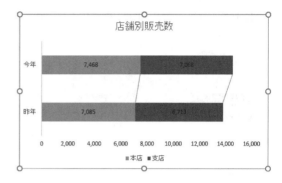

複雑な範囲のグラフの作成手順2

❶ セル（B11〜C11）を選択し，［挿入］→［縦棒/横棒グラフの挿入］→［2-D
横棒］→［積み上げ横棒］を選択すると，グラフが表示される。横（値）軸目
盛線を削除する。

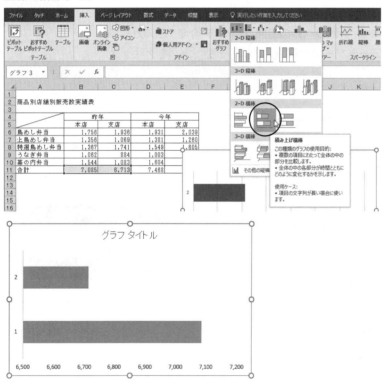

❷ グラフ上で右クリックし，[データの選択]を選択すると，[データソースの選択]が表示されるので，[行/列の切り替え]をクリックする。（1系列が2系列になる）

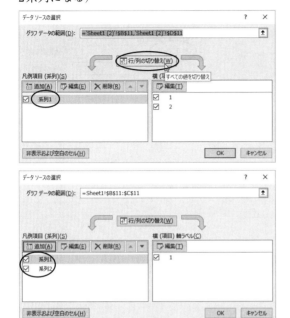

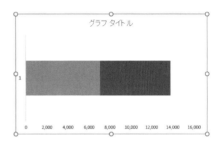

❸ 「系列1」を選択し，[凡例項目（系列)]の[編集]をクリックすると，[系列の編集]が表示されるので，[系列名]にセル(B5)を，[系列値]の「=Sheet1!$B$11」の後に半角「,」を入力した後にセル(D11)を選択し，OK をクリックする。

❹ ❸と同様に，「系列2」を選択し，[凡例項目（系列)]の[編集]をクリックすると，[系列の編集]が表示されるので，[系列名]にセル(C5)を，[系列値]の「Sheet1!$C$11」の後に半角「,」を入力した後にセル(E11)を選択し，OK をクリックする。

❺ ［データソースの選択］の［横（項目）軸ラベル］の［編集］をクリックすると，
［軸ラベル］が表示されるので，［軸ラベルの範囲］に「昨年,今年」と入力して，
OK をクリックし，［データソースの選択］でもう一度 OK をクリックする。

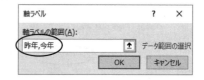

以下，グラフのタイトル，凡例，データラベル，区分線の設定は，複雑な範
囲のグラフの作成の手順1と同様である。

参考 グラフの「本店」と「支店」を入れ替える

［データソースの選択］で「本店」を選択して，［凡例項目（系列）］の ▼ を選択すると，系列の順序
を入れ替えることができる。

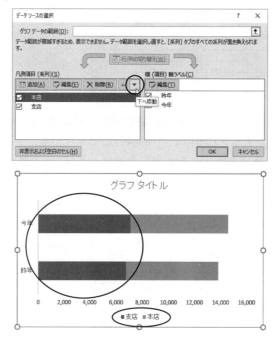

　例題32(p.115)を例に，項目軸の「今年」と「昨年」の順番を入れ替える。商品別店舗別販売数実績表の4行目は，時系列で「昨年」，「今年」と入力されている。一方グラフは，グラフタイトルに近い上側から「今年」，「昨年」となっている。グラフの項目軸の順番を変えることによって，表とグラフを見比べるときに判断や分析がしやすくなる場合もある。

❶　項目軸を右クリックし，[軸の書式設定]を選択すると，[軸の書式設定]が表示される。[軸の書式設定]の(軸のオプション)の[横軸との交点]で，「最大項目」を選択し，[軸位置]で「軸を反転する」に✓を入れる。

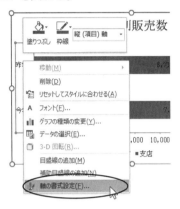 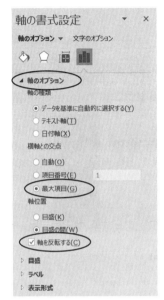

❷　数値軸や凡例などの位置は変わらず，項目軸のみが入れ替わったグラフになる。

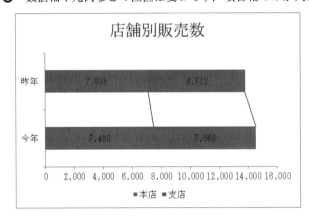

販売集計表のデータから，作成条件にしたがって，100％積み上げ縦棒グラフを作成しなさい。

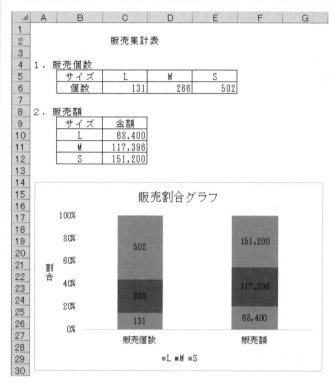

作成条件

① 数値軸（縦軸）の目盛は，最小値（0％），最大値（100％）および間隔（20％）を設定する。

② データラベルを設定する。

雑貨洋品の販売実績と予測から，作成条件にしたがって，100％積み上げ横棒グラフを作成しなさい。

		輸入雑貨	国産雑貨	合計
昨年度実績	店頭販売実績	1,200,000	800,000	2,000,000
	ネット販売実績	3,000,000	1,000,000	4,000,000
今年度予測	店頭販売実績	1,500,000	1,400,000	2,900,000
	ネット販売実績	5,000,000	1,700,000	6,700,000

作成条件

① 数値軸（横軸）の目盛は，最小値（0％），最大値（100％）および間隔（20％）とし，グラフの上側に設定する。

② 区分線を設定する。

③ データラベルを設定する。

【1】 次の表は，ある公民館におけるある年の秋期開放講座での応募状況一覧表である。作成条件にしたがって，表を作成しなさい。 （ファイル名：実習例題1）

	A	B	C	D	E	F	G	H	I	J
1										
2		秋期公民館講座応募状況一覧表								
3										
4	講座コード	講座名	区分名	定員	応募者数	応募倍率	昨年倍率	伸び率	評価	備考
5	P01-036	インターネット体験	パソコン	36	48	1.33	1.13	0.20	A	※
6	P02-036	年賀状＆宛名	※	※	39	※	1.05	※	※	※
7	P03-024	アルバム作成	※	※	31	※	1.23	※	※	※
8	K01-020	陶芸	※	※	22	※	0.85	※	※	※
9	K02-030	手編み	※	※	27	※	1.02	※	※	※
10	K03-030	まゆクラフト	※	※	34	※	1.05	※	※	※
11	T01-024	手作り味噌	※	※	30	※	1.25	※	※	※
12	T02-024	ケーキ作り	※	※	28	※	0.94	※	※	※
13	T03-036	手打ちそば	※	※	35	※	0.90	※	※	※
14										
15	区分別応募者数集計表					評価別講座数集計表				
16	区分コード	区分名	応募者数計	割合		伸び率	評価	講座数		
17	P	パソコン	118	40.1%		0.20以上	A	3		
18	K	工芸	※	※		0.00～0.20未満	B	※		
19	T	調理	※	※		0.00未満	C	※		

作成条件

1. 表の体裁は，上の表を参考にして設定する。

   ┌ 設 定 す る 書 式：罫線，列幅 ┐
   └ 設定する数値の表示形式：％，小数の表示桁数 ┘

2. 表の※印の部分は，式や関数などを利用して求める。

3. C列の「区分名」は，「講座コード」の左端から1文字をもとに「区分別応募者数集計表」を参照して表示する。

4. 「定員」は，「講座コード」の右端から3文字を抽出し，数値に変換して求める。

5. 「応募倍率」は，**「応募者数 ÷ 定員」**の式で求める。ただし，小数第2位未満を四捨五入し，小数第2位まで表示する。

6. H列の「伸び率」は，**「応募倍率 － 昨年倍率」**の式で求める。ただし，小数第2位まで表示する。

7. I列の「評価」は，H列の「伸び率」が 0.20 以上の場合は A，0.00 以上 0.20 未満の場合は B，0.00 未満の場合は C を表示する。

8. 「備考」は，「応募倍率」が 1.00 以上で，かつH列の「伸び率」が 0.10 以上の場合は ○ を表示し，それ以外の場合は何も表示しない。

9. 「区分別応募者数集計表」の「応募者数計」は，「区分名」ごとに「応募者数」の合計を求める。

10. 「区分別応募者数集計表」の「割合」は，「応募者数計」の合計に対する割合を求める。ただし，小数第3位未満を四捨五入し，％で小数第1位まで表示する。

11. 「評価別講座数集計表」の「講座数」は，「評価」ごとに件数を求める。

表の形式と列幅の設定

データを入力しやすくするために，罫線と列幅の設定を行う。列幅はだいたいの目安で設定しておき，後でデータを入力した時点で再度調整を行えばよい。

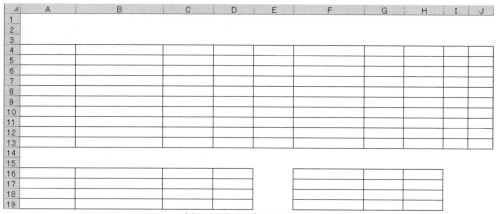

（表の形式と列幅の設定後）

データの入力と文字位置の設定

❶ 式や関数を入力するセル以外のセルにデータを正確に入力する。

❷ 半角と全角の違いなどに注意を払いながらデータを入力する。

❸ セル（A4～J4），（A16～D16），（F16～H16）は，中央揃えに設定する。

❹ セル（G5～G13）は，小数第2位まで表示するように設定する。

（データの入力と文字位置の設定後）

式や関数の設定

作成条件2 セル（C5）に式「=VLOOKUP（LEFT（A5,1）,$A$17:$B$19,2,FALSE）」を入力し，セル（C13）までコピーする。

	A	B	C	D	E	F	G	H	I	J
1										
2		秋期公民館講座応募状況一覧表								
3										
4	講座コード	講座名	区分名	定員	応募者数	応募倍率	昨年倍率	伸び率	評価	備考
5	P01-036	インターネット体験	パソコン		48		1.13			
6	P02-036	年賀状＆宛名	パソコン		39		1.05			
7	P03-024	アルバム作成	パソコン		31		1.23			
8	K01-020	陶芸	工芸		22		0.85			
9	K02-030	手編み	工芸		27		1.02			
10	K03-030	まゆクラフト	工芸		34		1.05			
11	T01-024	手作り味噌	調理		30		1.25			
12	T02-024	ケーキ作り	調理		28		0.94			
13	T03-036	手打ちそば	調理		35		0.90			
14										
15	区分別応募者数集計表					評価別講座数集計表				
16	区分コード	区分名	応募者数計	割合		伸び率	評価	講座数		
17	P	パソコン				0.20以上	A			
18	K	工芸				0.00〜0.20未満	B			
19	T	調理				0.00未満	C			

（式入力後）

作成条件3 セル（D5）に式「=VALUE（RIGHT（A5,3））」を入力し，セル（D13）までコピーする。

	A	B	C	D	E	F	G	H	I	J
1										
2		秋期公民館講座応募状況一覧表								
3										
4	講座コード	講座名	区分名	定員	応募者数	応募倍率	昨年倍率	伸び率	評価	備考
5	P01-036	インターネット体験	パソコン	36	48		1.13			
6	P02-036	年賀状＆宛名	パソコン	36	39		1.05			
7	P03-024	アルバム作成	パソコン	24	31		1.23			
8	K01-020	陶芸	工芸	20	22		0.85			
9	K02-030	手編み	工芸	30	27		1.02			
10	K03-030	まゆクラフト	工芸	30	34		1.05			
11	T01-024	手作り味噌	調理	24	30		1.25			
12	T02-024	ケーキ作り	調理	24	28		0.94			
13	T03-036	手打ちそば	調理	36	35		0.90			
14										
15	区分別応募者数集計表					評価別講座数集計表				
16	区分コード	区分名	応募者数計	割合		伸び率	評価	講座数		
17	P	パソコン				0.20以上	A			
18	K	工芸				0.00〜0.20未満	B			
19	T	調理				0.00未満	C			

（式入力後）

作成条件4 セル（F5）に式「=ROUND（E5/D5,2）」を入力し，セル（F13）までコピーする。また，セル（F5〜F13）は，小数第2位まで表示するように設定する。

	A	B	C	D	E	F	G	H	I	J
1										
2		秋期公民館講座応募状況一覧表								
3										
4	講座コード	講座名	区分名	定員	応募者数	応募倍率	昨年倍率	伸び率	評価	備考
5	P01-036	インターネット体験	パソコン	36	48	1.33	1.13			
6	P02-036	年賀状＆宛名	パソコン	36	39	1.08	1.05			
7	P03-024	アルバム作成	パソコン	24	31	1.29	1.23			
8	K01-020	陶芸	工芸	20	22	1.10	0.85			
9	K02-030	手編み	工芸	30	27	0.90	1.02			
10	K03-030	まゆクラフト	工芸	30	34	1.13	1.05			
11	T01-024	手作り味噌	調理	24	30	1.25	1.25			
12	T02-024	ケーキ作り	調理	24	28	1.17	0.94			
13	T03-036	手打ちそば	調理	36	35	0.97	0.90			
14										
15	区分別応募者数集計表					評価別講座数集計表				
16	区分コード	区分名	応募者数計	割合		伸び率	評価	講座数		
17	P	パソコン				0.20以上	A			
18	K	工芸				0.00〜0.20未満	B			
19	T	調理				0.00未満	C			

（式入力後）

作成条件5　セル (H5) に式「=F5-G5」を入力し，セル (H13) までコピーする。また，セル (H5〜H13) は，小数第2位まで表示するように設定する。

	A	B	C	D	E	F	G	H	I	J
1										
2		秋期公民館講座応募状況一覧表								
3										
4	講座コード	講座名	区分名	定員	応募者数	応募倍率	昨年倍率	伸び率	評価	備考
5	P01-036	インターネット体験	パソコン	36	48	1.33	1.13	0.20		
6	P02-036	年賀状＆宛名	パソコン	36	39	1.08	1.05	0.03		
7	P03-024	アルバム作成	パソコン	24	31	1.29	1.23	0.06		
8	K01-020	陶芸	工芸	20	22	1.10	0.85	0.25		
9	K02-030	手編み	工芸	30	27	0.90	1.02	-0.12		
10	K03-030	まゆクラフト	工芸	30	34	1.13	1.05	0.08		
11	T01-024	手作り味噌	調理	24	30	1.25	1.25	0.00		
12	T02-024	ケーキ作り	調理	24	28	1.17	0.94	0.23		
13	T03-036	手打ちそば	調理	36	35	0.97	0.90	0.07		
14										
15	区分別応募者数集計表					評価別講座数集計表				
16	区分コード	区分名	応募者数計	割合		伸び率	評価	講座数		
17	P	パソコン				0.20以上	A			
18	K	工芸				0.00〜0.20未満	B			
19	T	調理				0.00未満	C			

(式入力後)

作成条件6　セル (I5) に式「=IF(H5>=0.2,"A",IF(H5>=0,"B","C"))」を入力し，セル (I13) までコピーする。

	A	B	C	D	E	F	G	H	I	J
1										
2		秋期公民館講座応募状況一覧表								
3										
4	講座コード	講座名	区分名	定員	応募者数	応募倍率	昨年倍率	伸び率	評価	備考
5	P01-036	インターネット体験	パソコン	36	48	1.33	1.13	0.20	A	
6	P02-036	年賀状＆宛名	パソコン	36	39	1.08	1.05	0.03	B	
7	P03-024	アルバム作成	パソコン	24	31	1.29	1.23	0.06	B	
8	K01-020	陶芸	工芸	20	22	1.10	0.85	0.25	A	
9	K02-030	手編み	工芸	30	27	0.90	1.02	-0.12	C	
10	K03-030	まゆクラフト	工芸	30	34	1.13	1.05	0.08	B	
11	T01-024	手作り味噌	調理	24	30	1.25	1.25	0.00	B	
12	T02-024	ケーキ作り	調理	24	28	1.17	0.94	0.23	A	
13	T03-036	手打ちそば	調理	36	35	0.97	0.90	0.07	B	
14										
15	区分別応募者数集計表					評価別講座数集計表				
16	区分コード	区分名	応募者数計	割合		伸び率	評価	講座数		
17	P	パソコン				0.20以上	A			
18	K	工芸				0.00〜0.20未満	B			
19	T	調理				0.00未満	C			

(式入力後)

作成条件7　セル (J5) に式「=IF(AND(F5>=1,H5>=0.1),"○","")」を入力し，セル (J13) までコピーする。

	A	B	C	D	E	F	G	H	I	J
1										
2		秋期公民館講座応募状況一覧表								
3										
4	講座コード	講座名	区分名	定員	応募者数	応募倍率	昨年倍率	伸び率	評価	備考
5	P01-036	インターネット体験	パソコン	36	48	1.33	1.13	0.20	A	○
6	P02-036	年賀状＆宛名	パソコン	36	39	1.08	1.05	0.03	B	
7	P03-024	アルバム作成	パソコン	24	31	1.29	1.23	0.06	B	
8	K01-020	陶芸	工芸	20	22	1.10	0.85	0.25	A	○
9	K02-030	手編み	工芸	30	27	0.90	1.02	-0.12	C	
10	K03-030	まゆクラフト	工芸	30	34	1.13	1.05	0.08	B	
11	T01-024	手作り味噌	調理	24	30	1.25	1.25	0.00	B	
12	T02-024	ケーキ作り	調理	24	28	1.17	0.94	0.23	A	○
13	T03-036	手打ちそば	調理	36	35	0.97	0.90	0.07	B	
14										
15	区分別応募者数集計表					評価別講座数集計表				
16	区分コード	区分名	応募者数計	割合		伸び率	評価	講座数		
17	P	パソコン				0.20以上	A			
18	K	工芸				0.00〜0.20未満	B			
19	T	調理				0.00未満	C			

(式入力後)

作成条件8　セル（C17）に式「=SUMIFS($E$5:$E$13,$C$5:$C$13,B17)」を入力し，セル（C19）までコピーする。

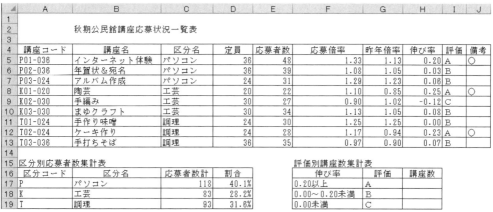

	A	B	C	D	E	F	G	H	I	J
1										
2		秋期公民館講座応募状況一覧表								
3										
4	講座コード	講座名	区分名	定員	応募者数	応募倍率	昨年倍率	伸び率	評価	備考
5	P01-036	インターネット体験	パソコン	36	48	1.33	1.13	0.20	A	○
6	P02-036	年賀状＆宛名	パソコン	36	39	1.08	1.05	0.03	B	
7	P03-024	アルバム作成	パソコン	24	31	1.29	1.23	0.06	B	
8	K01-020	陶芸	工芸	20	22	1.10	0.85	0.25	A	○
9	K02-030	手編み	工芸	30	27	0.90	1.02	-0.12	C	
10	K03-030	まゆクラフト	工芸	30	34	1.13	1.05	0.08	B	
11	T01-024	手作り味噌	調理	24	30	1.25	1.25	0.00	B	
12	T02-024	ケーキ作り	調理	24	28	1.17	0.94	0.23	A	○
13	T03-036	手打ちそば	調理	36	35	0.97	0.90	0.07	B	
14										
15	区分別応募者数集計表					評価別講座数集計表				
16	区分コード	区分名	応募者数計	割合		伸び率		評価	講座数	
17	P	パソコン	118			0.20以上		A		
18	K	工芸	83			0.00〜0.20未満		B		
19	T	調理	93			0.00未満		C		

（式入力後）

作成条件9　セル（D17）に式「=ROUND(C17/SUM($C$17:$C$19),3)」を入力し，セル（D19）までコピーする。また，セル（D17〜D19）は，％で小数第1位まで表示するように設定する。

	A	B	C	D	E	F	G	H	I	J
1										
2		秋期公民館講座応募状況一覧表								
3										
4	講座コード	講座名	区分名	定員	応募者数	応募倍率	昨年倍率	伸び率	評価	備考
5	P01-036	インターネット体験	パソコン	36	48	1.33	1.13	0.20	A	○
6	P02-036	年賀状＆宛名	パソコン	36	39	1.08	1.05	0.03	B	
7	P03-024	アルバム作成	パソコン	24	31	1.29	1.23	0.06	B	
8	K01-020	陶芸	工芸	20	22	1.10	0.85	0.25	A	○
9	K02-030	手編み	工芸	30	27	0.90	1.02	-0.12	C	
10	K03-030	まゆクラフト	工芸	30	34	1.13	1.05	0.08	B	
11	T01-024	手作り味噌	調理	24	30	1.25	1.25	0.00	B	
12	T02-024	ケーキ作り	調理	24	28	1.17	0.94	0.23	A	○
13	T03-036	手打ちそば	調理	36	35	0.97	0.90	0.07	B	
14										
15	区分別応募者数集計表					評価別講座数集計表				
16	区分コード	区分名	応募者数計	割合		伸び率		評価	講座数	
17	P	パソコン	118	40.1%		0.20以上		A		
18	K	工芸	83	28.2%		0.00〜0.20未満		B		
19	T	調理	93	31.6%		0.00未満		C		

（式入力後）

作成条件10　セル（H17）に式「=COUNTIFS($I$5:$I$13,G17)」を入力し，セル（H19）までコピーする。

	A	B	C	D	E	F	G	H	I	J
1										
2		秋期公民館講座応募状況一覧表								
3										
4	講座コード	講座名	区分名	定員	応募者数	応募倍率	昨年倍率	伸び率	評価	備考
5	P01-036	インターネット体験	パソコン	36	48	1.33	1.13	0.20	A	○
6	P02-036	年賀状＆宛名	パソコン	36	39	1.08	1.05	0.03	B	
7	P03-024	アルバム作成	パソコン	24	31	1.29	1.23	0.06	B	
8	K01-020	陶芸	工芸	20	22	1.10	0.85	0.25	A	○
9	K02-030	手編み	工芸	30	27	0.90	1.02	-0.12	C	
10	K03-030	まゆクラフト	工芸	30	34	1.13	1.05	0.08	B	
11	T01-024	手作り味噌	調理	24	30	1.25	1.25	0.00	B	
12	T02-024	ケーキ作り	調理	24	28	1.17	0.94	0.23	A	○
13	T03-036	手打ちそば	調理	36	35	0.97	0.90	0.07	B	
14										
15	区分別応募者数集計表					評価別講座数集計表				
16	区分コード	区分名	応募者数計	割合		伸び率		評価	講座数	
17	P	パソコン	118	40.1%		0.20以上		A	3	
18	K	工芸	83	28.2%		0.00〜0.20未満		B	5	
19	T	調理	93	31.6%		0.00未満		C	1	

（完成）

【2】 次の表は，あるファーストフード店の本社が支店からの5日間の売上報告をもとに作成した一覧表である。種類別の日別売上数，支店別の売上数を集計し，今後の売上傾向を分析することにした。資料1，資料2をもとに作成条件にしたがって，シート1からシート4を作成しなさい。

（ファイル名：実習例題2）

資料1　種類一覧表・支店一覧表

種類コード	種類	単価
A	タイ焼き	150
B	今川焼き	140
C	タコ焼き	350

支店コード	支店名
UE	上野
SN	新宿
HA	原宿

資料2　売上数データ　　　　　　　　単位：個

月日	報告コード	種類	支店名	個数
4月1日	AUE	タイ焼き	上野	111
4月1日	BUE	今川焼き	上野	114
4月1日	CUE	タコ焼き	上野	98
4月1日	ASN	タイ焼き	新宿	92
〜	〜	〜	〜	〜
4月5日	BHA	今川焼き	原宿	76
4月5日	CHA	タコ焼き	原宿	104

作成条件

ワークシートは，提供されたものを使用し，すでに入力されたデータの続きから作業を始めること。

1. 表の形式および体裁は，右ページを参考にして設定する。

　　　設定する書式：罫線の種類，列幅
　　　設定する数値の表示形式：3桁ごとのコンマ

2. 表の※※印の部分は，式や関数，分析機能などを利用して求める。また，※印の部分は資料の値を入力する。

3. グラフの※※印の部分は，表に入力された値をもとに表示する。

4. シート1は「種類一覧表」，「支店一覧表」に必要なデータを入力する。

5. シート2は次のように作成する。

　⑴　「種類」の※※印は，「報告コード」の左端から1文字を抽出し，シート1の「種類一覧表」を参照して表示する。

　⑵　「支店名」の※※印は，「報告コード」の右端から2文字を抽出し，シート1の「支店一覧表」を参照して表示する。

6. シート3は集計作業用シートで，シート4の作成に必要なデータを集計するために次のように作成する。

　⑴　シート2のA4〜E49のデータからデータ集計機能を利用して集計する。ただし，データ集計機能が利用できない場合は，関数などの機能を利用して集計する。

7. シート4は，次のように作成する。

　⑴　「1．日別売上数集計表」は，シート3から必要な部分をコピーして，値を貼り付ける。

　⑵　「2．支店別売上数集計表」は，次のように作成する。

　　①　13，15，17，19行目の「個数」は，シート3から必要な部分をコピーして，値を貼り付ける。

　　②　14，16，18，20行目の「売上金額」は，支店ごとの「個数」にシート1の「単価」を乗じて求める。

　　③　G列の「個数」と「売上金額」の「合計」は，各行の合計を求める。

　⑶　折れ線グラフは，「1．日別売上数集計表」のデータから作成する。

　　①　グラフの数値軸目盛は，最小値（200），最大値（350）および間隔（50）を設定する。

　　②　軸ラベルの方向を設定する。

　⑷　集合縦棒と折れ線の複合グラフは，「2．支店別売上数集計表」の「合計」のデータから作成する。

　　①　グラフの数値軸（縦軸）目盛は，最小値（0），最大値（600,000）および間隔（100,000）を設定する。

　　②　グラフの第2数値軸（縦軸）目盛は，最小値（600），最大値（1,600）および間隔（200）を設定する。

　　③　軸ラベルの方向を設定する。

(シート1)

種類一覧表

種類コード	種類	単価
A	※	※
B	※	※
C	※	※

支店一覧表

支店コード	支店名
UE	※
SN	※
HA	※

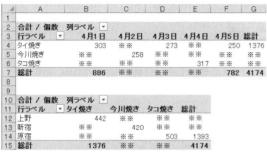

(シート2)

売上数データ

単位：個

月日	報告コード	種類	支店名	個数
4月1日	AUE	※※	※※	111
4月1日	BUE	※※	※※	114
4月1日	CUE	※※	※※	98
4月1日	ASN	※※	※※	92
〉	〉	〉	〉	〉
4月5日	BHA	※※	※※	76
4月5日	CHA	※※	※※	104

(シート3)

合計 / 個数	列ラベル					
行ラベル	4月1日	4月2日	4月3日	4月4日	4月5日	総計
タイ焼き	303	※※	273	※※	250	1376
今川焼き	※※	258	※※	※※	※※	※※
タコ焼き	※※	※※	※※	317	※※	※※
総計	886	※※	※※	※※	782	4174

合計 / 個数	列ラベル			
行ラベル	タイ焼き	今川焼き	タコ焼き	総計
上野	442	※※	※※	※※
新宿	※※	420	※※	※※
原宿	※※	※※	503	1393
総計	1376	※※	※※	4174

売上高報告一覧表

1．日別売上数集計表

	4月1日	4月2日	4月3日	4月4日	4月5日	合計
タイ焼き	303	※※	273	※※	250	1,376
今川焼き	※※	258	※※	※※	※※	※※
タコ焼き	※※	※※	※※	317	※※	※※
合計	886	※※	※※	※※	782	4,174

2．支店別売上数集計表

		タイ焼き	今川焼き	タコ焼き	合計
上野	個数	※※	443	※※	1,372
	売上金額	66,300	※※	※※	※※
新宿	個数	476	※※	513	1,409
	売上金額	※※	58,800	※※	309,750
原宿	個数	※※	※※	503	※※
	売上金額	68,700	※※	176,050	※※
合計	個数	※※	1,295	1,503	※※
	売上金額	※※	181,300	※※	※※

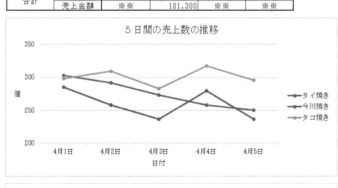

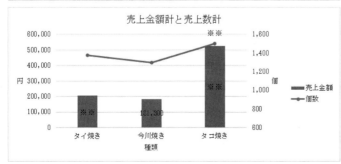

(シート4)

シート1の作成

　提供されるブックの各シートは，入力データがすべて入力されているわけではなく，列幅やセルの書式も設定されていない。そのためシート名の変更や各種の設定を行う必要がある。

(1)　シート名の変更，「Sheet1」→「シート1」

(2)　データの入力

❶　資料1から必要なデータを入力する。

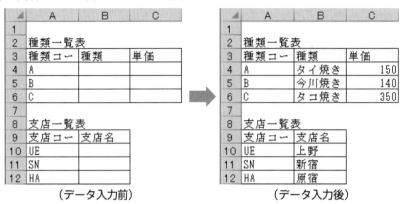

(データ入力前)　　　　　　　　　　　　(データ入力後)

(3)　書式の設定

❶　列幅を調整し，セル(A3〜C3)，(A9〜B9)は，中央揃えに設定する。

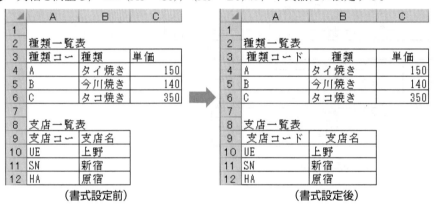

(書式設定前)　　　　　　　　　　　　(書式設定後)

シート2の作成

(1)　シート名の変更，「Sheet2」→「シート2」

(2)　書式の設定

❶　列幅を調整し，セル(A4〜E4)は，中央揃えに設定する。

❷　セル(A5〜A49)は，日付のシリアル値が入力されているので，[セルの書式設定]→[表示形式]により日付の表示設定を行う。

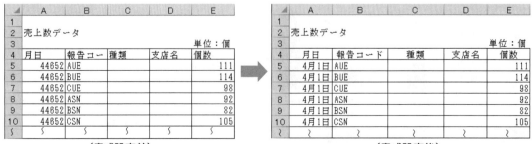

(書式設定前)　　　　　　　　　　　　(書式設定後)

(3) 式の入力

❶ セル (C5) に式「=VLOOKUP(LEFT(B5,1),シート1!$A$4:$C$6,2,FALSE)」を入力する。

❷ セル (D5) に式「=VLOOKUP(RIGHT(B5,2),シート1!$A$10:$B$12,2,FALSE)」を入力する。

▲	A	B	C	D	E
1					
2	売上数データ				
3					単位：個
4	月日	報告コード	種類	支店名	個数
5	4月1日	AUE			111
6	4月1日	BUE			114
7	4月1日	CUE			98
8	4月1日	ASN			92
9	4月1日	BSN			82
10	4月1日	CSN			105
≀	≀	≀	≀	≀	≀

(式入力前)

▲	A	B	C	D	E
1					
2	売上数データ				
3					単位：個
4	月日	報告コード	種類	支店名	個数
5	4月1日	AUE	タイ焼き	上野	111
6	4月1日	BUE	今川焼き	上野	114
7	4月1日	CUE	タコ焼き	上野	98
8	4月1日	ASN	タイ焼き	新宿	92
9	4月1日	BSN	今川焼き	新宿	82
10	4月1日	CSN	タコ焼き	新宿	105
≀	≀	≀	≀	≀	≀

(式入力後)

シート3の作成

(1) シート名の変更，「Sheet3」→「シート3」

(2) ピボットテーブルの作成1

❶ シート2のセル (A4〜E49) を範囲選択し，[挿入]→[ピボットテーブル]をクリックする。[ピボットテーブルの作成]が表示されるので，[既存のワークシート]を選択して，場所に「シート3!$A$2」を入力する。

❷ [行ラベル]に種類，[列ラベル]に月日，「値」に個数を設定する。

▲	A	B	C	D	E	F	G
1							
2	合計 / 個数	列ラベル ▼					
3	行ラベル ▼	4月1日	4月2日	4月3日	4月4日	4月5日	総計
4	タイ焼き	303	292	273	258	250	1376
5	タコ焼き	298	309	283	317	296	1503
6	今川焼き	285	258	236	280	236	1295
7	総計	886	059	792	855	782	4174

(ピボットテーブル作成後)

(3) 行ラベルの順序の変更

❶ 今川焼きをタコ焼きの上に移動するため，セル（A6）を選択後，枠にカーソルを合わせてドラッグし，順序を変更する。

	A	B	C	D	E	F	G
1							
2	合計 / 個数	列ラベル ▼					
3	行ラベル ▼	4月1日	4月2日	4月3日	4月4日	4月5日	総計
4	タイ焼き	303	292	273	258	250	1376
5	今川焼き	285	258	236	280	236	1295
6	タコ焼き	298	309	283	317	296	1503
7	総計	886	859	792	855	782	4174

（順序変更後）

(4) ピボットテーブルの作成2

❶ シート2のセル（A4～E49）を範囲選択し，[挿入]タブ→[ピボットテーブル]をクリックし，[**既存のワークシート**]を選択して，場所に「シート3!$A$10」を入力する。

❷ [**行ラベル**]に支店名，[**列ラベル**]に種類，「値」に個数を設定する。

	A	B	C	D	E
10	合計 / 個数	列ラベル ▼			
11	行ラベル ▼	タイ焼き	タコ焼き	今川焼き	総計
12	原宿	458	503	432	1393
13	上野	442	487	443	1372
14	新宿	476	513	420	1409
15	総計	1376	1503	1295	4174

（ピボットテーブル作成後）

(5) 行ラベルと列ラベルの順序の変更

❶ 原宿を新宿の下に移動するため，セル（A12）を選択した後，枠にカーソルを合わせてドラッグし，順序を変更する。

❷ 今川焼きをタコ焼きの左に移動するため，セル（D11）を選択した後，枠にカーソルを合わせてドラッグし，順序を変更する。

	A	B	C	D	E
10	合計 / 個数	列ラベル ▼			
11	行ラベル ▼	タイ焼き	今川焼き	タコ焼き	総計
12	上野	442	443	487	1372
13	新宿	476	420	513	1409
14	原宿	458	432	503	1393
15	総計	1376	1295	1503	4174

（順序変更後）

シート4の作成

(1) シート名の変更，「Sheet4」→「シート4」

(2) タイトルの作成

❶ セル（A2）に「売上高報告一覧表」を入力する。

❷ セル（A2～H2）を範囲選択し，セルを結合する。

❸ フォントサイズを少し大きく（例：18ポイント）設定し，行幅の調整も行う。

(3) 日別売上数集計表の作成

❶ セル（A4）に「1．日別売上数集計表」を入力する。

❷ 列幅を調整する。

❸ シート3のセル（A3～G7）をコピーし，セル（B5）に値を貼り付ける。

▲	A	B	C	D	E	F	G	H
1								
2			売上高報告一覧表					
3								
4	1．日別売上数集計表							
5	行ラベル		44652	44653	44654	44655	44656 総計	
6	タイ焼き		303	292	273	258	250	1376
7	今川焼き		285	258	236	280	236	1295
8	タコ焼き		298	309	283	317	296	1503
9	総計		886	859	792	855	782	4174

（貼り付け後）

❹ セル（B5）のデータを削除し，セル（C5〜G5）の書式設定（日付表示）をかえて，セル（H5），（B9）に「合計」を入力する。

❺ セル（C6〜H9）に桁区切りスタイル（コンマ）を設定する。

❻ セル（C5〜H5），（B9）は，中央揃えに設定する。

❼ セル（B5〜H9）に細罫線を設定した後，太罫線を設定する。

3							
4	1．日別売上数集計表						
5		4月1日	4月2日	4月3日	4月4日	4月5日	合計
6	タイ焼き	303	292	273	258	250	1,376
7	今川焼き	285	258	236	280	236	1,295
8	タコ焼き	298	309	283	317	296	1,503
9	合計	886	859	792	855	782	4,174

（❹〜❼の編集後）

(4) 支店別売上数集計表の作成

❶ セル（A11）に「2．支店別売上数集計表」を入力する。

❷ シート3のセル（A11〜E15）をコピーし，セル（B12）に値を貼り付ける。

11	2．支店別売上数集計表				
12	行ラベル	タイ焼き	今川焼き	タコ焼き	総計
13	上野	442	443	487	1372
14	新宿	476	420	513	1409
15	原宿	458	432	503	1393
16	総計	1376	1295	1503	4174

（貼り付け後）

❸ セル（C12〜F16）（タイ焼き〜総計）を範囲選択し，セル（D12〜G16）（1列右）に移動する。

❹ セル（B14〜G16）（新宿〜総計）を範囲選択し，セル（B15〜G17）（1行下）に移動する。

❺ セル（B16〜G17）（原宿〜総計）を範囲選択し，セル（B17〜G18）（1行下）に移動する。

❻ セル（B18〜G18）（総計）を範囲選択し，セル（B19〜G19）（1行下）に移動する。

11	2．支店別売上数集計表					
12	行ラベル		タイ焼き	今川焼き	タコ焼き	総計
13	上野		442	443	487	1372
14						
15	新宿		476	420	513	1409
16						
17	原宿		458	432	503	1393
18						
19	総計		1376	1295	1503	4174

（❸〜❻の編集後）

❼ セル（B12）のデータを削除，セル（G12），（B19）に「合計」を入力する。

❽ セル（C13）に「個数」，セル（C14）に「売上金額」を入力する。その後セル（C13〜C14）をコピーし，セル（C15〜C20）に貼り付ける。

❾ セル（B13〜B14），（B15〜B16），（B17〜B18），（B19〜B20）をセル結合して中央揃えする。

❿ セル（D13〜G20）に，桁区切りスタイル（コンマ）を設定する。

⓫ セル（D12〜G12），（C13〜C20）は，中央揃えに設定する。

⓬ セル（B12〜G20）に細罫線を設定した後，太罫線を設定する。

2．支店別売上数集計表

		タイ焼き	今川焼き	タコ焼き	合計
上野	個数	442	443	487	1,372
	売上金額				
新宿	個数	476	420	513	1,409
	売上金額				
原宿	個数	458	432	503	1,393
	売上金額				
合計	個数	1,376	1,295	1,503	4,174
	売上金額				

（❼〜⓬の編集後）

⓭ セル（D14）に式「=D13*VLOOKUP(D$12,シート1!$B$4:$C$6,2,FALSE)」を入力し，セル（E14〜F14），（D16〜F16），（D18〜F18），（D20〜F20）に数式を貼り付ける。

⓮ セル（G14）に式「=SUM(D14:F14)」を入力し，セル（G16），（G18），（G20）に数式を貼り付ける。

2．支店別売上数集計表

		タイ焼き	今川焼き	タコ焼き	合計
上野	個数	442	443	487	1,372
	売上金額	66,300	62,020	170,450	298,770
新宿	個数	476	420	513	1,409
	売上金額	71,400	58,800	179,550	309,750
原宿	個数	458	432	503	1,393
	売上金額	68,700	60,480	176,050	305,230
合計	個数	1,376	1,295	1,503	4,174
	売上金額	206,400	181,300	526,050	913,750

（⓭〜⓮の式入力後）

(5) 5日間の売上数の推移グラフの作成

❶ セル（B5〜G8）を範囲選択し，［挿入］→［折れ線/面グラフの挿入］→［2-D折れ線］→［マーカー付き折れ線］を選択し，グラフを作成する。

❷ グラフの位置とサイズを調整する。

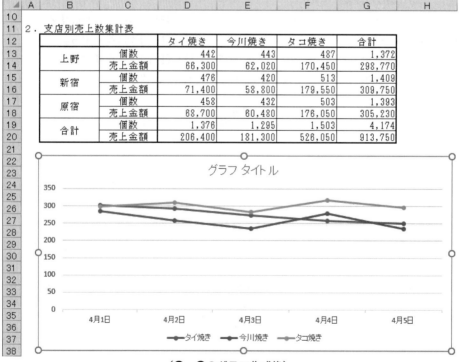

（❶〜❷のグラフ作成後）

❸ グラフタイトル，縦軸ラベル，横軸ラベル，数値軸（縦軸）の目盛の設定を行う。

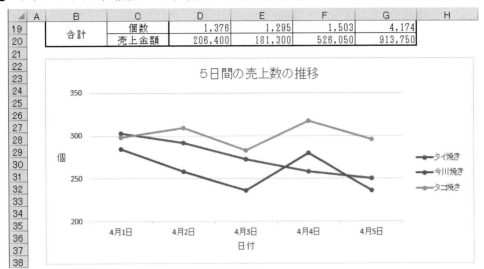

（❸のグラフ編集後）

(6) 売上金額計と売上数計グラフの作成

❶ セル（C12〜F12），（C19〜F20）を範囲選択し，［挿入］→［折れ線/面グラフの挿入］→［2-D折れ線］
→［マーカー付き折れ線］によりグラフを作成する。

❷ グラフの位置とサイズを調整する。

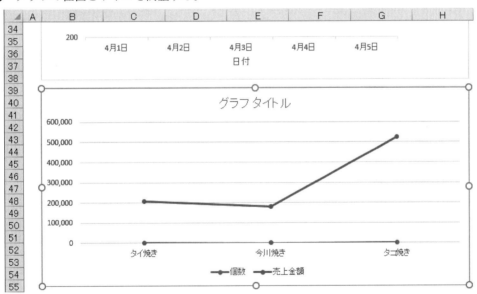

（❶〜❷のグラフ作成後）

❸ 凡例の位置を「右」に設定する。

❹ 個数と売上金額の系列の順序を入れ替える。

❺ 売上金額の折れ線を右クリックして，［系列グラフの種類の変更］を選択する。［グラフの種類の変更］
→［すべてのグラフ］→［組み合わせ］を選択し，売上金額の［グラフの種類］を［集合縦棒］とし，個数を
「第2軸」に設定する。

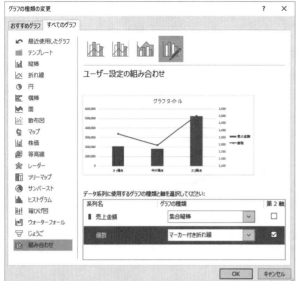

（❸～❺のグラフ編集後）

❻ グラフタイトル，縦軸ラベル（主軸），縦軸ラベル（第2軸），横軸ラベルの設定を行う。

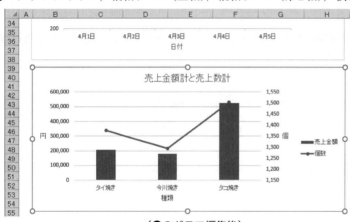

（❻のグラフ編集後）

❼ 数値軸（主軸，第2軸）の目盛の設定を行う。

❽ 売上金額の縦棒を選択し，データラベルを「中央」に設定する。

❾ 個数の折れ線のタコ焼きのマーカーを選択し，データラベルを「上」に設定する。

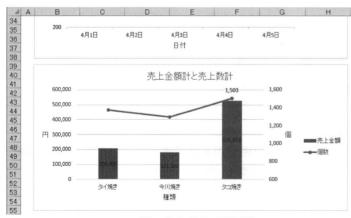

（❼～❾のグラフ編集後）

シート4の印刷

(1) 印刷プレビューにより確認

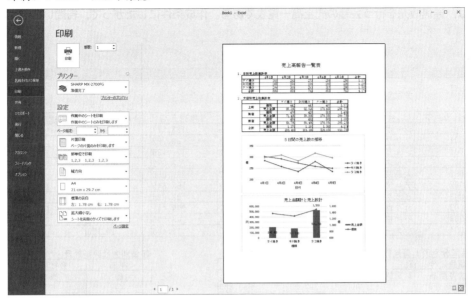

(2) シート4の印刷

1ページに収まることを確認して，「印刷」ボタンによりプリンタで出力する。

参考 シートを1ページに印刷──────────────

余白を調整しても，1ページに収まらない場合，「シートを1ページに印刷」を選ぶと，1ページに収まるように縮小できる。

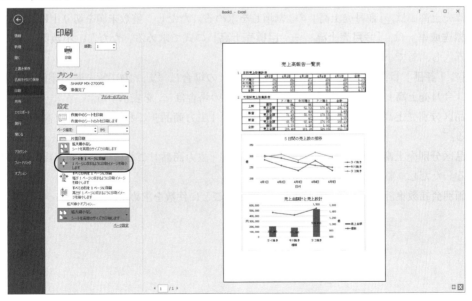

1 次の表は，通信販売を行う会社の売上高一覧表である。作成条件にしたがって，各問いに答えなさい。

	A	B	C	D	E	F	G	H
1								
2		会社別通販売上高一覧表						
3						単位：万円		
4	会社コード	会社名	主力商品	前月売上高	目標売上高	今月売上高	目標達成率	評価
5	EL-001	ジャポネット	家電製品	152,979	168,277	163,229	97.0%	※
6	JI-001	スグクル	事務用品	85,238	93,762	92,824	99.0%	※
7	HE-001	ジュピター	健康食品	156,532	172,186	154,451	89.7%	※
8	EL-002	ウルネット	家電製品	235,065	258,572	305,115	118.0%	※
9	JI-002	大島商会	事務用品	242,777	267,055	259,043	97.0%	※
10	HE-002	ディアス	健康食品	144,222	158,645	180,855	114.0%	※
11	EL-003	ビックテレビ	家電製品	89,900	98,890	84,452	85.4%	※
12	JI-003	カタログー	事務用品	254,037	279,441	301,796	108.0%	※
13	HE-003	千代田食品	健康食品	41,157	45,273	48,442	107.0%	※
14	HE-004	ハニーポット	健康食品	13,163	14,480	14,190	98.0%	※
15								
16	商品区分別売上高集計表					評価別会社数集計表		
17	商品区分	EL	HE	JI		評価	会社数	
18	主力商品	家電製品	健康食品	事務用品		◎	※	
19	売上高合計	552,796	397,938	653,663		○	※	
20	売上高平均	184,265	99,485	217,888		△	※	

(注) ※印は，値の表記を省略している。

作成条件

1. 「主力商品」は，「会社コード」の左端から2文字をもとに「商品区分別売上高集計表」を参照して表示する。

2. 「目標売上高」は，「前月売上高」の1割増しを求める。ただし，整数未満を切り上げる。

3. 「目標達成率」は，「今月売上高 ÷ 目標売上高」の式で求める。ただし，小数第3位未満を四捨五入し，％で小数第1位まで表示する。

4. H列の「評価」は，「目標達成率」が100.0%以上の場合は ◎ ，100.0%未満で「前月売上高」より「今月売上高」が大きい場合は ○ ，それ以外の場合は △ を表示する。

5. 「商品区分別売上高集計表」の「売上高合計」は，「主力商品」ごとに「今月売上高」の合計を求める。

6. 「商品区分別売上高集計表」の「売上高平均」は，「主力商品」ごとに「今月売上高」の平均を求める。ただし，整数未満を四捨五入する。

7. 「評価別会社数集計表」の「会社数」は，「評価」ごとに件数を求める。

問1 C5に設定する式として適切なものを選び，記号で答えなさい。

1～**2**が筆記，**3**～**6**が実技

　　　ア．=HLOOKUP(LEFT(A5,2),$A$17:$D$18,1,FALSE)

　　　イ．=HLOOKUP(LEFT(A5,2),$B$17:$D$18,2,FALSE)

　　　ウ．=VLOOKUP(LEFT(A5,2),$B$17:$D$18,2,FALSE)

問2 H5に設定する式として適切なものを選び，記号で答えなさい。

　　　ア．=IF(G5>=1,"◎",IF(F5>D5,"△","○"))

　　　イ．=IF(G5>=1,"◎",IF(G5<1,"○","△"))

　　　ウ．=IF(G5>=1,"◎",IF(F5>D5,"○","△"))

問3 H5～H14に表示される ○ の数を答えなさい。

問4 B20に設定する次の式の空欄(a)，(b)にそれぞれあてはまる適切なものを選び，記号で答えなさい。

　　　=　(a)　(AVERAGE1FS(　(b)　),0)

　　　ア．ROUND

　　　イ．ROUNDUP

　　　ウ．$C$5:$C$14,B18,$F$5:$F$14

　　　エ．$F$5:$F$14,$C$5:$C$14,B18

問5 G18に設定する式として適切なものを選び，記号で答えなさい。

　　　ア．=COUNTIFS($G$5:$G$14,F18)

　　　イ．=SUMIFS($H$5:$G$14,F18)

　　　ウ．=COUNTIFS($H$5:$H$14,F18)

問1		問2		問3		問4	(a)		(b)		問5	

2 次の表は，ある菓子メーカーの1か月における製品出荷数一覧表である。作成条件にしたがって，各問いに答えなさい。

	A	B	C	D	E	F	G	H
1								
2		製品出荷数一覧表						
3								
4	製品コード	製品名	種類名	予定出荷数	実際出荷数	達成率	出荷金額	評価
5	B01P140	チョコチップ	ビスケット	21,000	17,440	83.0%	2,441,600	※
6	B02P130	バター	ビスケット	20,000	17,080	85.4%	2,220,400	※
7	S02P120	明太ポテト	スナック	19,000	16,030	84.4%	1,923,600	※
8	S01P110	塩ポテト	スナック	16,000	19,480	121.8%	2,142,800	※
9	C03P130	チョコピー	チョコレート	15,000	17,090	113.9%	2,221,700	※
10	C04P130	チョコイチゴ	チョコレート	10,000	7,400	74.0%	962,000	※
11	S03P120	コンソメポテト	スナック	9,000	10,630	118.1%	1,275,600	※
12	C01P120	ショコラビター	チョコレート	6,000	6,170	102.8%	740,400	※
13	C02P120	ショコラミルク	チョコレート	4,000	5,280	132.0%	633,600	※
14	B03P150	トリュフ	ビスケット	4,000	5,740	143.5%	861,000	※
15								
16	種類別出荷数集計表					評価別製品数集計表		
17	種類コード	種類名	出荷数計	順位		評価	製品数	
18	C	チョコレート	35,940	3		A	※	
19	B	ビスケット	40,260	2		B	※	
20	S	スナック	46,140	1		C	※	

(注) ※印は，値の表記を省略している。

作成条件

1. C列の「種類名」は，「製品コード」の左端から1文字をもとに「種類別出荷数集計表」を参照して表示する。
2. 「達成率」は，**「実際出荷数 ÷ 予定出荷数」**の式で求める。ただし，小数第3位未満を四捨五入し，%で小数第1位まで表示する。
3. 「出荷金額」は，「製品コード」の右端から3文字を抽出し，数値に変換した値に「実際出荷数」を掛けて求める。
4. 「評価」は，「達成率」が120.0%以上の場合は A，100.0%以上120.0%未満の場合は B，それ以外の場合は C を表示する。
5. 「種類別出荷数集計表」の「出荷数計」は，「種類名」ごとに「実際出荷数」の合計を求める。
6. 「種類別出荷数集計表」の「順位」は，「出荷数計」の降順に順位を求める。
7. 「評価別製品数集計表」の「製品数」は，「評価」ごとに件数を求める。

問1 C5に設定する式として適切なものを選び，記号で答えなさい。

ア．=VLOOKUP(LEFT(A5,1),$A$18:$B$20,2,FALSE)
イ．=VLOOKUP(MID(A5,1,2),$A$18:$B$20,2,FALSE)
ウ．=VLOOKUP(A5,$A$18:$B$20,2,TRUE)

問2 G5に設定する式として適切なものを選び，記号で答えなさい。

ア．=VALUE(LEFT(A5,5))*E5
イ．=VALUE(MID(A5,6,2))*E5
ウ．=VALUE(RIGHT(A5,3))*E5

問3 H5～H14に表示される B の数を答えなさい。

問4 C18に設定する次の式の空欄にあてはまる適切なものを選び，記号で答えなさい。

=☐($E$5:$E$14,$C$5:$C$14,B18)
ア．SUMIFS
イ．AVERAGEIFS
ウ．COUNTIFS

問5 D18に設定する式として適切なものを選び，記号で答えなさい。

ア．=RANK(C18,$C$18:$C$20,1)
イ．=RANK(C18,$C$18:$C$20,0)
ウ．=RANK($C$18,C18:$C$20,1)

問1		問2		問3		問4		問5	

3 あるタイ焼きチェーンでは都道府県ごとに支店を3店舗抽出し、新商品の試験販売を1週間行った。資料と作成条件にしたがって、シート名「支店表」とシート名「販売データ表」から、シート名「分析表」を作成しなさい。 （ファイル名：編末トレーニング3）

資料

商品名	単価
カスタード	140円
抹茶	120円

作成条件

ワークシートは提供されたものを使用する。

1. 表およびグラフの体裁は、右ページを参考にして設定する。

   ┌ 設 定 す る 書 式：罫線の種類、列幅
   └ 設定する数値の表示形式：3桁ごとのコンマ、%、小数の表示桁数 ┘

2. 表の※印の部分は、式や関数などを利用して求める。

3. グラフの※印の部分は、表に入力された値をもとに表示する。

4. 「1. 販売一覧表」は、次のように作成する。
   (1) 「支店名」は、「支店コード」をもとに、シート名「支店表」を参照して表示する。
   (2) 「都道府県」は、「支店コード」の左端から1文字を抽出し、「2. 都道府県別販売数量集計表」を参照して表示する。
   (3) 「カスタード」は、シート名「販売データ表」から「支店コード」ごとに「カスタード」の合計を求める。
   (4) 「抹茶」は、「カスタード」と同様に求める。
   (5) 「金額」は、資料をもとに次の式で求める。
   　　「カスタード　×　カスタードの単価　＋　抹茶　×　抹茶の単価」
   (6) 「平均」は、各列の平均を求める。ただし、整数未満を四捨五入し、整数部のみ表示する。
   (7) 「最大」は、各列の最大値を求める。
   (8) 「順位」は、「金額」を基準として、降順に順位をつける。
   (9) 「備考」は、「カスタード」がE19以上で、かつ「抹茶」がF19以上の場合は ○ を表示し、それ以外の場合は何も表示しない。

5. 「2. 都道府県別販売数量集計表」は、次のように作成する。
   (1) 「カスタード計」は、「1. 販売一覧表」から「都道府県」ごとに「カスタード」の合計を求める。
   (2) 「抹茶計」は、「1. 販売一覧表」から「都道府県」ごとに「抹茶」の合計を求める。
   (3) 「販売数計」は、各列の合計を求める。
   (4) 「割合」は、「販売数計」の合計に対する割合を求める。ただし、%で小数第1位まで表示する。

6. 積み上げ縦棒グラフは、「2. 都道府県別販売数量集計表」から作成する。
   (1) グラフの数値軸（縦軸）目盛は、最小値（0）、最大値（3,000）および間隔（500）を設定する。
   (2) 軸ラベルの方向を設定する。

支店表

	A	B
2	支店表	
3	支店コード	支店名
4	T01	新橋
5	T02	上野
6	T03	秋葉原
7	T04	品川
8	T05	新宿
9	T06	原宿
10	K01	横浜
〜	〜	〜
26	C05	成田
27	C06	銚子
28	C07	館山

（支店表）

販売データ表

	A	B	C	D
2	販売データ表			
3	日付	支店コード	カスタード	抹茶
4	20221201	T02	62	83
5	20221201	T03	91	43
6	20221201	T05	48	63
7	20221201	K01	63	46
8	20221201	K03	78	37
9	20221201	K05	53	39
〜	〜	〜	〜	〜
82	20221207	S01	35	41
83	20221207	S02	37	36
84	20221207	S04	32	28
85	20221207	C01	54	66
86	20221207	C03	47	77
87	20221207	C04	88	38

（販売データ表）

試験販売分析表

1．販売一覧表

支店コード	支店名	都道府県	数量		金額	順位	備考
			カスタード	抹茶			
T02	※	※	※	※	※	※	※
T03	※	※	※	※	※	※	※
T05	※	※	※	※	※	※	※
K01	※	※	※	※	※	※	※
K03	藤沢	神奈川	511	437	123,980	2	○
K05	※	※	※	※	※	※	※
S01	※	※	※	※	※	※	※
S02	※	※	※	※	※	※	※
S04	※	※	※	※	※	※	※
C01	※	※	※	※	※	※	※
C03	※	※	※	※	※	※	※
C04	※	※	※	※	※	※	※
		平均	※	※	105,342		
		最大	※	※	※		

2．都道府県別販売数量集計表

都道府県コード	T	K	S	C
都道府県	東京	神奈川	埼玉	千葉
カスタード計	※	1,496	※	※
抹茶計	※	1,255	※	※
販売数計	※	2,751	※	※
割合	※	28.4%	※	※

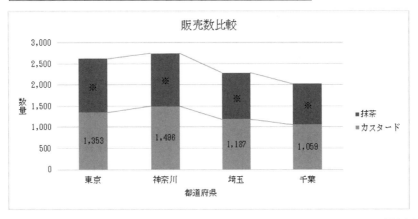

（分析表）

4　ある牛丼店では4月の1か月間を食生活応援セールとして，全商品を値引して販売した。3月と4月の売上分析を行うため，資料と作成条件にしたがって，シート名「商品表」とシート名「売上データ」から，シート名「分析表」を作成しなさい。　　　　（ファイル名：編末トレーニング4）

資料
(1)　シート名「売上データ」の「分類コード」は，「商品コード」の左端から1文字を抽出している。

(2)　シート名「分析表」の「値引価格」は，「価格」から10％を値引きする。

作成条件
ワークシートは提供されたものを使用する。

1.　表およびグラフの体裁は，右ページを参考にして設定する。

> 設 定 す る 書 式：罫線の種類，列幅
> 設定する数値の表示形式：3桁ごとのコンマ，％，小数の表示桁数

2.　表の※印の部分は，式や関数などを利用して求める。

3.　グラフの※印の部分は，表に入力された値をもとに表示する。

4.　「1．売上比較表」は，次のように作成する。

(1)　「商品名」は，「商品コード」をもとに，シート名「商品表」を参照して表示する。

(2)　「売上数量」の「4月」は，シート名「売上データ」から「商品コード」ごとに「数量」の合計を求める。

(3)　「価格」は，「商品コード」をもとに，シート名「商品表」を参照して表示する。

(4)　「値引価格」は，次の式で求める。ただし，10円未満を切り捨てる。

> 「価格　×　0.9」

(5)　「売上金額」は，次の式で求める。

> 「売上数量の4月　×　値引価格」

(6)　「備考」は，「売上数量」の「4月」が「3月　×　1.25」を超える場合は ○ を表示し，それ以外の場合は何も表示しない。

(7)　「件数」は，「備考」に表示される ○ の数を求める。

5.　「2．分類別売上集計表」は，次のように作成する。

(1)　「4月合計」は，シート名「売上データ」から「分類コード」ごとに「数量」の合計を求める。

(2)　「前月比」は，次の式で求める。ただし，％で小数第1位まで表示する。

> 「4月合計　÷　3月合計」

(3)　「最大」は，「前月比」の最大値を求める。

6.　集合横棒グラフは，「1．売上比較表」から作成する。

(1)　グラフの数値軸（横軸）目盛は，最小値(0)，最大値(900)および間隔(100)を設定する。

(2)　軸ラベルの方向を設定する。

(3)　凡例の位置を設定する。

商品表

	A	B	C
1			
2	商品表		
3	商品コード	商品名	価格
4	D01	牛丼	300
5	D02	牛ネギ玉丼	400
6	D03	牛カルビ丼	490
7	D04	豚ロース丼	490
8	S01	牛皿	250
9	S02	牛カルビ皿	400
10	S03	豚ロース皿	400
11	T01	牛すき鍋定食	590
12	T02	牛チゲ鍋定食	590
13	T03	牛鮭定食	500
14	T04	牛カルビ定食	550
15	T05	豚ロース定食	550

（商品表）

売上データ

	A	B	C	D	E
1					
2	売上データ				
3	月	日	商品コード	分類コード	数量
4	4	1	D01	D	109
5	4	1	D02	D	59
6	4	1	D03	D	57
7	4	1	D04	D	26
8	4	1	S01	S	10
～	～	～	～	～	～
358	4	30	S03	S	11
359	4	30	T01	T	29
360	4	30	T02	T	31
361	4	30	T03	T	19
362	4	30	T04	T	11
363	4	30	T05	T	18

（売上データ）

売上分析表

1．売上比較表

商品コード	商品名	売上数量 3月	売上数量 4月	価格	値引価格	売上金額	備考
D01	牛丼	2,013	3,014	300	270	813,780	○
D02	※	1,025	※	※	※	※	※
D03	※	1,003	※	※	※	※	※
D04	※	984	※	※	※	※	※
S01	※	582	※	※	※	※	※
S02	※	467	※	※	※	※	※
S03	※	438	※	※	※	※	※
T01	※	601	※	※	※	※	※
T02	※	796	※	※	※	※	※
T03	※	519	※	※	※	※	※
T04	※	378	※	※	※	※	※
T05	※	562	※	※	※	※	※
						件数	※

2．分類別売上集計表

分類コード	分類名	3月合計	4月合計	前月比
D	丼	5,025	6,823	135.8%
S	皿	1,487	※	※
T	定食	2,856	※	※
			最大	※

3．定食の売上比較

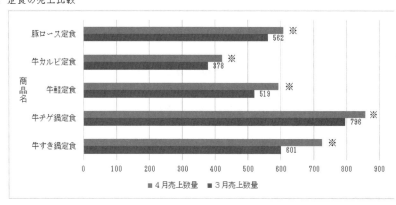

（分析表）

5 次の表は，あるラーメンチェーン店の本部が支店からの4週間分の売上報告データをもとに作成した売上分析結果である。曜日別の売上数，支店別の売上数を集計し，今後の経営方針を分析することにした。資料1，資料2をもとに作成条件にしたがって，シート1からシート4を作成しなさい。

（ファイル名：編末トレーニング5）

資料1 商品一覧表・支店一覧表・曜日一覧表

商品コード	商品名	単価
R1	醤油ラーメン	580
R2	味噌ラーメン	680
R3	塩ラーメン	630

曜日コード	曜日
1	日
2	月
3	火
4	水
5	木
6	金
7	土

支店コード	支店名
T1	吉祥寺
T2	渋谷
T3	下北沢

資料2 売上報告データ

月日	データコード	曜日	支店名	商品名	売上数
9月1日	T1R1	木	吉祥寺	醤油ラーメン	138
9月1日	T1R2	木	吉祥寺	味噌ラーメン	80
9月1日	T1R3	木	吉祥寺	塩ラーメン	20
9月1日	T2R1	木	渋谷	醤油ラーメン	178
〜	〜	〜	〜	〜	〜
9月28日	T3R2	水	下北沢	味噌ラーメン	80
9月28日	T3R3	水	下北沢	塩ラーメン	30

作成条件

ワークシートは，提供されたものを使用し，すでに入力されたデータの続きから作業を始めること。

1. 表およびグラフの体裁は，右ページを参考にして設定する。
   ```
   設定する書式：罫線の種類，列幅
   設定する数値の表示形式：3桁ごとのコンマ
   ```
2. 表の※※印の部分は，式や関数，分析機能などを利用して求める。また，※印の部分は資料のデータを入力する。
3. グラフの※※印の部分は，表に入力された値をもとに表示する。
4. シート1は，資料1より必要なデータを入力する。
5. シート2は，次のように作成する。
   (1) 「曜日」の※※印は，「月日」から曜日を求める関数を使用し，シート1の「曜日一覧表」を参照して表示する。
   (2) 「支店名」の※※印は，「データコード」の左端から2文字を抽出し，シート1の「支店一覧表」を参照して表示する。
   (3) 「商品名」の※※印は，「データコード」の右端から2文字を抽出し，シート1の「商品一覧表」を参照して表示する。
6. シート3は集計作業用シートで，シート4の作成に必要なデータを集計するために次のように作成する。
   (1) シート2のA4〜F256のデータからデータ集計機能を利用して集計する。ただし，データ集計機能が利用できない場合は，関数などの機能を利用して集計する。
7. シート4は，次のように作成する。
   (1) 「1．曜日別売上数集計表」は，シート3から必要な部分をコピーして，値を貼り付ける。
   (2) 「2．支店別売上集計表」は，次のように作成する。
   ① C15〜E18の「売上数」は，シート3から必要な部分をコピーして，値を貼り付ける。
   ② F15〜H17の「売上金額」は，「商品名」をもとにシート1の「商品一覧表」を参照して求めた「単価」に「売上数」を乗じて求める。
   ③ I15〜I17，F18〜I18の「合計」は，各行，各列の「売上金額」の合計を求める。
   (3) 複合グラフは，「2．支店別売上集計表」のデータから作成する。
   ① グラフの数値軸（縦軸）目盛は，最小値(0)，最大値(8,000,000)および間隔(2,000,000)を設定する。
   ② グラフの第2数値軸（縦軸）目盛は，最小値(0)，最大値(10,000)および間隔(2,000)を設定する。
   ③ 軸ラベルの方向を設定する。

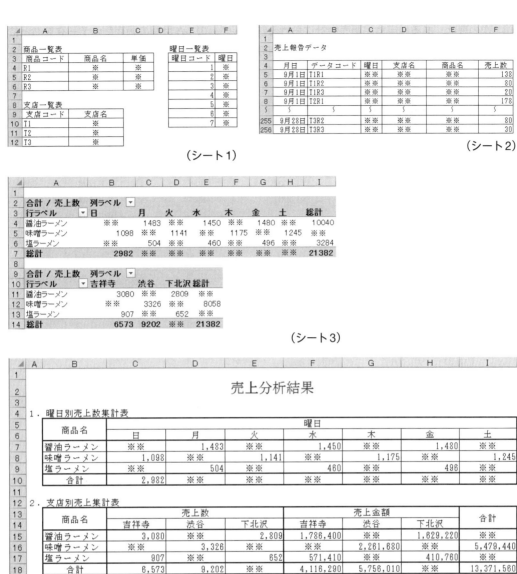

6 　次の表は，ある健康食品販売会社における訪問販売員の1か月間の販売報告データをもとに作成した販売実績分析結果である。商品別販売員別の販売数を集計し，今後の販売員評価に役立てることにした。資料1，資料2をもとに作成条件にしたがって，シート1からシート3を作成しなさい。

（ファイル名：編末トレーニング6）

資料1　商品一覧表・販売員一覧表

商品コード	商品名	単価
S001	コラーゲン	1,100
S002	青汁	1,200
S003	濃縮ウコン	1,300
S004	アロエエキス	1,400
S005	ビタミン錠	1,600

販売員コード	販売員名
H01	髙橋結衣
H02	富山陽子
H03	桜田杏奈
H04	宮下百花
H05	水田真理
H06	山田琴音
H07	黒沢七海

資料2　販売報告データ

月日	販売コード	販売員名	商品名	販売数
10月1日	H05S00102	水田真理	コラーゲン	2
10月1日	H03S00211	桜田杏奈	青汁	11
10月1日	H01S00507	髙橋結衣	ビタミン錠	7
10月1日	H03S00307	桜田杏奈	濃縮ウコン	7
〜	〜	〜	〜	〜
10月31日	H04S00414	宮下百花	アロエエキス	14
10月31日	H07S00107	黒沢七海	コラーゲン	7

作成条件

ワークシートは，提供されたものを使用し，すでに入力されたデータの続きから作業を始めること。

1. 表およびグラフの体裁は，右ページを参考にして設定する。

> 設 定 す る 書 式：罫線の種類，列幅
> 設定する数値の表示形式：3桁ごとのコンマ

2. 表の※※印の部分は，式や関数，分析機能などを利用して求める。また，※印の部分は資料のデータを入力する。
3. グラフの※※印の部分は，表に入力された値をもとに表示する。
4. シート1は，資料1より必要なデータを入力する。
5. シート2は，次のように作成する。
   (1) 「販売員名」の※※印は，「販売コード」の左端から3文字を抽出し，シート1の「販売員一覧表」を参照して表示する。
   (2) 「商品名」の※※印は，「販売コード」の左端から4桁目より4文字を抽出し，シート1の「商品一覧表」を参照して表示する。
   (3) 「販売数」の※※印は，「販売コード」の右端から2文字を抽出し，数値に変換して表示する。
6. シート3は，次のように作成する。
   (1) 「1．販売数集計表」は，次のように作成する。
   ① 　C7は，シート2の「販売報告データ」から「販売員名」，「商品名」ごとに「販売数」の合計を求め，C7〜G13に数式をコピーする。
   ② 　H列と14行目の合計は，それぞれ各行と各列の合計を求める。
   (2) 「2．販売金額集計表」は，次のように作成する。
   ① 　C19〜G25の「販売金額」は，「商品名」をもとにシート1の「商品一覧表」を参照して求めた「単価」に販売数集計表の「販売数」を乗じて求める。
   ② 　H19〜H25，C26〜H26の「合計」は，各行，各列の合計を求める。
   ③ 　I19〜I25の「順位」は，H19〜H25の「合計」をもとに降順に順位をつける。
   (3) 積み上げ横棒グラフは，「2．販売金額集計表」の順位1位〜3位の上位3名の販売員のデータから作成する。
   ① 　グラフの数値軸（横軸）目盛は，最小値(0)，最大値(400,000)および間隔(50,000)を設定する。
   ② 　軸ラベルの方向を設定する。

（シート1）

商品一覧表

商品コード	商品名	単価
S001	※	※
S002	※	※
S003	※	※
S004	※	※
S005	※	※

販売員一覧表

販売員コード	販売員名
H01	※
H02	※
H03	※
H04	※
H05	※
H06	※
H07	※

（シート1）

（シート2）

販売報告データ

月日	販売コード	販売員名	商品名	販売数
10月1日	H05S00102	※※	※※	※※
10月1日	H03S00211	※※	※※	※※
10月1日	H01S00507	※※	※※	※※
10月1日	H03S00307	※※	※※	※※
〜	〜	〜	〜	〜
10月31日	H04S00414	※※	※※	※※
10月31日	H07S00107	※※	※※	※※

（シート2）

（シート3）

販売実績分析結果

1．販売数集計表

販売員	商品名					合計
	コラーゲン	青汁	濃縮ウコン	アロエエキス	ビタミン錠	
髙橋結衣	35	0	※※	61	※※	226
富山陽子	※※	28	51	※※	24	※※
桜田杏奈	15	32	※※	85	※※	261
宮下百花	※※	※※	※※	※※	※※	※※
水田真理	38	※※	57	※※	27	※※
山田琴音	※※	57	※※	16	※※	257
黒沢七海	※※	※※	※※	※※	14	※※
合計	316	※※	408	※※	323	1,568

2．販売金額集計表

販売員	商品名					合計	順位
	コラーゲン	青汁	濃縮ウコン	アロエエキス	ビタミン錠		
髙橋結衣	38,500	※※	※※	85,400	※※	307,600	※※
富山陽子	※※	33,600	66,300	※※	38,400	※※	
桜田杏奈	16,500	38,400	※※	119,000	※※	364,400	2
宮下百花	※※	※※	※※	※※	※※	※※	1
水田真理	41,800	※※	74,100	※※	43,200	※※	※※
山田琴音	※※	68,400	※※	22,400	※※	340,600	3
黒沢七海	※※	※※	※※	※※	22,400	※※	※※
合計	347,600	※※	530,400	※※	516,800	2,083,000	

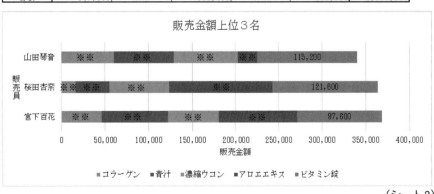

（シート3）

Part III データベース｜編

Lesson 1 リレーショナル型データベース

(1) データベース……… アンケート結果や会員情報など，ある目的のために集めたデータを一元的に管理し，利用しやすい形で整理したり，統合したりして，利用する人が望む条件で手軽に情報を利用できるようにしたデータの集まりのことである。

（例）・通信販売

受付番号	名前	性別	商品名	住所
130001	佐藤○○	女	19型テレビ	千葉県船橋市
130002	長谷川□□	男	ディジタルビデオ	東京都大田区

・販売管理

伝票番号	取引先社名	商品名	数量
13050101	○○出版㈱	コピー用紙（A4）	100
13050102	㈱△△△	ボールペン（赤）	30

・取引先情報

取引先社名	役職名	名前	住所
○○自動車㈱	総務部長	山口◇◇	東京都千代田区
㈱▽▽印刷所	所長	加藤○○	千葉県市川市
□□工業㈱	営業部長	渡辺△△	神奈川県川崎市

(2) レポート…………… 集められたデータをコンピュータで管理するだけでなく，取引先住所一覧表としてデータをまとめて印刷したり，葉書などの郵便用の宛名ラベルとして，顧客ごとに別々に印刷したりすることである。

会社名	郵便番号	都道府県	住所
（株）A	102-0076	東京都	千代田区
（株）B	227-0062	神奈川県	横浜市
（株）C	330-0800	埼玉県	さいたま市

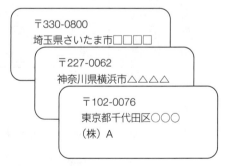

〒330-0800
埼玉県さいたま市□□□□

〒227-0062
神奈川県横浜市△△△△

〒102-0076
東京都千代田区○○○
（株）A

(3)**DBMS（DataBase Management System）**………　集められたデータを，取引先の移転による住所や電話番号の変更（修正）や，新規顧客や新規取引先のデータの追加，そして，削除，検索などデータ管理を行うシステムのことである。データベース管理システムともいう。

(4)**フォーム**……………　集められたデータのうち必要なデータだけを表示したり，新しくデータを追加したりする場合は，データベース管理システムに詳しくない人でも処理できるように，項目欄などを設けて入力できる機能のことである。

顧客入力フォーム	
会社名	◎◎出版(株)
〒	102-0076
都道府県	東京都
住所	千代田区○○

(5)**テーブル（表）**………　データが実際に保存されている2次元（行・列）の表のことで，データベースのデータ全体のことである。

　例えば，ある英会話スクールの会員情報を管理する場合，入会を希望し入会申込書に記入された情報は，別々の用紙に記入されているので，1枚の用紙に2次元（行・列）の表としてまとめると見やすくなる。

　この2次元の表をデータベースでは**テーブル**という。

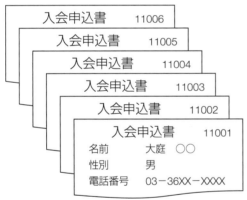

会員表

会員番号	名前	性別	電話番号
11001	大庭　○○	男	03-36XX-XXXX
11002	久米　△△	女	03-38XX-XXXX
11003	山中　◇◇	女	047-3XX-XXXX
11004	塚本　▽▽	男	047-3XX-XXXX
11005	小出　□□	男	03-37XX-XXXX
11006	向田　◎◎	女	048-9XX-XXXX

(6)**テーブルの構成要素**………　入会申込者のデータは，行単位（横方向）で登録される。この1名分（件分）のデータを**レコード（行）**という。また，会員番号や名前などの複数の項目に分かれ，同じ属性のデータが登録される。これを**フィールド（列）**という。

会員表

会員番号	名前	性別	電話番号	
				← フィールド名
11001	大庭　○○	男	03-36XX-XXXX	
11002	久米　△△	女	03-38XX-XXXX	
11003	山中　◇◇	女	047-3XX-XXXX	
11004	塚本　▽▽	男	047-3XX-XXXX	← レコード(行)
11005	小出　□□	男	03-37XX-XXXX	
11006	向田　◎◎	女	048-9XX-XXXX	

↑フィールド(列)

(7)リレーショナル型データベースの関係演算

・射影……………… テーブルから，特定のフィールドを取り出す操作のことである。

(例)会員表からフィールド「名前」だけを取り出す。

会員表

会員番号	名前	性別	電話番号
11001	大庭　○○	男	03-36XX-XXXX
11002	久米　△△	女	03-38XX-XXXX
11003	山中　◇◇	女	047-3XX-XXXX
11004	塚本　▽▽	男	047-3XX-XXXX
11005	小出　□□	男	03-37XX-XXXX
11006	向田　◎◎	女	048-9XX-XXXX

名前
大庭　○○
久米　△△
山中　◇◇
塚本　▽▽
小出　□□
向田　◎◎

・選択……………… テーブルから，指定した条件に一致するレコードを抽出する操作のことである。

(例)会員表から「性別」が　男　の会員を抽出する。

会員表

会員番号	名前	性別	電話番号
11001	大庭　○○	男	03-36XX-XXXX
11002	久米　△△	女	03-38XX-XXXX
11003	山中　◇◇	女	047-3XX-XXXX
11004	塚本　▽▽	男	047-3XX-XXXX
11005	小出　□□	男	03-37XX-XXXX
11006	向田　◎◎	女	048-9XX-XXXX

会員番号	名前	性別	電話番号
11001	大庭　○○	男	03-36XX-XXXX
11004	塚本　▽▽	男	047-3XX-XXXX
11005	小出　□□	男	03-37XX-XXXX

・結合……………… 共通するフィールドを基準に，複数のテーブルをつなぎ合わせる操作のことである。

(例)会員表に各会員が受講した回数を集計したテーブル(受講回数表)をつなぎ合わせる。

会員表

会員番号	名前	性別	電話番号
11001	大庭　○○	男	03-36XX-XXXX
11002	久米　△△	女	03-38XX-XXXX
11003	山中　◇◇	女	047-3XX-XXXX
11004	塚本　▽▽	男	047-3XX-XXXX
11005	小出　□□	男	03-37XX-XXXX
11006	向田　◎◎	女	048-9XX-XXXX

受講回数表

会員番号	受講回数
11001	35
11002	30
11003	24
11004	32
11005	24
11006	17

会員番号	名前	性別	電話番号	受講回数
11001	大庭　○○	男	03-36XX-XXXX	35
11002	久米　△△	女	03-38XX-XXXX	30
11003	山中　◇◇	女	047-3XX-XXXX	24
11004	塚本　▽▽	男	047-3XX-XXXX	32
11005	小出　□□	男	03-37XX-XXXX	24
11006	向田　◎◎	女	048-9XX-XXXX	17

- **基本表(実表)**………　左ページの会員表や受講回数表のように，実際にデータが保存されている表のこと。
- **仮想表(ビュー表)**………　基本表に対して，リレーショナル型データベースの関係演算によって作り出された表は，データの取り出し・抽出・検索などの操作を登録したものであり，データそのものは保存されていない。

　　必要なときに会員表などの基本表のデータから作られて表形式で表示されるものを仮想表(ビュー表)という。基本表のデータが変更されると，仮想表のデータも更新される。

⑻キーの種類

- **主キー**……………　会員表の「会員番号」は，ほかの会員と区別するために，同じ会員番号が存在することはない。このように，値が重複しないデータを記憶するフィールドを**主キー**という。
- **複合キー(連結キー)**………　通常は一つのフィールドが主キーとなるが，複数のフィールドを組み合わせて主キーとするときに用いるキーのこと。
- **外部キー**…………　あるテーブルの中で，主キーでないフィールドが，ほかのテーブルでは主キーとなっているフィールド。ほかの表の主キーを参照するフィールド。テーブルの結合は外部キーを用いて行う。

会員番号	店舗番号
11001	1
11002	3
11003	1

店舗番号	店舗名
1	新宿店
2	渋谷店
3	池袋店

外部キー　　　　　　　　主キー

⑼リレーショナル型データベースの集合演算

- **和**………………　二つ以上のテーブルを併合すること。併合とは，複数の表を「縦」につなぎ合わせるイメージである。

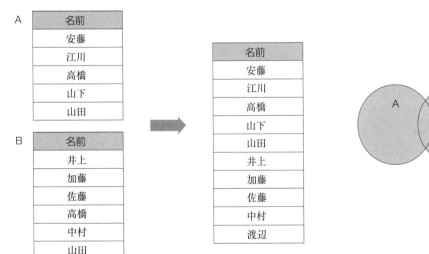

A

名前
安藤
江川
高橋
山下
山田

B

名前
井上
加藤
佐藤
高橋
中村
山田
渡辺

名前
安藤
江川
高橋
山下
山田
井上
加藤
佐藤
中村
渡辺

・積‥‥‥‥‥‥‥‥　二つ以上のテーブルから，共通するレコードを抽出すること。

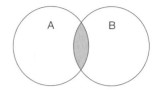

・差‥‥‥‥‥‥‥‥　基準となるテーブルから，他方（複数）のテーブルと共通するレコードを除いた
　　　　　　　　　　　レコードを抽出すること。

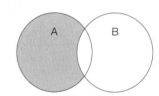

筆記練習　26

(1)　次の会員表におけるリレーショナル型データベースの操作として適切なものを選び，記号で答えなさい。

会員表

会員番号	名前		性別	電話番号
11001	大庭	○○	男	03-36XX-XXXX
11002	久米	○○	女	03-38XX-XXXX
11003	山中	○○	女	047-3XX-XXXX
11004	塚本	○○	男	047-3XX-XXXX

1．会員表から「会員番号」と「名前」のデータを取り出して作成したもの。

　ア．射影
　イ．選択
　ウ．結合

会員番号	名前	
11001	大庭	○○
11002	久米	○○
11003	山中	○○
11004	塚本	○○

2．会員表から「性別」が 女 のデータを取り出して作成したもの。

会員番号	名前	性別	電話番号
11002	久米　○○	女	03-38XX-XXXX
11003	山中　○○	女	047-3XX-XXXX

ア．射影
イ．選択
ウ．結合

(2)　次の結果表は珠算電卓検定の申し込みにおける普通計算部門表と，ビジネス計算部門表を集合演算し作成した表である。演算内容として適切なものを選び，記号で答えなさい。

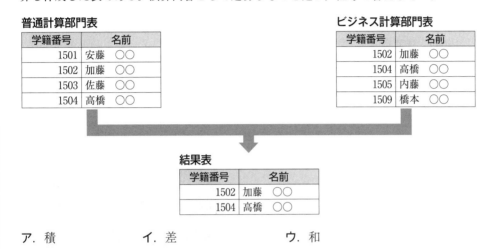

普通計算部門表

学籍番号	名前
1501	安藤　○○
1502	加藤　○○
1503	佐藤　○○
1504	高橋　○○

ビジネス計算部門表

学籍番号	名前
1502	加藤　○○
1504	高橋　○○
1505	内藤　○○
1509	橋本　○○

結果表

学籍番号	名前
1502	加藤　○○
1504	高橋　○○

ア．積　　　　　イ．差　　　　　ウ．和

(3)　次の結果表は簿記検定直前の補習における 1 月 20 日参加表と， 1 月 21 日参加表を集合演算し作成した表である。演算内容として適切なものを選び，記号で答えなさい。

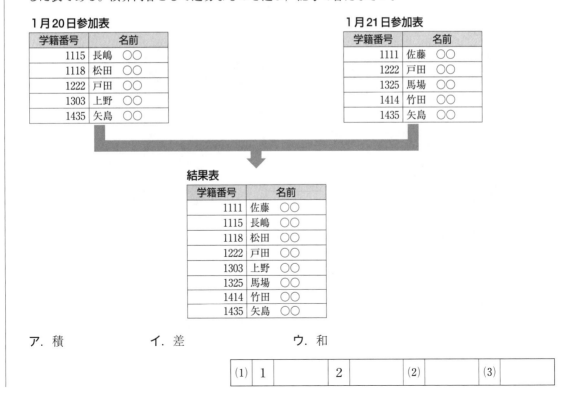

1月20日参加表

学籍番号	名前
1115	長嶋　○○
1118	松田　○○
1222	戸田　○○
1303	上野　○○
1435	矢島　○○

1月21日参加表

学籍番号	名前
1111	佐藤　○○
1222	戸田　○○
1325	馬場　○○
1414	竹田　○○
1435	矢島　○○

結果表

学籍番号	名前
1111	佐藤　○○
1115	長嶋　○○
1118	松田　○○
1222	戸田　○○
1303	上野　○○
1325	馬場　○○
1414	竹田　○○
1435	矢島　○○

ア．積　　　　　イ．差　　　　　ウ．和

(1)	1		2		(2)		(3)	

Lesson **2** SQL

(1)**SQL (Structured Query Language)** ‥‥‥‥‥‥‥‥‥‥ リレーショナル型データベースの設計や，射影，選択，結合などの操作を効率よく行うためのデータベース言語のことである。

```
基本形式
SELECT    列名1,列名2,・・・     表示したい列名を指定
  FROM    表名1,表名2,・・・     検索対象となる表名を指定
 WHERE    検索条件1  ・・・      検索する条件を指定
   AND    検索条件2
```

　本書では，実際にどのようなしくみでデータが管理・保存されているかを，Microsoft Access2016を使って次に示す。

(2)**Accessの起動と新規データベースの作成**

❶　［スタートボタン］をクリックする。

❷　スタート画面から［Access2016］をクリックすると，Access 2016が起動する。

❸　［空のデータベース］をクリックして，［ファイル名］に「会員管理システム」と入力して，［作成］をクリックする。

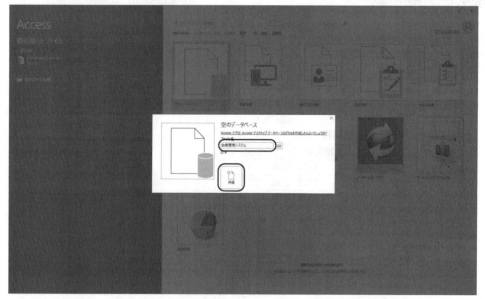

　このように，Accessの場合は，WordやExcelと違い，データの入力などの処理を行う前に，ファイル名を指定して保存することから始まる。

補足　Accessのバージョンによっては，［空のデスクトップデータベース］と表示される場合もある。

⑶**テーブルの作成**

　データベースの「会員管理システム.accdb」が作成され，画面はテーブルを表示・編集する［データシートビュー］画面になる。

例題 33　テーブルの作成

　ある英会話スクールの会員情報を管理する。

会員表

会員番号	名前	性別	電話番号
11001	大庭　○○	男	03-36XX-XXXX
11002	久米　△△	女	03-38XX-XXXX
11003	山中　◇◇	女	047-3XX-XXXX
11004	塚本　▽▽	男	047-3XX-XXXX
11005	小出　□□	男	03-37XX-XXXX
11006	向田　◎◎	女	048-9XX-XXXX

受講回数表

会員番号	受講回数
11001	35
11002	30
11003	24
11004	32
11005	24
11006	17

❶　［テーブルツール］の［フィールド］→［表示］→［デザインビュー］をクリックして，データの属性を指定する。テーブル名は「会員表」とする。

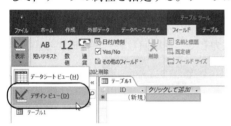

❷　テーブルの項目名をフィールド名欄に指定して，データ型を指定する。会員番号は後でデータを整理し，並べ替えが出来るように，データ型を「数値型」に指定する。また，主キーとして設定する。

❸　［テーブルツール］の［デザイン］→［表示］→［データシートビュー］をクリックして，一度保存をしてデータを入力する。

参考　テキスト型の表現

　Access 2013以降，「短いテキスト（最大255文字）」と，「長いテキスト（最大65,536文字）」のデータ型である。

⑷データの属性（データ型）

データベースで取り扱うデータの属性は，次のようなものがある。

- **数値型**……………　計算に使用できるデータ型で，フィールドに右づめで表示される。
- **文字型**……………　計算に使用できないデータ型で，フィールドに左づめで表示される。なお，商品コードが「SH001」の場合，文字データとなる。Access 2016では，「長いテキスト」または「短いテキスト」と表記される。
- **日付／時刻型**……　2022/09/30や20220930などと表記されるが，システム内部では，数値型のシリアル値として管理しているので，日数計算や日付順の並べ替えなどが可能になる。

参考　データの属性

データの属性には，ほかにも次のものがある。

- **通貨型**………集計や計算に使う数値データで，通貨記号をつけることができる。
- **Yes/No型**…YesかNoのいずれかを記憶する。初期設定はチェックボックス形式。
- **ハイパーリンク型**…インターネットのWebページへリンクするURLなどを記憶する。

⑸テーブルの追加作成方法

テーブル（受講回数表）を追加作成する場合は，［作成］→［テーブル］から会員表の作成のように，［ホーム］→［表示］→［デザインビュー］をクリックし，データを入力して「受講回数表」を作成する。

⑹ SELECT文①（射影）

> **書　式**　SELECT　フィールド1(,フィールド2,フィールド3,・・・)
> 　　　　　　FROM　テーブル名
>
> **解説**　テーブルから，特定のフィールドを取り出す。

例題 34　SELECT文による抽出

会員表より，フィールド「名前」を取り出し，クエリ名「名前表」で保存する。

> **SQL**　SELECT　名前
> 　　　　　FROM　会員表

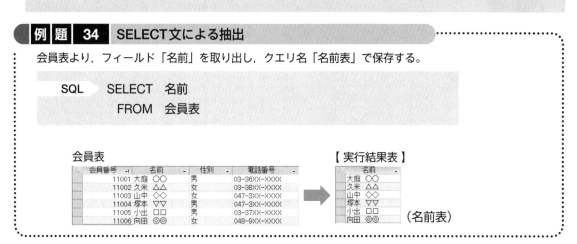

❶　テーブルの「会員表」を選択して，［作成］→［クエリデザイン］をクリックする。

❷　［デザイン］→［表示］→［SQLビュー］をクリックして，SQL文を入力する。

❸　［デザイン］→［実行］をクリックすると，「名前」のフィールドだけが取り出される。

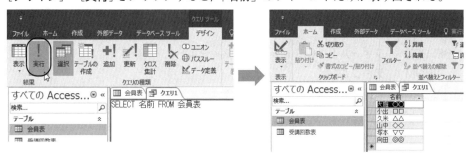

※ Accessの実行結果は，イメージと異なる場合がある。

参考 **SQLビューのフォントサイズの変更方法**

❶［ファイル］→［オプション］→［オブジェクト デザイナー］を選択し，［クエリデザイン］の［クエリデザインのフォント］の［サイズ］を任意のサイズに変更し， OK をクリックする。

❷SQLビューを再び開くと，フォントサイズが変更されている。

```
名前表
SELECT 名前 FROM 会員表
```

（左図は，フォントサイズを「16」にした例）

練習問題1　会員表より，「名前」と「電話番号」を抽出する場合，次のSQL文の空欄にあてはまる適切なものをア，イ，ウの中から選び，記号で答えなさい。

SELECT 　　　　, 電話番号
　　FROM 　会員表

ア．名前
イ．電話番号
ウ．会員表

練習問題2　会員表より，「会員番号」と「名前」と「電話番号」を抽出する場合，次のSQL文の空欄にあてはまる適切なものを答えなさい。

　　　　　　 会員番号, 名前, 電話番号
　　FROM 　会員表

(7)**SELECT文②（選択）**

> **書　式**　SELECT 　　フィールド1(, フィールド2, フィールド3, ・・・)
> 　　　　　FROM 　　テーブル名
> 　　　　　WHERE 　条件
> 　**解説**　テーブルから，指定した条件に一致するレコードを抽出する。

会員表より,「性別」が 男 の会員を抽出し,クエリ名「男子表」で保存する。

> **SQL**　SELECT　会員番号, 名前, 性別, 電話番号
> 　　　　　FROM　　会員表
> 　　　　　WHERE　性別 = '男'

会員表

会員番号	名前	性別	電話番号
11001	大庭 ○○	男	03-36XX-XXXX
11002	久米 △△	女	03-38XX-XXXX
11003	山中 ◇◇	女	047-3XX-XXXX
11004	塚本 ▽▽	男	047-3XX-XXXX
11005	小出 □□	男	03-37XX-XXXX
11006	向田 ◎◎	女	048-9XX-XXXX

【実行結果表】

会員番号	名前	性別	電話番号
11001	大庭 ○○	男	03-36XX-XXXX
11004	塚本 ▽▽	男	047-3XX-XXXX
11005	小出 □□	男	03-37XX-XXXX

(男子表)

※すべてのフィールドを抽出する場合は,「＊:アスタリスク」を利用して,次のように記述する。

> 　SELECT　　＊
> 　　FROM　　会員表
> 　　WHERE　性別 = '男'

練習問題3　会員表より,「性別」が 女 である会員の「名前」と「電話番号」を抽出する場合,次のSQL文の空欄にあてはまる適切なものをア, イ, ウの中から選び, 記号で答えなさい。

> SELECT　名前, 電話番号
> 　FROM　会員表
> WHERE　[　　　　　　]

ア. '女'
イ. 電話番号
ウ. 性別 = '女'

[　　　　]

練習問題4　会員表より,「会員番号」が 11005 の会員のすべてのフィールドを抽出する場合,次のSQL文の空欄にあてはまる適切なものを答えなさい。

> SELECT　　＊
> 　FROM　会員表
> WHERE　[　　　　　　]

[　　　　　　　　　　]

⑻ SELECT文③（結合）

SELECT 　　フィールド1（, フィールド2, フィールド3, ・・・）
FROM 　　テーブル名1, テーブル名2（, テーブル名3, ・・・）
WHERE 　　テーブル名1. フィールド名A ＝ テーブル名2. フィールド名A
（AND 　　テーブル名1. フィールド名B ＝ テーブル名3. フィールド名B）
AND 　　条件1（AND 　条件2）

解説 共通するフィールドを基準に, 複数のテーブルをつなぎ合わせ, 条件を満たしたフィールドを抽出する。

例題 36 条件による結合

会員表に, 各会員が受講した回数を集計したテーブル（受講回数表）をつなぎ合わせ, クエリ名「受講表」で保存する。

SQL 　　SELECT 　　名前, 性別, 電話番号, 受講回数
FROM 　　会員表, 受講回数表
WHERE 　　会員表. 会員番号 ＝ 受講回数表. 会員番号

【実行結果表】

名前	性別	電話番号	受講回数
大庭 ○○	男	03-36XX-XXXX	35
久米 △△	女	03-38XX-XXXX	30
山中 ◇◇	女	047-3XX-XXXX	24
塚本 ▽▽	男	047-3XX-XXXX	32
小出 □□	男	03-37XX-XXXX	24
向田 ◎◎	女	048-9XX-XXXX	17

(受講表)

練習問題5 　会員表と受講回数表より, 「名前」と「受講回数」を抽出する場合, 次のSQL文の空欄にあてはまる適切なものをア, イ, ウの中から選び, 記号で答えなさい。

SELECT 　　名前, 受講回数
FROM 　　[　　　　　　　　　　　]
WHERE 　　会員表. 会員番号 ＝ 受講回数表. 会員番号

ア. 会員表
イ. 会員表, 受講回数表
ウ. 受講回数表

練習問題6 　会員表と受講回数表より, 「名前」と「性別」と「受講回数」を抽出する場合, 次のSQL文の空欄にあてはまる適切なものを答えなさい。

SELECT 　　名前, 性別, 受講回数
FROM 　　会員表, 受講回数表
WHERE 　　[　　　　　　　　　　　]

⑼条件をつけたデータの抽出

書　式	WHERE　〜比較演算子（＝，＞，＞＝，＜．＜＝，＜＞）と 論理演算子（AND，OR，NOT）
解説	WHERE句での条件の記述は，比較演算子や論理演算子を用いて複数の条件を記す。

①比較演算子

比較演算子	使用例	意味
＝	A＝B	AとBが等しい
＞	A＞B	AはBより大きい
＞＝	A＞＝B	AはB以上
＜	A＜B	AはBより小さい
＜＝	A＜＝B	AはB以下
＜＞	A＜＞B	AとBは等しくない

②論理演算子

論理演算子	優先順位	使用例	意味
AND	2	条件1 AND 条件2	条件1と条件2の 両方を満たす
OR	3	条件1 OR 条件2	条件1か条件2の どちらかを満たす
NOT	1	NOT 条件	条件を満たさない

例題 37 　比較演算子を用いた抽出

会員表と受講回数表より，「性別」が 女 で，「受講回数」が20以上の「名前」と「受講回数」を抽出し，クエリ名「女子20回以上表」で保存する。

```
SQL    SELECT    名前, 受講回数
       FROM      会員表, 受講回数表
       WHERE     会員表. 会員番号 = 受講回数表. 会員番号
       AND       性別 = '女'
       AND       受講回数 >= 20
```

【実行結果表】

名前	受講回数
久米 △△	30
山中 ◇◇	24

（女子20回以上表）

練習問題7

会員表と受講回数表より，「受講回数」が20未満の「名前」と「電話番号」を抽出する場合，次のSQL文の空欄にあてはまる適切なものをア，イ，ウの中から選び，記号で答えなさい。

```
SELECT    名前, 電話番号
FROM      会員表, 受講回数表
WHERE     会員表. 会員番号 = 受講回数表. 会員番号
AND       ▢
```

ア．受講回数 ＜ 20

イ．受講回数 ＜＝ 20

ウ．受講回数 ＞ 20

練習問題8 会員表と受講回数表より,「性別」が 男 で,「受講回数」が30を超える「名前」と「受講回数」を抽出する場合,次のSQL文の空欄にあてはまる適切なものを答えなさい。

```
SELECT   名前, 受講回数
  FROM   会員表, 受講回数表
 WHERE   会員表. 会員番号 ＝ 受講回数表. 会員番号
   AND   [        (a)        ]
   AND   [        (b)        ]
```

(a)		(b)	

練習問題9 p.162の例題36を参考に,次のSQL文によって抽出されるデータをア,イ,ウの中から選び,記号で答えなさい。

```
SELECT   名前, 受講回数
  FROM   会員表, 受講回数表
 WHERE   会員表. 会員番号 ＝ 受講回数表. 会員番号
   AND   性別 ＝ '女'
```

ア.

久米　△△	女	30
山中　◇◇	女	24
向田　◎◎	女	17

イ.

久米　△△	30
山中　◇◇	24

ウ.

久米　△△	30
山中　◇◇	24
向田　◎◎	17

練習問題10 p.162の例題36を参考に,次のSQL文によって抽出されるデータをア,イ,ウの中から選び,記号で答えなさい。

```
SELECT   名前, 受講回数
  FROM   会員表, 受講回数表
 WHERE   会員表. 会員番号 ＝ 受講回数表. 会員番号
   AND   (性別 ＝ '女' OR 受講回数 ＞＝ 30)
```

ア.

久米　△△	30
山中　◇◇	24
向田　◎◎	17

イ.

久米　△△	30

ウ.

大庭　○○	35
久米　△△	30
山中　◇◇	24
塚本　▽▽	32
向田　◎◎	17

⑽算術演算子と関数を使った計算

書　式	算術演算子（＋，－，＊，／，＾）
	関数（SUM，AVG，MAX，MIN，COUNT）
解説	抽出した列を使って計算（算術演算子）や，データを集計（関数）する。

①算術演算子

算術演算子	算術優先順位
＋（加算）	3
－（減算）	3
＊（乗算）	2
／（除算）	2
＾（べき乗）	1

(注)　( )がある場合などで優先順位は変わるので注意しよう。

②関数

関数	意味	使用例
SUM	合計	SUM（フィールド名）
AVG	平均	AVG（フィールド名）
MAX	最大	MAX（フィールド名）
MIN	最小	MIN（フィールド名）
COUNT	条件に合った レコード数を数える	COUNT（＊）

例題 38 算術演算子と関数を用いた抽出

受講回数表より，「受講回数」の最大値と「受講回数」の最小値の差を求め，クエリ名「受講回数の差」で保存する。

SQL	SELECT　MAX（受講回数）－ MIN（受講回数）
	FROM　受講回数表

【 実行結果表 】

Expr1000 ▼
18	（受講回数の差）

練習問題11　会員表と受講回数表より，「性別」が 男 の受講回数の平均を求める場合，次のSQL文の空欄にあてはまる適切なものをア，イ，ウの中から選び，記号で答えなさい。

SELECT　　□□□□（受講回数）
　FROM　　会員表，受講回数表
　WHERE　会員表．会員番号 ＝ 受講回数表．会員番号
　　AND　　性別 ＝'男'

ア．AVG

イ．SUM

ウ．COUNT

練習問題12　会員表より，「性別」が 女 の人数を求める場合，次のSQL文の空欄にあてはまる適切なものを答えなさい。

SELECT 　　[　　　　　]（性別）
　FROM　　会員表
　WHERE　性別 = '女'

[　　　　　　　　　]

⑾列名の別名指定（AS）

> **書　式**　**AS句**
>
> **解説**　比較演算子や関数で計算・集計したフィールドには，項目名がない。その項目名を指定する場合はAS句で記述する。

例題 39　AS句を用いた抽出

会員表と受講回数表より，「性別」が 男 の「受講回数」の平均を求め，抽出したフィールド名は「男性の平均受講回数」とし，クエリ名「男子受講平均表」で保存する。

SQL　SELECT　　AVG（受講回数）AS 男性の平均受講回数
　　　　　FROM　　会員表，受講回数表
　　　　　WHERE　会員表.会員番号 = 受講回数表.会員番号
　　　　　AND　　性別 = '男'

【実行結果表】

男性の平均受講回数 ▾
30.3333333333333

（男子受講平均表）

練習問題13　受講回数表より，「受講回数」の最大値を求め，そのフィールド名を「最高受講回数」とする場合，次のSQL文の空欄にあてはまる適切なものをア，イ，ウの中から選び，記号で答えなさい。

SELECT　　MAX（受講回数）[　　] 最高受講回数
　FROM　　受講回数表

ア．AND
イ．AS
ウ．AVG

[　　　　　　]

練習問題14　会員表より，「性別」が 女 の人数を求め，そのフィールド名を「女性の人数」とする場合，次のSQL文の空欄にあてはまる適切なものを答えなさい。

SELECT　　COUNT（性別）[　　　　　　　]
　FROM　　会員表
　WHERE　性別 = '女'

[　　　　　　　　　　　　　]

⑿**フォーム**……………　新規会員のデータを入力する場合は，テーブルにデータを入力するのではなく，
フォームという機能を利用して追加登録する。

❶　フォームで利用するテーブルの「会員表」を選択して，[**作成**]→[**フォーム**]をクリックする。

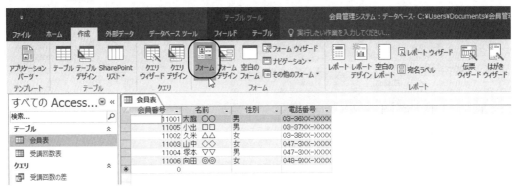

❷　[**フォームレイアウトツール**]の[**デザイン**]→[**表示**]→[**フォームビュー**]をクリックして，フォーム
を表示する。

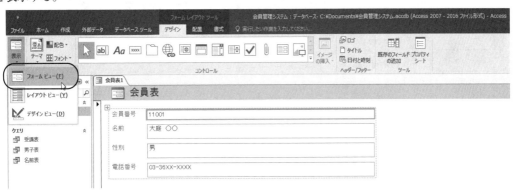

❸　新規会員データを入力する場合は，[**新しい（空の）レコード**]をクリックする。レコードの総数が1
増えて，新しいデータを登録することが可能になる。

⒀**レポート**……………　データベースに登録されたデータは，**レポート**という機能を利用して，一覧表にして印刷することができる。

❶　レポートで利用するクエリの「受講表」を選択して，[作成]→[レポート]をクリックする。

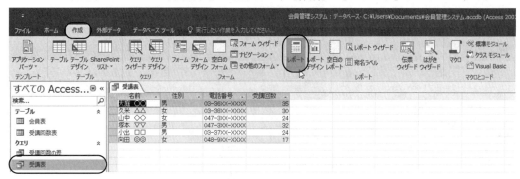

❷　[レポートレイアウトツール]の[デザイン]→[表示]→[レポートビュー]をクリックしてレポートを表示する。

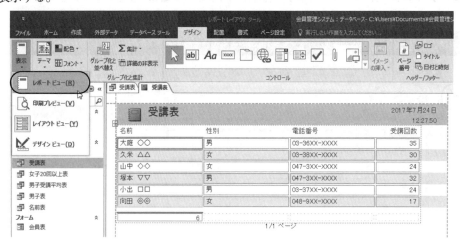

レポートは，一覧表だけでなく個票やタックシールのように，別々に印刷することも可能である。

参考 **Access で日付を設定する方法**

　SQL において，例えば日付を 2022 年 1 月 1 日と表示したい場合は『 '20220101' 』と表記するが，Access では，

　#2022/01/01#（ #2022/1/1# でも可 ）

と設定しなければならない。『 '20220101' 』，『 2022/01/01 』，『 #20220101# 』などでは，条件に合った実行結果が得られないので注意が必要である。

　　【設定例】入会日が 2022 年 1 月 1 日以降

　　WHERE　入会日　>=　#2022/01/01#

参考 **ExcelのデータをAccessで利用する**

　Accessでデータ入力すると，値のコピーや通し番号などの入力がExcelに比べると入力しづらい。Excelで作成し，保存したファイルをAccessで利用する場合は，**インポート**という操作でデータ入力が簡単に終了する。

※バージョンによっては，左のリボンと異なる。[外部データ]→[新しいデータソース]→[ファイルから]→[Excel]をクリックする。

　[外部データ]－  （Excel）をクリックして，Excelのファイルを指定する。

　スプレッドシートインポートウィザードで次の❶～❺を設定して，インポートが完了する。

❶　Excelの入力シートを指定する。

❷　先頭行をフィールド名として利用するので，チェックボックスに✓を指定する。

❸　インポートするフィールドを指定する。

❹　主キーを設定する。今回は，会員番号が重複しない主キーとなるので，主キーを変更する。

❺　テーブルを「会員表」と指定する。

（注意）
インポートの場合，データの属性は自動設定なので，確認が必要である。

会員表	
フィールド名	データ型
🔑 会員番号	数値型
名前	短いテキスト
性別	短いテキスト
電話番号	短いテキスト

1 ある市民会館では，備品の貸出をしており，備品の予約状況を次のようなリレーショナル型データベースを利用し管理している。次の各問いに答えなさい。

備品表

備品コード	備品名	基本料金
B1	展示パネル	300
B2	パーティーション	300
B3	テーブル	200
B4	イス	100
B5	照明機器一式	10000
B6	音響機器一式	10000

時間区分表

区分コード	時間区分	料金換算率
K1	全日	1.0
K2	夜間	0.8
K3	午後	0.5
K4	午前	0.4

施設表

施設コード	施設名
S1	ホール
S2	展示室
S3	多目的室

貸出予約表

予約番号	利用日	備品コード	区分コード	施設コード	数量
1	202X/02/01	B2	K4	S2	4
2	202X/02/01	B2	K4	S3	3
3	202X/02/02	B1	K3	S2	6
4	202X/02/02	B1	K2	S3	4
5	202X/02/02	B4	K3	S2	10
6	202X/02/03	B1	K1	S3	4
7	202X/02/03	B2	K1	S2	3
8	202X/02/03	B3	K1	S2	2
9	202X/02/04	B3	K3	S1	2
10	202X/02/04	B3	K1	S2	12
11	202X/02/04	B4	K3	S1	6
12	202X/02/04	B4	K4	S2	4
13	202X/02/04	B5	K3	S1	1
14	202X/02/04	B6	K3	S1	1
15	202X/02/05	B1	K3	S3	6
16	202X/02/05	B2	K2	S2	2
17	202X/02/05	B4	K4	S1	6
18	202X/02/05	B3	K4	S1	2
19	202X/02/05	B5	K1	S1	1
20	202X/02/05	B6	K1	S1	1

問1 次の表は，貸出予約表から利用日が 202X/02/03 のデータを取り出して作成したものである。このようなリレーショナル型データベースの操作として適切なものを選び，記号で答えなさい。

ア．選択

イ．射影

ウ．結合

予約番号	利用日	備品コード	区分コード	施設コード	数量
6	202X/02/03	B1	K1	S3	4
7	202X/02/03	B2	K1	S2	3
8	202X/02/03	B3	K1	S2	2

問2 次のSQL文によって抽出されるデータとして適切なものを選び，記号で答えなさい。

```
SELECT   基本料金
  FROM   備品表
  WHERE  備品コード = 'B3'
```

ア．

基本料金
100

イ．

基本料金
200

ウ．

基本料金
300

問3 次のSQL文によって抽出されるデータとして適切なものを選び，記号で答えなさい。

```
SELECT    予約番号, 宿泊日
  FROM    貸出予約表
  WHERE   備品コード = 'B4'
  AND     数量 > 6
```

ア.

予約番号	宿泊日
5	202X/02/02
11	202X/02/04
17	202X/02/05

イ.

予約番号	宿泊日
5	202X/02/02

ウ.

予約番号	宿泊日
5	202X/02/02
10	202X/02/04
11	202X/02/04
12	202X/02/04
17	202X/02/05

問4 次のSQL文によって抽出されるデータとして適切なものを選び，記号で答えなさい。

```
SELECT    利用日, 時間区分
  FROM    時間区分表, 貸出予約表
  WHERE   時間区分表.区分コード = 貸出予約表.区分コード
  AND     備品コード = 'B1'  AND  施設コード = 'S3'
```

ア.

利用日	時間区分
202X/02/02	夜間
202X/02/03	全日
202X/02/05	午後

イ.

利用日	時間区分
202X/02/02	午後
202X/02/02	夜間
202X/02/03	全日
202X/02/05	午後

ウ.

利用日	時間区分
202X/02/01	午後
202X/02/02	夜間
202X/02/03	全日
202X/02/05	午後

問5 備品表，施設表および貸出予約表から，ホールで使用するテーブルの総数を求めたい。次のSQL文の空欄にあてはまる適切なものを選び，記号で答えなさい。

総数
4

```
SELECT    _____ (数量)  AS   総数
  FROM    備品表, 施設表, 貸出予約表
  WHERE   備品表.備品コード = 貸出予約表.備品コード
  AND     施設表.施設コード = 貸出予約表.施設コード
  AND     貸出予約表.施設コード = 'S1'
  AND     貸出予約表.備品コード = 'B3'
```

ア. COUNT　　　　　　　　イ. AVG　　　　　　　　ウ. SUM

問1		問2		問3		問4		問5	

2 あるホテルグループでは，宿泊予約状況を確認するため，次のようなリレーショナル型データベースを利用し管理している。次の各問いに答えなさい。

ホテル表

ホテルコード	ホテル名
H1	東京スカイ
H2	横浜ブリック
H3	千葉エアポート

部屋表

部屋コード	部屋タイプ
B	ビジネス
F	ファミリー

食事表

食事コード	夕食	朝食
M1	有	有
M2	有	無
M3	無	有
M4	無	無

予約表

予約番号	宿泊日	ホテルコード	部屋コード	食事コード	予約人数
R0001	202X/10/13	H3	F	M1	4
R0002	202X/10/08	H1	B	M4	1
R0003	202X/10/03	H1	B	M1	2
R0004	202X/10/03	H2	B	M4	1
R0005	202X/10/09	H1	F	M2	3
R0006	202X/10/12	H2	B	M3	1
R0007	202X/10/03	H2	F	M1	5
R0008	202X/10/06	H3	B	M3	2
R0009	202X/10/14	H3	F	M4	4
R0010	202X/10/12	H1	F	M1	4
R0011	202X/10/13	H2	B	M4	2
R0012	202X/10/13	H3	F	M3	3
R0013	202X/10/20	H1	B	M3	1
R0014	202X/10/04	H1	B	M2	2
R0015	202X/10/13	H1	F	M3	3
R0016	202X/10/09	H1	B	M4	2
R0017	202X/10/20	H3	B	M2	1
R0018	202X/10/03	H2	F	M3	4

問1 予約表の主キーとして適切なものを選び，記号で答えなさい。

　ア．予約番号　　イ．ホテルコード　　ウ．部屋コード

問2 次のSQL文によって抽出されるデータとして適切なものを選び，記号で答えなさい。

```
SELECT   食事コード
  FROM   食事表
 WHERE   夕食 = '有'
```

ア．

食事コード
M1
M2

イ．

食事コード
M1
M3

ウ．

食事コード
M1
M2
M3

問3 次のSQL文によって抽出されるデータとして適切なものを選び，記号で答えなさい。

```
SELECT   予約番号，宿泊日
  FROM   予約表
  WHERE  ホテルコード = 'H3'  AND  予約人数 >= 4
```

ア.

予約番号	宿泊日
R0007	202X/10/03

イ.

予約番号	宿泊日
R0001	202X/10/13
R0007	202X/10/03
R0009	202X/10/14
R0010	202X/10/12
R0018	202X/10/03

ウ.

予約番号	宿泊日
R0001	202X/10/13
R0009	202X/10/14

問4 次のSQL文によって抽出されるデータとして適切なものを選び，記号で答えなさい。

```
SELECT   部屋タイプ，予約人数
  FROM   部屋表，予約表
  WHERE  部屋表.部屋コード = 予約表.部屋コード
   AND   ホテルコード = 'H1'
   AND   食事コード = 'M2'
```

ア.

部屋タイプ	予約人数
ビジネス	2
ファミリー	4

イ.

部屋タイプ	予約人数
ファミリー	3
ビジネス	2

ウ.

部屋タイプ	予約人数
ファミリー	3
ビジネス	2
ビジネス	1

問5 次のSQL文を実行したとき，表示される適切な数値を答えなさい。

横浜ブリック予約件数
※

```
SELECT   COUNT(*) AS  横浜ブリック予約件数
  FROM   予約表
  WHERE  ホテルコード = 'H2'
```

問1		問2		問3		問4		問5	

PartIV 知識 編

Lesson 1 ハードウェア・ソフトウェア

1 ハードウェアの構成

コンピュータを構成するハードウェアである内部装置や外部装置については，3級の分野で学習した。ここでは，コンピュータにデータを記憶する装置の構造や，マウスやキーボード以外からの入力装置について学習してみよう。

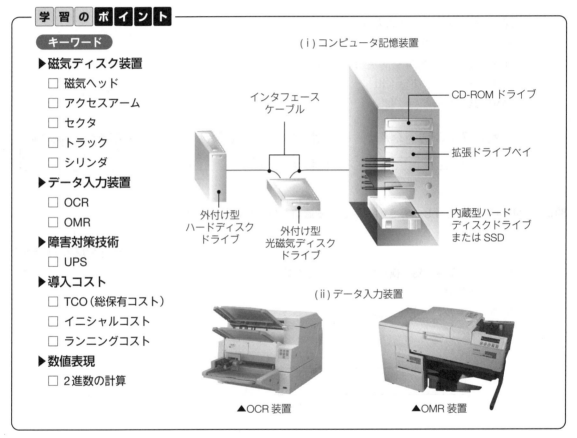

学習のポイント

キーワード

▶磁気ディスク装置
□ 磁気ヘッド
□ アクセスアーム
□ セクタ
□ トラック
□ シリンダ
▶データ入力装置
□ OCR
□ OMR
▶障害対策技術
□ UPS
▶導入コスト
□ TCO（総保有コスト）
□ イニシャルコスト
□ ランニングコスト
▶数値表現
□ 2進数の計算

（i）コンピュータ記憶装置

インタフェースケーブル

CD-ROM ドライブ

拡張ドライブベイ

外付け型ハードディスクドライブ

外付け型光磁気ディスクドライブ

内蔵型ハードディスクドライブまたは SSD

（ii）データ入力装置

▲OCR 装置　　　　▲OMR 装置

⑴ 磁気ディスク装置

補助記憶装置の一つで，電源を切ると記憶内容が消えてしまう主記憶装置に対して，プログラムやデータを記憶しておくための装置である。

補助記憶装置は，ワープロや表計算などのアプリケーションソフトウェアを記憶する装置でもある。記憶容量はギガ（G = 約1,000M）やテラ（T = 約1,000G）単位で表される。

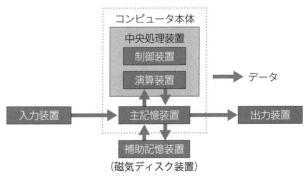

コンピュータ本体

中央処理装置

制御装置

演算装置 → データ

入力装置 → 主記憶装置 → 出力装置

補助記憶装置
（磁気ディスク装置）

⑵磁気ディスク装置の構成

　磁気ディスク装置は，金属やガラスを使用したディスク（円盤）に磁性体（じせいたい）を塗り，磁気の変化によってデータを記憶する。磁気ディスク装置全体で，ディスクを1枚または複数枚使用する。ディスクの読み書きや記憶の方法，装置の構成は次のようになっている。

①ディスクの読み書き装置

・**磁気ヘッド**……… 　データを読み書きする部分。

・**アクセスアーム**……… 　磁気ヘッドを所定の位置まで移動させる装置。

▲磁気ヘッド

②ディスクの記録

・**セクタ**…………… 　トラックを20〜30に分割しデータを読み書きする最小単位の領域。

・**トラック**………… 　ディスク面にある同心円上の記憶領域。通常1面に100〜200トラックある。

・**シリンダ**………… 　磁気ヘッドが移動しないで読み書きできるトラックの集まり。

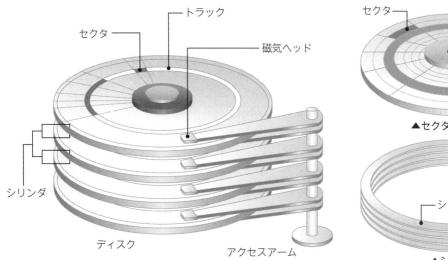

ディスク
アクセスアーム
シリンダ
セクタ
トラック
磁気ヘッド

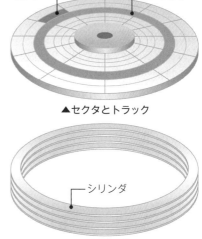

▲セクタとトラック

▲シリンダ

セクタ
トラック
シリンダ

⑶データ入力装置

　データ入力の技術に，用紙に書かれた文字やマークを光学的に読み取り，ソフトウェアによって編集可能なテキストデータ（文字コード）に変換する方法がある。これらのデータを読み取るための装置として，次のようなものが用いられる。

・**OCR（Optical Character Reader）**……… 　用紙に書かれた文字や数字，記号などを光学的に読み取る装置で，用途には医薬品や食品パッケージの日付・コード番号，郵便番号による仕分け，商品の仕分け，エレクトロニクス産業でのシリアル番号の読み取り等がある。
（オーシーアール）

・**OMR（Optical Mark Reader）**……… 　マークシート用紙に鉛筆などで塗りつぶしたマークを光学的に読み取る装置で，各種のテストやアンケート調査など，データ量の多い場面で利用されている。
（オーエムアール）

▲OCR（上）とOMR（下）

⑷障害対策技術

障害対策技術には次のようなものがある。

- **UPS（Uninterruptible Power Supply）**……… 無停電電源装置とも呼ばれ，停電時に一定の時間，電力を確保するための外部電源装置のこと。停電時にUPSが電力を一定時間供給する間に，作成中の文書を保存するなどの対応ができる。

⑸コンピュータシステムにかかる費用（コスト）

コンピュータシステムを新規に構築し運用する場合，ハードウェアやソフトウェアの購入費やシステム開発費など，直接的な費用のほかに，さまざまな費用がかかる。費用には**イニシャルコスト**と**ランニングコスト**の二つがあり，費用の総額を**TCO（総保有コスト）**という。コンピュータシステムを運用するときには，これらのコストのバランスを考えなくてはならない。

総保有コスト（TCO）	
・**イニシャルコスト（初期コスト）** 新規に構築し稼働するまでのコスト。 〇システムの開発費 〇ハードウェア・ソフトウェアの購入費 〇開発人件費	・**ランニングコスト（運用コスト）** 運用中に継続的にかかるコスト。 〇通信費，電気代 〇消耗品の購入費用 〇保守点検サービスメンテナンス費用

⑹2進数の計算

コンピュータ内部で扱う2進数の計算についてみてみよう。

①基数変換（復習）

【例題】10進数の20を
2進数に変換しなさい。

```
2) 2 0    余り
2) 1 0 … 0
2)   5 … 0
2)   2 … 1
2)   1 … 0
     0 … 1
  答え： 1 0 1 0 0
```

【例題】2進数の11010を
10進数に変換しなさい。

2^4	2^3	2^2	2^1	2^0	
‖	‖	‖	‖	‖	重み（左にけたが上がるごとに2倍）
16	8	4	2	1	
×	×	×	×	×	重みと各けたの値を掛け算する。
1	1	0	1	0	
↓	↓	↓	↓	↓	
16	8	0	2	0	掛け算した答えの和を求める。

16 + 8 + 0 + 2 + 0 = 26

答え：26

10進数	2進数
0	0000
1	0001
2	0010
3	0011
4	0100
5	0101
6	0110
7	0111
8	1000
9	1001

▲2進数と10進数

参考 重みの表による計算方法（例題の別法）

❶ 以下のような表を作成

16	8	4	2	1	計
					20

❷ 足して「20」となる組み合わせに〇

⑯	8	④	2	1	計
					20

❸ 〇の数字の下に「1」，ほかは「0」

⑯	8	④	2	1	計
1	0	1	0	0	20

答え： 1 0 1 0 0

❶ 以下のような表を作成

16	8	4	2	1	計
1	1	0	1	0	

❷ 「1」の上の数字に〇

⑯	⑧	4	②	1	計
1	1	0	1	0	

❸ 〇の数字を合計

⑯	⑧	4	②	1	計
1	1	0	1	0	26

答え：26

この計算方法で，2進数の基数変換，加算，減算，乗算が可能となる。

②2進数の加算・減算・乗算

【例題】2進数1011と2進数1110の和を10進数で答えなさい。

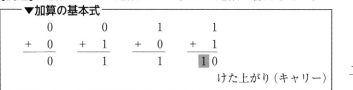

　和は2進数の11001となるので，これを10進数に変換すると25になる。なお，このように，答えを最終的に10進数で求めるような計算の場合には，先に10進数に変換してから，「11＋14」の10進数どうしの演算として計算してもよい。

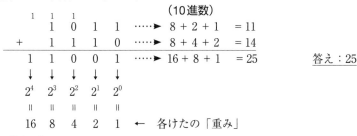

【例題】2進数10101と2進数1011の差を10進数で答えなさい。

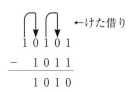

※上位のけた借りをしたときは
　2−1＝1の計算をする。

【例題】2進数1101と2進数110の積を10進数で答えなさい。

(1) 次の磁気ディスク装置の説明を読み，該当する語を記述しなさい。

1. ディスク表面のデータを読み書きする部分。
2. 磁気ヘッドを所定の位置まで移動させる部品。
3. トラックを分割し，データを読み書きする最小単位の領域。
4. ディスク面にある同心円上の記憶領域。
5. 磁気ヘッドが移動しないで読み書きできるトラックの集まり。

1		2		3		4		5	

(2) 次の説明に該当する語を記述しなさい。

1. 文字や数字，記号を光学的に読み取り，ディジタルデータとして入力する装置。
2. 用紙に鉛筆などで塗りつぶされたマークを光学的に読み取る装置。
3. プリンタの用紙やインク代，電気代などコンピュータシステムを運用するためにかかる費用。
4. ハードウェア・ソフトウェアを新規に購入・設置するための費用。
5. コンピュータシステムを購入し運用するための総費用。
6. 電池や発電機を内蔵し，停電などの電力トラブルが発生した際，コンピュータに電力を一定時間供給する装置。

1		2		3		4		5	
6									

(3) 次の計算をしなさい。

1. 2進数の1101と1011の和を表す10進数。
2. 2進数の1110と10進数の10の差を表す2進数。
3. 2進数の11011と1101の差を表す10進数。
4. 2進数の1101と10進数の7の和を表す2進数。
5. 2進数の1011と10進数の3の積を表す2進数。
6. 2進数の1111と10進数の5の差を表す10進数。
7. 2進数の11001と1011の和を表す10進数。
8. 2進数の111と100の積を表す10進数。

1		2		3		4	
5		6		7		8	

〈計算スペース〉

2 ソフトウェアに関する知識

コンピュータは，ハードウェアとソフトウェアの二つの要素から構成されている。ソフトウェアは，ハードウェアを有効に利用するため，さまざまな用途向けに高度な機能の開発が進められている。ここでは，ディスプレイへの表示やカラー印刷，ファイルの種類や保存方法について学習してみよう。

学習のポイント

キーワード

▶**文字や画像の表現**
- ☐ ドット
- ☐ ピクセル（画素）
- ☐ 解像度（dpi・ppi）

▶**カラーの表現**
- ☐ RGB
- ☐ CMYK
- ☐ 画像容量の計算

▶**データの圧縮技術**
- ☐ 圧縮
- ☐ 解凍
- ☐ アーカイバ

▶**周辺装置の活用**
- ☐ プラグアンドプレイ

▲ディスプレイ表示　　　▲プリンタ印刷

---

(1)文字や画像の表現

プリンタやディスプレイでは，文字や画像をどのように表現しているのだろうか。それぞれの特徴を見てみよう。

- **ドット**‥‥‥‥‥‥　プリンタやディスプレイで文字や画像を表示する最小単位となっている点のこと。文字や画像はこのドットの集まりで表現される。

- **ピクセル（画素：pixel）**‥‥‥‥　ディスプレイ装置に表示される絵や写真などのディジタル画像は，色の情報を持った小さな四角形の点の集まりによって構成されている。この画像の最小単位である点を**ピクセル**または**画素**という。一つひとつのピクセルが個々に色の情報を持っている。

1ピクセル

(2)解像度

プリンタの印刷性能やディスプレイの表示能力などの，きめ細かさや画質の滑らかさを表す尺度を**解像度**という。

- **dpi（dots per inch）**‥‥‥‥　解像度の単位で，画像のドット（点）の密度を表す。1インチ（約2.5cm）の中に何個のドットを表現できるかを示す。プリンタやイメージスキャナの性能を示す単位として用いられ，一般にこの値が高いほど鮮明な画像の表現が可能となる。

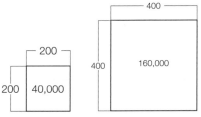

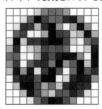

72dpi の画像
１インチあたり「72 個」
のドットで表現されている。

200dpi の画像
１インチあたり「200 個」
のドットで表現されている。

400dpi の画像
１インチあたり「400 個」
のドットで表現されている。

▲解像度による表現力の違い

・ppi（pixel per inch）………　１インチ（約2.5cm）の中に何個のピクセル（画素）を表現できるかを表す単位。液晶ディスプレイの表示密度を表す単位として使われることが多い。ppi の数字が大きいと，きめ細かな色の表示ができる。

(3)画像容量の計算

色情報を含む画像の情報量は次の手順で求める。

①画像の横・縦の大きさから総ピクセル数を求める。

②1ピクセルあたりの色表現に必要なビット数を掛けて総ビット数を求める。

③求めた値はビットからバイト（B）へ単位を換算する。（8ビット＝1バイト（B））

解像度はビットで表記されるが，情報量はバイトで表す。

【例題】1画面が，横1,024ピクセル，縦768ピクセルのディスプレイ装置に，フルカラー（24ビットカラー）で画像を表示させるために必要な記憶容量（MB）を求めなさい。ただし，1MB＝1,000,000Bとする。

　　　ア．約18.9MB　　　　　　　イ．約4.0MB　　　　　　　ウ．約2.4MB

〈解答例〉

画像容量＝ 横方向画素数 × 縦方向画素数 × 1画素あたりのビット数 ÷ 8（ビット）

　　　　＝ 1,024 × 768 × 24 ÷ 8（ビット）

　　　　＝ 786,432 × 24 ÷ 8（ビット）

　　　　＝ 2,359,296（B）

　　　　＝ 約2.4（MB）………ウ

【例題】ディジタルカメラで，横1,600ピクセル，縦1,200ピクセル，フルカラー（24ビットカラー）で撮影した画像の記憶容量（MB）を求めなさい。ただし，1MB＝1,000,000Bとする。

　　　ア．約46MB　　　　　　　イ．約5.8MB　　　　　　　ウ．約1.9MB

〈解答例〉

画像容量＝ 横方向画素数 × 縦方向画素数 × 1画素あたりのビット数 ÷ 8（ビット）

　　　　＝ 1,600 × 1,200 × 24 ÷ 8（ビット）

　　　　＝ 1,920,000 × 24 ÷ 8（ビット）

　　　　＝ 5,760,000（B）

　　　　＝ 5.76（MB）

　　　　＝ 約5.8（MB）………イ

【例題】解像度600dpiのイメージスキャナで，横10cm，縦7.5cmの写真を，256色（8ビットカラー）で取り込んだときの記憶容量（MB）を求めなさい。ただし，1インチ＝2.5cm，1MB＝1,000,000Bとする。

ア．約4.3MB 　　　　　イ．約12MB 　　　　　ウ．約34.6MB

〈解答例〉

　イメージスキャナの解像度はdpiで示されているため，取り込む画像の横，縦の大きさの単位（cm）をインチに変換する。

　横：10（cm）÷ 2.5 ＝ 4（インチ）

　縦：7.5（cm）÷ 2.5 ＝ 3（インチ）

　画像容量＝（解像度 × 横）×（解像度 × 縦）× 1画素あたりのビット数 ÷ 8（ビット）

　　　　　＝（600 × 4）×（600 × 3）× 8 ÷ 8（ビット）

　　　　　＝ 2,400 × 1,800（B）× 8 ÷ 8

　　　　　＝ 4,320,000（B）

　　　　　＝ 4.32（MB）

　　　　　＝ 約4.3（MB）………ア

⑷カラーの表現

　高画質のディスプレイ，あざやかな写真を印刷できるプリンタなどでは，どのようにして色を表現しているのだろうか。それぞれの特徴を見てみよう。

①ディスプレイでの色の表現

・光の三原色（RGB）………　ディスプレイで色を表現するときには，赤（Red）・緑（Green）・青（Blue）の三色の組み合わせですべての色を表現する。さらに，バックライトを調整することでそれぞれの明るさにより，異なる色合いが表示される。

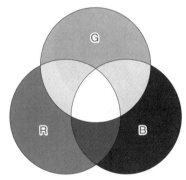

R	（Red）	：赤
R	（Green）	：緑
B	（Blue）	：青

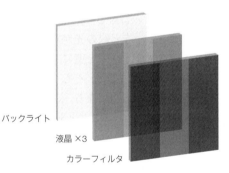

▲RGB　　　　　　　　　　　　　　　　　　▲液晶ディスプレイの構造（1ピクセル）

・色の情報量………　画像を白黒やカラーで表現するために必要とする色の情報量はビット数で表され，ピクセルの数と色の数によって計算される。

色数		情報量	カラーモード
2色	2^1	1ビット	白か黒の2色
⋮	⋮	⋮	
256色	2^8	8ビット	インデックスカラー（indexed color）
⋮	⋮	⋮	
65,536色	2^{16}	16ビット	ハイカラー（high Color）
⋮	⋮	⋮	
16,777,216色	2^{24}	24ビット	フルカラー（full Color）

②プリンタでの色の表現
・色の三原色（CMYK）……… 　プリンタでは，藍色（Cyan），赤紫色（Magenta），黄色（Yellow）の配合比率を変化させて，すべての色を表現する。CMYの三色の組み合わせでも，すべての色を表現できるが，黒を美しく印刷するために，原色の黒（Key plate）が加えられている。

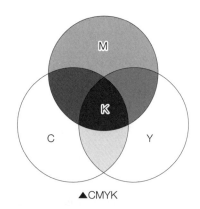

▲CMYK

C （Cyan）	：シアン	（藍色）
M （Magenta）	：マゼンタ	（赤紫色）
Y （Yellow）	：イエロー	（黄色）
K （Key plate）	：キープレート（ブラック）	（黒色）

コラム　光の三原色

　赤（R），緑（G），青（B）を光の三原色と呼ぶが，光の三原色は絵の具やインクの三原色とは異なる。インクの場合は藍色（C），赤紫色（M），黄色（Y）を重ねると黒になってしまうのに対して，光の場合は重ねると白になる。赤と緑の光が重なると黄に，緑と青の光が重なると藍に，青と赤の光が重なると赤紫になる。そして，赤，青，緑の光が重なると白になる。この性質を利用して光の色を合成することを**加色法**という。

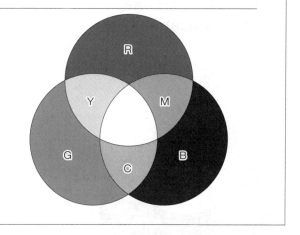

⑸データの圧縮技術

　画像の表現では，色の種類や解像度の違いによって，扱う情報量は増加していくことになる。また，音声や動画では，さらに情報量が増加し，画像と比較して数十倍の容量になる。

・圧縮・解凍……… 　インターネットで画像や動画を利用するとき，あまりにも大きな容量ではデータ転送に時間がかかり，効率的な利用ができない。そのためデータの意味をまったく変えないか，またはほぼ等しい状態にしたまま，データサイズを小さく変換する技術を用いる。これを**圧縮**という。ファイル全体の記憶容量を減らすことによって記憶媒体を効率よく利用したり，ファイルをダウンロードする際の時間を短縮することができる。逆に圧縮したファイルやデータは元に戻して利用される。これを**解凍**という。

・アーカイバ……… 　画像のデータと，ワープロ文書や表計算のデータなどを，一つにまとめて圧縮することができる。このように複数の異なるデータを一つにまとめて圧縮するソフトウェアを**アーカイバ**という。アーカイバは，圧縮されたデータを解凍したり，一つにまとめたデータから元のデータを取り出す機能も持っている。

⑹周辺装置の活用

・**プラグアンドプレイ**………　コンピュータに新しいハードウェアを追加すると，OSが自動的に最適な設定を行う機能のこと。接続（プラグ）するとすぐに使える（プレイ）ことから，さまざまなデバイスに利用されている。

筆記練習 **28**

⑴ 次の説明文に最も適した答えを解答群から選び，記号で答えなさい。

1. ディスプレイなどの表示に用いられる，色情報を持った画面を構成する最小単位の点。
2. 液晶ディスプレイ上などで，色の組み合わせで色を再現するためのもととなる光の3原色。
3. 解像度の単位で1インチの中に何個のピクセルを表現できるかを示す単位。
4. プリンタに出力される文字や画像のカラーを構成する色の表現法の一種。
5. テキストデータや画像データをまとめて圧縮するソフトウェア。
6. ハードウェアを接続するだけで，自動的にドライバをインストールするしくみ。

> ┌─**解答群**─
> **ア**．アーカイバ　　　　　　**イ**．TCO　　　　　　　**ウ**．ドット
> **エ**．ピクセル（画素）　　　**オ**．dpi　　　　　　　**カ**．ppi
> **キ**．RGB　　　　　　　　　**ク**．CMYK　　　　　　**ケ**．圧縮
> **コ**．解凍　　　　　　　　　**サ**．プラグアンドプレイ

1		2		3		4		5		6	

⑵ 次の計算をしなさい。

1. ディジタルカメラで，横640ピクセル，縦480ピクセル，フルカラー（24ビットカラー）で撮影した画像の記憶容量（KB）を小数第1位まで求めなさい。ただし，1KBは10^3Bとし，画像は圧縮しないものとする。
2. 解像度300dpiのイメージスキャナで，横15cm，縦10cmのイラストを，256色（8ビットカラー）で取り込んだときの記憶容量（MB）を小数第2位まで求めなさい。ただし，1インチ＝2.5cm，1MBは10^6Bとし，画像は圧縮しないものとする。
3. ディスプレイの解像度が1,366×768のとき，フルカラー（24ビット）で表示させるために必要な記憶容量（MB）を求めなさい。ただし，1MBは10^6Bとし，小数第1位まで求めるものとする。
4. ディジタルカメラで，1,200×1,000ドット，1ドットあたり24ビットのフルカラーで撮影した10枚の画像を半分に圧縮した場合の記憶容量（MB）を求めなさい。ただし，1MBは10^6Bとする。

1		2		3		4	

〈計算スペース〉

(3) 次の説明に該当する語を記述しなさい。

1. プリンタに出力された文字や画像を構成する最小の要素である点。
2. コンピュータのディスプレイ装置などの，色情報を持った画面を構成する最小単位の点。
3. ディスプレイの表示能力やプリンタの印刷性能などのきめ細かさや画質の滑らかさを表す尺度。
4. 1インチ（約2.5cm）の中に何個のドットを表現できるかを示す単位。
5. 1インチ（約2.5cm）の中に何個のピクセルを表現できるかを示す単位。
6. ディスプレイ装置やディジタルカメラなどで画像を表現する際に使用される光の3原色。
7. プリンタに出力される文字や画像のカラーを構成する色の表現方法。
8. データの内容を保ったまま，データ容量を小さく変換すること。
9. データサイズが小さく変換されたデータを，元のデータに戻すこと。
10. 複数のファイルを一つにまとめて圧縮したり，解凍したりするソフトウェアのこと。
11. USBメモリなどをコネクタに差し込むと自動的にドライバをインストールする機能。

1		2		3		4	
5		6		7		8	
9		10		11			

(4) 次の説明文に最も適した答えをア，イ，ウの中から選び，記号で答えなさい。

1. インターネットを利用するとき，大きな容量のデータを転送するのには時間がかかり非効率である。
そのため，データの内容を変更することなく，サイズを小さくして用いる。
　　ア．スクロール　　　イ．圧縮　　　　　　ウ．解凍

2. 複数の異なるデータを一つにまとめるためのソフトウェア。圧縮されたデータを解凍することや，
一つにまとめたデータから元のデータを取り出す機能も持っている。
　　ア．ピクセル　　　　イ．アーカイバ　　　ウ．CMYK

3. コンピュータなどで，色を表現する際に使われる赤・緑・青の3つの光の組み合わせ。
　　ア．CMYK　　　　イ．ppi　　　　　　ウ．RGB

1		2		3	

3 ディレクトリとファイル

ファイルとは，記憶装置に記録されたデータのまとまりをいい，オペレーティングシステム (OS) が，データをファイル単位で管理する。ここでは，ファイル形式の種類や標準化，文字コードなどについて学習してみよう。

学習のポイント

キーワード

▶ **ディレクトリ**
 ☐ ルートディレクトリ
 ☐ サブディレクトリ
▶ **ファイル**
 ☐ 拡張子
 ☐ ワイルドカード（＊ ？）
 ☐ テキストファイル
 ☐ バイナリファイル
 ☐ ファイル形式　BMP・JPEG・GIF・PNG・MPEG・MIDI・MP3・CSV・PDF・ZIP
▶ **情報関連規格**
 ☐ 標準規格　ISO・JIS・ANSI・IEEE
 ☐ 文字コード　JIS コード・ASCII コード・Unicode

名前	種類	サイズ
静止画像.jpg	JPG ファイル	96 KB
静止画像.png	PNG イメージ	345 KB
動画.mpeg	ムービー クリップ	25,631 KB
文書.pdf	Adobe Acrobat Document	179 KB

⑴ファイルの共有

ファイルを共通の保存場所に記憶すると，ネットワークを利用して複数の人がファイルにアクセスすることができる。このような利用形態を**ファイル共有**という。

⑵ファイルの効率的な管理

同じ場所にファイルを保存していくと，時間が経過するにしたがって多くのファイルが記録されることになる。記録したファイルを効率的に管理する方法として**フォルダ管理**がある。フォルダは**ディレクトリ**とも呼ばれ，次のような場所に整理して管理する。

- **ディレクトリ**………　ハードディスクなどの記憶装置で，ファイルを分類・整理するための保管場所のこと。Windows や MacOS では**フォルダ**と呼んでいる。
- **ルートディレクトリ**………　ツリー型ディレクトリ構造の最上層にあるディレクトリのこと。
- **サブディレクトリ**………　ルートディレクトリ以下のすべてのディレクトリをいい，サブディレクトリの中に，さらにサブディレクトリを作ることができる。

⑶ファイル形式の種類

ワープロや表計算など，アプリケーションのファイル形式のほかに，静止画，動画，音声に対応するファイル形式などがある。ファイルは大きくテキストファイルとバイナリファイルの二つの形式に分類される。

①ファイルの分類

- **テキストファイル**………　文字データだけで構成されたファイル。どのような機種のコンピュータでも共通して利用できるファイル形式の一つ。
- **バイナリファイル**………　画像や動画，音声を記録したファイルや，実行可能形式のプログラムを収めたファイルなど，テキストファイル以外のファイルのこと。

②ファイル名と拡張子

Windowsなどの OS では，コンピュータのデータは，ファイル単位で名前を付けて保存される。**ファイル名**の後に.（ドット）で区切られた文字列を**拡張子**といい，ファイルの種類を表している。ほとんどのアプリケーションソフトは，作成したファイルにそのソフト独自の拡張子を付けており，拡張子によってファイルの種類が判断できる。

名前	種類	サイズ
文書.pdf	Adobe Acrobat Document	179 KB
動画.mpeg	ムービー クリップ	25,631 KB
静止画像.png	PNG イメージ	345 KB
静止画像.jpg	JPG ファイル	96 KB
静止画像.gif	GIF イメージ	633 KB
静止画像.bmp	ビットマップ イメージ	2,037 KB
音楽.mp3	MP3 形式サウンド	4,730 KB
音楽.midi	MIDI シーケンス	4,018 KB
圧縮ファイル.zip	圧縮 (zip 形式) フォルダー	167,912 KB
データ.csv	Microsoft Excel CSV ファイル	2 KB

・**ワイルドカード**（＊　？）………　1文字または0文字以上の複数の文字の代わりを果たす，特別な文字のこと。データやファイルを検索するときなどに用いる。任意の1文字には半角文字の「？」，0文字以上の任意の文字列には半角文字の「＊」を用いる。

▼検索例

検索条件	該当都道府県名
？川	石川，香川
??川	神奈川
＊川	神奈川，石川，香川
山？	山形，山梨，山口
＊山＊	山形，富山，山梨，和歌山，岡山，山口

③文書ファイル

・**CSV**（Comma Separated Value format，拡張子：csv）………　データの項目をコンマで区切り並べたファイル形式のこと。CSV形式のデータは，表計算ソフトやプログラムで使用することができる。基本的にテキストファイルであることから，さまざまなソフト間のデータ交換用に使われることが多い。

・**PDF**（Portable Document Format，拡張子：pdf）………　AdobeSystems社によって開発された，電子文書のファイル形式である。コンピュータの機種やOSなどが違っていても，また，文書を作成するためのソフトウェアがなくても，文書を表示することができる。

目的	PDFソフト
PDF文書を作成する	Adobe Acrobat（有料）
PDF文書を表示する	Adobe Reader（無料）

④静止画像ファイル

- BMP（Bit MaP，拡張子：bmp）……… Windows標準の画像形式。画像を点の集まりで表現したファイル形式で，圧縮されていないためサイズが大きくなる。
- JPEG（Joint Photographic Experts Group，拡張子：jpg）……… 圧縮率は1／10〜1／100程度で，写真などの画像を圧縮したファイル形式。元の画像に比べると劣化してしまう。
- GIF（Graphic Interchange Format，拡張子：gif）……… インターネット上で使用される圧縮画像のファイル形式。圧縮による画質の劣化はなく，256色で表現するためイラストに向いている。
- PNG（Portable Network Graphics，拡張子：png）……… 圧縮による劣化の少ないフルカラーを扱えるファイル形式。JPEGやGIFに代わるファイル形式として開発された。

⑤動画ファイル

- MPEG（Moving Picture Experts Group，拡張子：mpg，mpeg）……… 音声を含むカラー動画を圧縮した動画ファイル形式。CDなどで使用されるMPEG-1規格，DVDなどで使用されるMPEG-2規格，携帯電話などで使われる高圧縮のMPEG-4規格がある。

⑥音声ファイル

- MP3（MPEG AudioLayer-3，拡張子：mp3）……… MPEG-1規格を利用して，高音質でデータを圧縮できる音声ファイル形式。
- MIDI（Musical Instrument Digital Interface，拡張子：mid，midi）……… シンセサイザなどのディジタル音源とパソコンを接続して，楽曲データをやり取りするための国際規格。音色，音程などのデータを送受信する手順が定められている。

⑦アーカイバ

- ZIP（拡張子：zip）……… Windows標準の圧縮形式。p.182のアーカイバソフトウェアとして世界の多くの国で使用されている。

コラム 拡張子とファイル形式

拡張子	ファイル形式	データの種類	特徴
txt	テキスト	文字	文字データだけで構成されたファイル。アプリケーションソフトウェア固有の情報をもたないため，互換性が高い。
csv			データをコンマ「，」で区切って並べたファイル形式。
htm	テキスト	Webページ	テキスト形式で記述されたWebページ記述言語のファイル形式。文書の中に画像や音声,動画,ほかの文書へのハイパーリンクなどを埋め込むことができる。
pdf	PDF	文書	アドビシステムズによって開発された，電子文書のファイル形式。
bmp	BitMap（BMP）	画像	ディスプレイのドット表示に対応したビットマップ（点の集合）の形でデータを保存する。
jpg	JPEG		写真などを少ない容量で記録できるフルカラー静止画像データの圧縮形式。
gif	GIF		256色以下の色を表現できるファイル形式。圧縮・伸張が可能である。
png	PNG		フルカラーを劣化なしで圧縮できたり，ピクセルごとに透明度を指定できる。
avi	AVI	動画	Windows標準の音声付きの動画ファイル形式。画像データと音声データを交互に記録している。圧縮されていないため画質はよいが，ファイルサイズが大きくなる。
mpg	MPEG		音声を含むカラー動画を圧縮して保存した動画ファイル。
mid	MIDI	音声	電子楽器などで音楽を演奏するための音程や音色などをデータとして保存する形式。
mp3	MP3		「MPEG-1 Audio Layer-3」形式で圧縮された音声データファイル。
wav	WAVE		Windows標準の音声データファイル。通常は圧縮されていないのでファイルサイズが大きい。
zip	ZIP	圧縮	ファイルを圧縮する方法の1つであるZIP形式によって圧縮されたファイル。

(4)標準化

製品の生産性の向上やデータの互換性の確保など，データや情報技術を，世界のどの国でも共通して使用できるようにするため，各分野で**標準化**（規格化）が進められている。標準化によって品質が向上し，情報技術の発展が一層進められる。標準化の組織には次のようなものがある。

①国際標準

- **ISO**（International Organization for Standardization）……… 国際標準化機構のことで，工業製品やその品質保証，科学技術に関する国際標準規格を制定している組織。
- **IEEE**（Institute of Electrical and Electronics Engineers）……… 電気電子学会のことで，米国電気学会と無線学会が合併し，通信分野などの規格を定めている組織。
  IEEE802.11で始まる番号は，スマートフォンなどの無線LANの規格。
  IEEE1394は，ディジタルカメラなどとコンピュータを接続する規格。

②国内標準

- **JIS**（Japanese Industrial Standards）……… 日本産業規格のことで，産業標準化法に基づいて，工業製品などについて定めた日本の国内規格。

③その他の標準

- **ANSI**（American National Standards Institute）……… 米国国家規格協会のことで，工業製品の統一と標準化を行うアメリカの非営利組織。

(5)文字コード

コンピュータで使用する文字には，1文字ごとに2進数の文字コードが割り当てられている。代表的な文字コードには次のものがある。

- **JISコード**……… JISで定めた文字コードの規格で，漢字を含まない1バイトのコードと，漢字を含んだ2バイトのコードがある。下の図は1バイトのコード表の一部で，数字の1は00000001，カタカナのアは00110001で割り当てられている。

		下位4ビット														
16進数		0	1	2	3	4	5	6	7	8	9	a	b	c	d	e	f
2進数		0000	0001	0010	0011	0100	0101	0110	0111	1000	1001	1010	1011	1100	1101	1110	1111
上位4ビット	0 / 0000	0	1	2	3	4	5	6	7	8	9	10	11	12	13	14	15
	1 / 0001	16	17	18	19	20	21	22	23	24	25	26	27	28	29	30	31
	2 / 0010	32	33 。	34 「	35 」	36 、	37 ・	38 ヲ	39 ァ	40 ィ	41 ゥ	42 ェ	43 ォ	44 ャ	45 ュ	46 ョ	47 ッ
	3 / 0011	48 ―	49 ア	50 イ	51 ウ	52 エ	53 オ	54 カ	55 キ	56 ク	57 ケ	58 コ	59 サ	60 シ	61 ス	62 セ	63 ソ
	4 / 0100	64 タ	65 チ	66 ツ	67 テ	68 ト	69 ナ	70 ニ	71 ヌ	72 ネ	73 ノ	74 ハ	75 ヒ	76 フ	77 ヘ	78 ホ	79 マ
	5 / 0101	80 ミ	81 ム	82 メ	83 モ	84 ヤ	85 ユ	86 ヨ	87 ラ	88 リ	89 ル	90 レ	91 ロ	92 ワ	93 ン	94 ゛	95 ゜

- **ASCIIコード**（American Standard Code for Information Interchange code）……… ANSIが定めた文字コードの規格で，7ビットコードと誤り検査用の1ビットで構成されている。1文字は7ビット（128種）で表現され，94種がアルファベット，数字，記号などの文字に，残り34種が制御コードに定義されている。
- **Unicode**………… 世界中で使用されるすべての文字を共通のコードとして利用できるように，2バイト（16ビット）で規格されている文字コード。現在ではISO（国際標準化機構）の文字コードになっている。

(1) 次の説明文に最も適した答えを解答群から選び，記号で答えなさい。

1. シンセサイザなどの音源とパソコンを接続して楽曲データをやり取りするための国際規格。

2. 静止画像データの圧縮方式の一つで，1／10〜1／100まで圧縮することができる。写真などの圧縮に適している。

3. 音声を含む動画を圧縮して保存した動画ファイル形式。

4. 世界で最も使用されているファイル圧縮形式で，インターネット上におけるソフトウェアの配布などによく利用されている。

5. テキストファイルの一種で，データをコンマで区切って並べたファイル形式。異なるソフトウェア間のデータ交換用に使用される。

```
─ 解答群 ─
ア．JPEG        イ．BMP        ウ．CSV        エ．MPEG
オ．MP3         カ．MIDI       キ．PDF        ク．ZIP
```

1		2		3		4		5	

(2) 次の説明文に最も適した答えをア，イ，ウの中から選び，記号で答えなさい。

1. 各国で独自に使われている文字コードを国際的に標準化する目的で作成されたコード。
   ア．ASCIIコード　　　　イ．Unicode　　　　ウ．JISコード

2. 工業製品や科学技術に関する国際標準規格を制定している組織。
   ア．ANSI　　　　イ．IEEE　　　　ウ．ISO

3. アプリケーションソフトウェアで作成したファイルや画像，音声等を記録したファイル。
   ア．アーカイバ　　　　イ．テキストファイル　　　ウ．バイナリファイル

4. コンピュータの機種やOS，使用環境に依存せずに閲覧できる電子文書のためのフォーマット。テキスト以外に写真やイラストなどで構成された文書も，専用のソフトウェアを利用することで見ることができる。
   ア．ZIP　　　　イ．PDF　　　　ウ．CSV

5. 電気・電子分野における世界最大の学会で，特にLANの規格について標準化を進め，無線LANや公衆無線LANの規格についても研究を進めている。
   ア．IEEE　　　　イ．ISO　　　　ウ．JIS

6. 非可逆圧縮の圧縮規格で，特に写真などの圧縮に用いられる形式。高い圧縮率を持つが，拡大したときに元の画像と比較して劣化が目立つのが特徴。
   ア．PNG　　　　イ．MPEG　　　　ウ．JPEG

1		2		3		4		5		6	

(3) 次の説明に該当する語を記述しなさい。

1. ファイルの種類を識別する目的で使われる，ファイル名の後ろに置かれる文字列。

2. ファイルを検索する際に，任意の文字列や1つの文字の代用として使うことのできる特別な文字。

3. あらゆる機種のコンピュータで利用できる，文字データのみで構成されたファイル。

4. 実行形式のプログラムファイルなど，文字として読み込むことのできない形式のファイル。

5. Windows標準の画像形式で，画像を点の集まりで表現したファイル形式。

6. フルカラーで扱うことのできる，静止画像を非可逆圧縮して記録するファイル形式。

7. インターネット上で使用される圧縮画像のファイル形式。画質の劣化なく，256色で表現する。

8. 圧縮による劣化の少ないフルカラーを扱えるファイル形式。

9. 動画や音声データを圧縮して保存したファイル。用途により数種類の規格がある。

10. シンセサイザを搭載する電子楽器をコンピュータに接続して，演奏情報のデータを送受信するための国際規格。

11. MPEG-1規格を利用して，高音質でデータを圧縮できる音声ファイル形式。

12. データをコンマで区切って並べたファイル形式。データ交換などに用いられるテキストファイルの一種。

13. 専用のソフトウェアを利用することで，コンピュータの機種や使用環境に依存せずに閲覧できる電子文書のためのフォーマット。

14. 複数のファイルを一つのファイルとしてまとめて圧縮することができる，世界中でもっとも広く利用されるファイル圧縮形式。

15. ハードディスクなどの記憶装置で，ファイルを分類・整理するための保管場所。

16. ファイルを階層構造で管理する際の最上位のディレクトリ。

17. ファイルを階層構造で管理するとき，最上位のディレクトリの下位に作成されるすべてのディレクトリ。

18. 情報処理システムや工業製品における技術の発達・標準化を進めることを目的として設立された国際標準化機構。

19. 日本国内における工業製品などの標準規格。

20. アメリカ国内における工業製品の標準化・規格化を行っている団体。

21. アメリカに本部を持つ，電気・電子分野における世界規模の学会。

22. JISで定めた文字コードの規格で，漢字を含んだ2バイトのコード。

23. アメリカの規格協会が定めたアメリカにおける標準の文字コード。

24. 世界中の多くの文字を表現するために作られた国際標準の共通文字コード。

1		2		3		4	
5		6		7		8	
9		10		11		12	
13		14		15		16	
17		18		19		20	
21		22		23		24	

1 ネットワークの構成

インターネットなどは，外部の通信回線を使用してネットワークに接続する場合が多い。ここでは，通信回線の種類，接続の方法について学習してみよう。

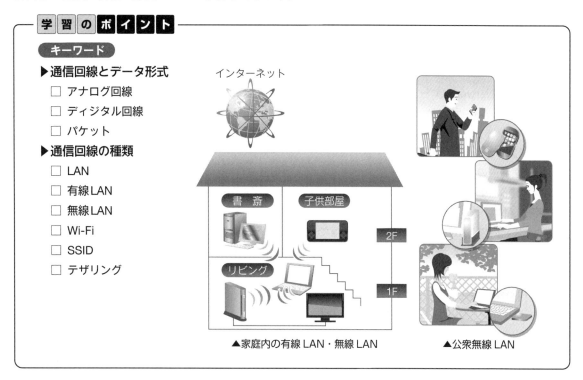

学習の ポイント

キーワード

▶通信回線とデータ形式
☐ アナログ回線
☐ ディジタル回線
☐ パケット
▶通信回線の種類
☐ LAN
☐ 有線LAN
☐ 無線LAN
☐ Wi-Fi
☐ SSID
☐ テザリング

インターネット

書斎　子供部屋　2F

リビング　1F

▲家庭内の有線LAN・無線LAN　　▲公衆無線LAN

⑴通信回線とデータ形式

・**アナログ回線**………　電話回線のアナログ信号は，音の振幅のようにデータを連続的な波形で表す。音声などのアナログ信号が流れる通信回線のこと。

・**ディジタル回線**………　コンピュータは，「0」と「1」のディジタル信号で情報をやり取りする。こうしたディジタル信号が流れる通信回線のこと。ディジタル回線では，音声はアナログ信号からディジタル信号に変換して伝送される。

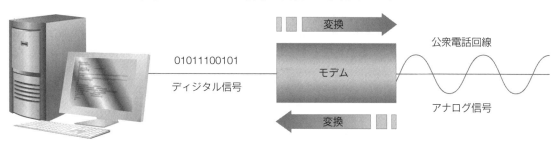

公衆電話回線

01011100101

ディジタル信号

モデム

アナログ信号

変換

・**パケット**…………　インターネットでは，通信データを**パケット**という形にして通信している。パケットとは，送信先のアドレスなどの制御情報を付加したデータの小さなまとまりをいう。データをパケットに分割して送受信することで，ある2地点間の通信に別々のルートを使用して，通信回線を効率よく利用することができる。また，自由に経路選択が行えるため，一部に障害が出てもほかの回線で代替できる利点もある。

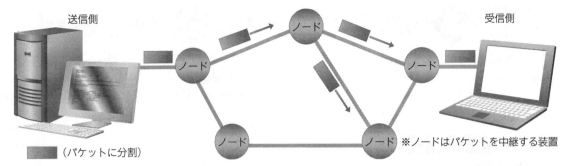

（パケットに分割）　　※ノードはパケットを中継する装置

⑵通信回線の種類

①LAN

Local Area Network（ローカル・エリア・ネットワーク）の略で，限られた狭い範囲の構内ネットワークを意味している。最近では，家庭に複数台のコンピュータがあり，有線や無線で利用されるケースもある。会社だけでなく，こうした家庭内のネットワークもLANに含まれる。

②有線LAN

室内や建物内のLANを通信ケーブルで結ぶもの。有線LANの通信規格としては，イーサネットが事実上の標準規格となっており，通信ケーブルとしてLANケーブルが用いられることが多い。

③無線LAN

室内や建物内のLANを電波による無線通信で結ぶもの。最近では，宅内の無線LANだけではなく，公衆無線LANやWi-Fiスポットのような，安価または無料でWi-Fiに接続できるサービスも増えている。また，モバイルWi-Fiルータのように，Wi-Fi環境を持ち歩くこともできる。

Pocket Wi-Fi などの
モバイル無線 LAN ルータ

ノートパソコン　携帯ゲーム機
アクセスポイントを探さ
なくても接続可能

通信会社の通信網

・**Wi-Fi（Wireless Fidelity）**……… 無線LAN機器が，標準規格であるIEEE802.11シリーズに準拠しているブランド名のこと。他社製品との相互接続性などに関する試験をパスした装置に，ロゴの表示などが許可されている。ロゴが添付された製品間であればメーカーが違っても組み合わせての使用が保証される。

・**SSID（Service Set IDentifier）**……… IEEE802.11シリーズの無線LANにおける，アクセスポイントの識別子のこと。無線LANは電波で通信するため，有線LANと違って複数のアクセスポイントと混信状態が生じる可能性がある。このため，無線LANのアクセスポイントと各端末には，混信を避けるために最大32文字までの英数字を自由に設定できるSSIDを設定することで，一致する端末のみで通信を行えるようになる。

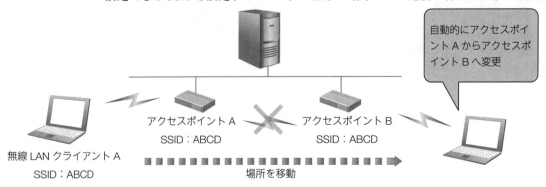

自動的にアクセスポイントAからアクセスポイントBへ変更

アクセスポイント A
SSID：ABCD

アクセスポイント B
SSID：ABCD

無線 LAN クライアント A
SSID：ABCD

場所を移動

・**テザリング**……… 　携帯電話回線に接続されていない端末でインターネットを利用するときには，ルータなどの通信接続機器が必要であったが，スマートフォンなど，通信できる契約を持つ端末をルータのように活用することで，インターネットを利用できる。このような形態を**テザリング**という。スマートフォンなどとUSBケーブルで接続して利用する方法とBluetoothで接続して利用する方法がある。

スマートフォン

ノートパソコン　携帯ゲーム機

スマートフォンがWi-Fiルータの機能をもってインターネットに接続

筆記練習 30

(1) 次の説明文に最も適した答えを解答群から選び，記号で答えなさい。

1. LANケーブルなどを利用してデータの送受信を行うLANシステム。
2. 連続的なデータの変化を波形で表した信号が流れる通信回線。
3. 無線通信を利用してデータの送受信を行うLANシステム。
4. 携帯電話回線に接続しているモバイルPCなどを，ルータの代わりとして他の端末に接続し，インターネットに接続する利用形態。

　―解答群―
　ア．有線LAN　　　　**イ**．パケット　　　　**ウ**．無線LAN　　　　**エ**．アナログ回線
　オ．ディジタル回線　**カ**．SSID　　　　　**キ**．テザリング

1		2		3		4	

(2) 次の説明に該当する語を記述しなさい。

1. 電話回線のように，音声やデータを連続性のある信号でやり取りする通信回線。
2. データを0と1の数値化した信号でやり取りする通信回線。
3. 通信において，送信先のアドレスなどの制御情報を付加されたデータの小さなまとまりのこと。
4. オフィスや工場，学校など，特定の限られた建物や敷地内におけるネットワーク。
5. LANをLANケーブルなどの通信ケーブルで結ぶもの。
6. LANを電波による無線通信で結ぶもの。
7. 他社製品との互換性が検証された無線LAN製品に与えられるブランド名。
8. IEEE802.11シリーズの無線LANにおけるアクセスポイントの識別子。
9. スマートフォンなどをルータのように活用することで,インターネットを利用できるしくみのこと。

1		2		3		4	
5		6		7		8	
9							

2 ネットワークの活用

　情報通信ネットワークは，ビジネスや私たちの生活にさまざまなかたちで利用されている。ここでは，
コンピュータシステムの形態や活用方法について学習してみよう。

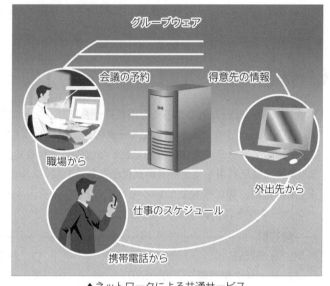

▲ネットワークによる共通サービス

学習のポイント

キーワード

▶ネットワークの活用
　□ ピアツーピア
　□ クライアントサーバシステム
　□ ストリーミング
　□ グループウェア

⑴コンピュータシステムの形態

　コンピュータシステムには，複数のコンピュータがさまざまな形態で接続されており，システムの活用
方法や，目的に合わせた処理形態がある。最も基本的な形態として次のようなものがある。

・**ピアツーピア**………　コンピュータどうしが対等の関係にあり，資源や機能を互いに利用し合うシス
　　　　　　　　　　　テム構成。サーバを設置せず低コストで導入できるため，小規模なLANで利用さ
　　　　　　　　　　　れる。

・**クライアントサーバシステム**………　各種のサービスを提供するサーバ専用機と，サービスを受ける
　　　　　　　　　　　複数のクライアント機で構成されたシステム。

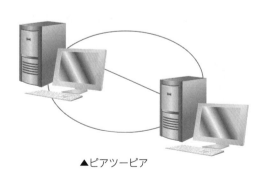

▲ピアツーピア

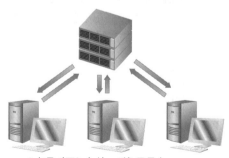

▲クライアントサーバシステム

⑵ネットワークの活用

企業の情報システムを業務に活用する例として，次のようなものがある。

・**ストリーミング**………　インターネット上にある音楽や動画などを，ダウンロードしながら同時に視聴する技術。ストリーミング技術を使って，動画を配信する方法をストリーミング配信という。ストリーミング配信の方法には，サーバにアクセスしてあらかじめ保存されている画像を見るオンデマンド配信と，生中継のライブ配信がある。

（ⅰ）従来方式

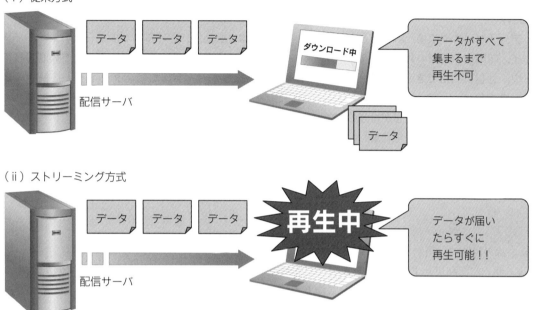

（ⅱ）ストリーミング方式

・**グループウェア**………　企業内のネットワークを活用し，組織内の情報共有やコミュニケーションを図るために，グループで共同して使うソフトウェアの利用技術。電子メールやスケジュール管理，電子掲示板，Web会議システムなどの機能がある。イントラネットの普及に伴い，サーバにインストールすることで，各社員のパソコンからブラウザを通してほとんどの機能が使えるようになっている。

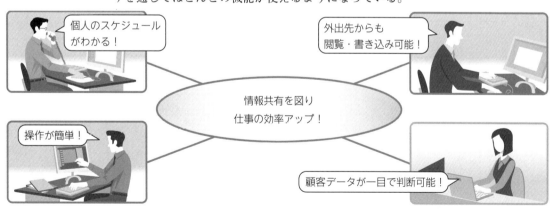

(1) 次のA群の語句に最も関係の深い説明文をB群から選び，記号で答えなさい。

〈A群〉

1．グループウェア　　　　　2．クライアントサーバシステム　　　　　3．ピアツーピア

4．ストリーミング

〈B群〉

ア．オフィスや工場，学校など，特定の限られた建物や敷地内におけるネットワーク。

イ．組織内の情報の共有やコミュニケーションを図るために，共同で使うソフトウェアの利用技術。

ウ．通信に利用できる帯域を広げ，データ転送量を大きくした高速なインターネット接続サービスの総称。

エ．コンピュータどうしが対等の関係にあり，資源や機能を互いに利用し合うシステム構成。

オ．通信ネットワークを利用して，データを受信しながら同時に動画や音声などを再生する技術。

カ．プリンタなどのハードウェア資源やソフトウェアなどを集中管理するコンピュータと，その資源を利用するコンピュータが互いに処理を分担して接続されたシステムのこと。

1		2		3		4	

(2) 次の説明に該当する語を記述しなさい。

1．サーバを利用せずに，コンピュータどうしが1対1の関係で資源を共有し合うシステム構成。

2．ハードウェア資源やデータベースなどの情報資源を，集中管理するコンピュータと，その資源を利用するコンピュータが接続されたコンピュータネットワークのこと。

3．インターネット上の動画や音楽を，ダウンロードしながら同時に再生する技術。

4．企業などで，LANやインターネットを活用して情報共有やコミュニケーションを効率的に行うためのソフトウェア。

1		2		3	
4					

Lesson ③ 情報モラルとセキュリティ

1 権利の保護と管理

インターネットの普及により，私たちは手軽に写真や小説，音楽に触れることができる。ただし，これらの作品には，法律によって定められた権利があり保護されている。ここでは，さまざまな権利や法律について学習してみよう。

学習の ポイント

キーワード

▶**権利**
- ☐ 知的財産権
- ☐ 産業財産権
- ☐ 著作権
- ☐ 肖像権

▶**法律**
- ☐ 著作権法
- ☐ 個人情報保護法
- ☐ 不正アクセス禁止法

▶**ソフトウェアライセンス**
- ☐ フリーウェア
- ☐ シェアウェア
- ☐ サイトライセンス
- ☐ OSS

(ⅰ)言葉で表現されたもの
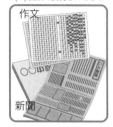

(ⅱ)美術作品

(ⅲ)写真

(ⅳ)音楽

(ⅴ)映画やテレビ番組・ビデオ　(ⅵ)パソコンのプログラム

▲ 著作物の種類

⑴権利

企業や人間が創り出したものには，さまざまな権利があり，使用するときには充分に配慮しなければならない。

- **知的財産権**……… 人間の知的な創作活動によって生み出された成果物や生産物に与えられる財産権の総称。産業財産権や著作権などがあり，法律により保護される。

- **産業財産権**……… 企業や個人が，研究や開発によって生み出した技術やアイディアなどを，公的機関に登録して保護し，第三者が使用できないようにして，独占的に使用できるようにした権利。これには，特許権，実用新案権，意匠権，商標権がある。

- **著作権**………… 絵画，彫刻，写真，映像，建築，音楽，詩，小説およびプログラムやデータなどを作成した人が，著作物を独占的に利用できる権利を**著作権**という。産業財産権とは異なり，権利を得るために法的な手続きの必要はなく，著作物を作成したことにより自動的に与えられる。原則，著作者本人の死後も70年間有効である。

- **肖像権**………… 自分の顔写真や肖像画（似顔絵も含む）を他人が使用した場合，使用された本人に発生する権利。自分のWebページに，本人の許可を得ないまま無断で顔写真を使用したりすると，肖像権の侵害とされ，多額の損害賠償請求を受けることがある。

⑵法律
知的財産権や肖像権などを保護する法律には，次のようなものがある。
- **著作権法**…………　著作者の権利の保護を目的とする法律で，著作権の権利対象，権利発生要件，権利存続期間などを定めている。
- **個人情報保護法**………　個人の権利や利益を保護することを目的とし，個人情報（特定の個人を識別できる情報）を適切に扱うために定められた法律。個人情報を持つすべての事業者に対して適用される。企業が個人情報を取り扱う場合の原則を定め，本人の了解のない個人情報の流用，売買，譲渡および不正利用に対して規制を設けている。なお，正式名称は「個人情報の保護に関する法律」である。
- **不正アクセス禁止法**………　利用権限のないコンピュータへの侵入および利用を禁止する法律。本来許可されていないユーザや許可されていない方法などにより，ネットワークへアクセスすることなどを禁じている。なお，正式名称は「不正アクセス行為の禁止等に関する法律」である。

⑶ソフトウェアライセンス
ソフトウェアを利用する権利をライセンスといい，次のような分類がある。
- **フリーウェア**………　ユーザが無料で自由に使用できるソフトウェアのこと。著作権は存在しているので，転載などに制限がある場合がある。
- **シェアウェア**………　ソフトウェアの流通形態の一つで，ユーザはネットワークなどから自由にソフトウェアを取得することができ，一定の試用期間内であれば料金を払わずに利用することができる。引き続き利用する場合は，入金して権利を取得する。
- **サイトライセンス**………　アプリケーションソフトの購入契約方法の一つで，使用する場所や装置，人数などの条件を特定し，その範囲内で必要台数分のソフトウェアのコピーと使用を許可するもの。企業や学校で大量にコンピュータを導入したときなどに利用される。
- **OSS（Open Source Software）**………　ソフトウェアの設計図にあたるソースコードを，インターネットなどを通じて無償で公開し，誰でもそのソフトウェアの改良，再配布を行えるようにしたソフトウェアのこと。

▤ コラム 改正著作権法

　2012年に著作権法が改正され，違法に配信されているものと知りながら，有償の音楽や動画をダウンロードすると，2年以下の懲役または200万円以下の罰金またはその両方が科されることになった。また，2020年の改正で音楽や動画に限らないすべての著作物に範囲が拡大された。
　○対象は音楽と動画，漫画や小説，写真，論文，プログラムなど，すべての著作物。
　○違法にアップロードされた侵害コンテンツへのリンクを提供する行為も対象。
　○ストリーミング視聴は対象外。

(1) 次のＡ群の語句に最も関係の深い説明文をＢ群から選び，記号で答えなさい。

〈Ａ群〉

1. サイトライセンス 2. OSS 3. 著作権法
4. 肖像権 5. 産業財産権

〈Ｂ群〉

ア．人間の知的な創作物に対する財産権の総称。

イ．個人情報を適切に扱うための法律。

ウ．プログラムやデータの作成者を保護する権利。

エ．ソフトウェアをパソコンの台数分購入する代わりに，台数分の使用権を購入する契約方法。

オ．技術を進歩させたものに一定の権利を与えたもので，特許権や実用新案権などがある。

カ．自分の写真などを無断で使用されないように保護する権利。

キ．著作者の権利と，これに関係する利用者の権利を定め，その保護を目的とする法律。

ク．作者の著作権を保ったまま，利用者が期間に関係なく無料で利用できるソフトウェア。

ケ．ソフトウェアのソースコードを無償で公開し，誰でも改良・再配布が行えるソフトウェア。

コ．他人のユーザ認証やパスワードを無断で使用し，ネットワーク上のコンピュータにアクセスすることを禁止する法律。

1		2		3		4		5	

(2) 次の説明に該当する語を記述しなさい。

1. 人間の知的な創作活動によって生み出された成果物や生産物に与えられる財産権の総称。

2. 知的財産権のうち，特許庁が所管する特許権，実用新案権，意匠権および商標権の四つの総称。

3. 音楽やプログラムなどの作者が，創作したものを独占的に利用できる権利。

4. 自分の姿が写っている写真などを，無断で使用されることがないように主張できる権利。

5. 著作物の創作者と，この著作物を利用する者の権利と保護を目的とする法律。

6. 個人情報を取り扱う事業者などに，安全管理措置を行うことを義務付け，個人に関する情報の保護を図ることを目的とする法律。

7. 他人のユーザ認証やパスワードを無断で使用し，ネットワーク上のコンピュータにアクセスすることを禁止する法律。

8. 無料で使用できるソフトウェアのこと。ライセンスや変更・再配布については，統一した条件はない。

9. 一定の試用期間があり，継続利用する場合には料金を支払うソフトウェア。

10. 学校や企業など特定の場所において，複数のコンピュータで同一のソフトウェアを使用するために，一括購入する際の契約方法。

11. ソフトウェアのソースコードを，インターネットなどを通じて無償で公開し，誰でも改良・再配布が行えるソフトウェア。

1		2		3		4	
5		6		7		8	
9		10		11			

2 セキュリティ管理

インターネットの普及により，私たちの生活が便利になる一方で，データの改ざんや情報の漏えい，なりすましなどの問題も発生している。ここでは，これらの問題を防止するためのセキュリティ管理について学習してみよう。

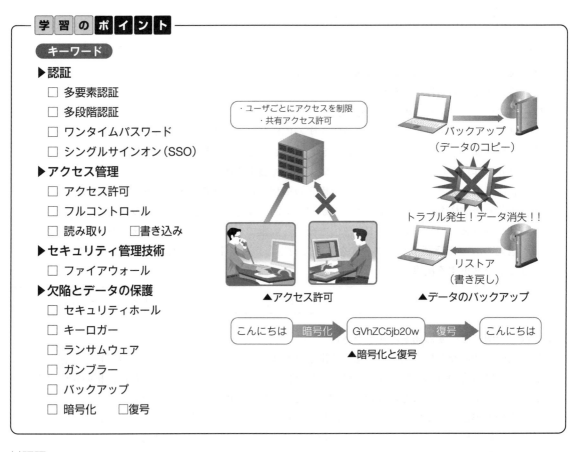

学習のポイント

キーワード

▶**認証**
☐ 多要素認証
☐ 多段階認証
☐ ワンタイムパスワード
☐ シングルサインオン（SSO）
▶**アクセス管理**
☐ アクセス許可
☐ フルコントロール
☐ 読み取り　　☐書き込み
▶**セキュリティ管理技術**
☐ ファイアウォール
▶**欠陥とデータの保護**
☐ セキュリティホール
☐ キーロガー
☐ ランサムウェア
☐ ガンブラー
☐ バックアップ
☐ 暗号化　　☐復号

・ユーザごとにアクセスを制限
・共有アクセス許可

バックアップ（データのコピー）

トラブル発生！データ消失！！

リストア（書き戻し）

▲アクセス許可　　▲データのバックアップ

こんにちは →暗号化→ GVhZC5jb20w →復号→ こんにちは
▲暗号化と復号

(1)認証

認証とは，コンピュータやネットワークを利用するときに行う本人確認のこと。通常，ユーザ名とパスワードで行われるが，現在では人間の身体的な特徴を利用した生体認証（バイオメトリクス認証）も普及している。なりすましによる不正なログインを防止するため、各種の認証方法を組み合わせることでセキュリティを高めることが可能である。

・**多要素認証**………　本人確認に，複数の異なる要素を組み合わせて認証を行う方法である。認証の三要素といわれる「知識」「所有」「生体」の要素を2つ以上組み合わせる。

「知識」：本人が知っていること　（例）暗証番号，秘密の答えなど
「所有」：本人が持っているもの　（例）キャッシュカード，スマートフォンなど
「生体」：本人の身体的な特徴　　（例）指紋，顔，虹彩，静脈，声紋など

銀行のキャッシュカード（所有）と暗証番号（知識）の組み合わせ，ユーザID・パスワード（知識）とメールやスマートフォンのSMSに送られてくる認証コード（所有）の組み合わせなど，さまざまなものがある。

▲認証の三要素

知識　生体　所有

・**多段階認証**………　本人確認に，2回以上の認証を連続して行う方法である。認証の回数が重要となるので，認証の要素の組み合わせは同じでもかまわない。

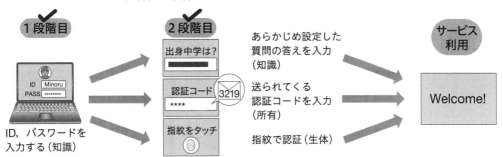

▲多段階認証の例

・**ワンタイムパスワード**………　本人確認に用いるパスワードとして，短時間（数十秒から数分）のみ有効なその場限りの文字列を生成して用いる方法である。パスワードの送付方法には，メールやスマートフォンのSMSが利用される場合が多い。

・**シングルサインオン（SSO）**………　1回の認証で，複数の異なるソフトウェアやサービスなどを利用できるようにするしくみのこと。ユーザID・パスワードの入力や管理の手間を省き，セキュリティを強化することができる。

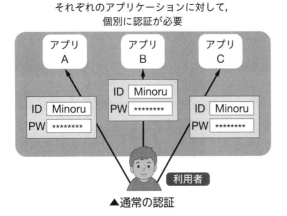

▲通常の認証

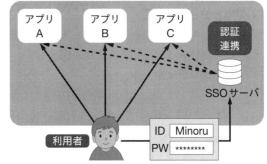

▲シングルサインオン（SSO）で認証

⑵アクセス管理

情報資産を保護するためには，アクセスできる範囲を適切に管理する必要がある。

①アクセス許可

ファイルやデータベースを利用する権限を**アクセス権**といい，利用者個人や所属するグループごとに**アクセス許可**の設定を行うことができる。

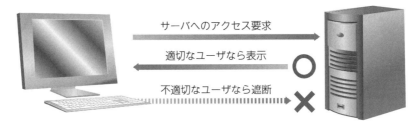

②アクセス許可の種類

アクセス許可の種類には，フルコントロール，書き込み，読み取りなどがある。

- **フルコントロール**………　データの書き込み・読み取り・更新・削除のすべてを許可すること。
- **書き込み**…………　データの追加のみ許可すること。
- **読み取り**…………　データの参照のみ許可すること。

情報管理者	経理部	営業部員
フルコントロール	書き込み	読み取り

▲アクセス許可の設定

(3)セキュリティ管理技術

不正なアクセスや情報の漏えいを防止するために，次のような技術がある。

- **ファイアウォール**………　LANとインターネットの間に設置して，外部からLANへの不正なアクセスや，不正なデータの侵入を防ぐ目的で設けられたセキュリティ対策用のシステムのこと。日本語では「防火壁」という意味で，すべての通信を監視し，必要なデータだけを通すことができる。

(4)欠陥とデータの保護

残念ながら，情報技術に伴うセキュリティ管理に完璧と呼べるものはない。データがさまざまな障害を受ける可能性を考えて，あらかじめ保護しておくことも，セキュリティ管理の一つである。

- **セキュリティホール**………　ネットワークやシステムにおけるセキュリティ上の欠陥。放置しておくとハッカー（攻撃者）による不正な侵入を許す可能性がある。

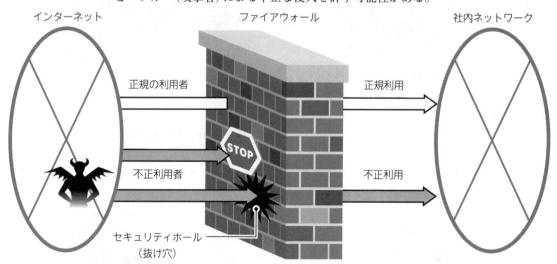

- **キーロガー**………　スパイウェアの一種で，ユーザのキーボード操作を監視し，その内容を記録するソフトウェアまたはハードウェアのこと。ユーザが入力したID・パスワードや住所，氏名，クレジットカード番号などの重要な個人情報を盗み出すものである。
- **ランサムウェア**………　コンピュータウィルスの一種で，感染するとコンピュータ内に保存しているデータが暗号化されて使えなくなったり，スマートフォンが操作不能になったりする。元に戻すことと引き換えに，身代金（Ransom）を要求する不正プログラムである。

- **ガンブラー**……… 特定のマルウェアを示すものではなく，攻撃者が正規のWebサイトを改ざんし，ユーザをあらかじめ用意した不正なWebサイトへ誘導し，悪質なマルウェアを自動的にダウンロードさせる一連の攻撃手法のことである。
- **バックアップ**……… データのコピーを，別の記憶媒体に保存すること。情報を扱うシステムでは，磁気ディスクなどの破損や，コンピュータウイルスの感染などによってデータが消失してしまうことがある。こうした事態に備えて，定期的にバックアップしておく必要がある。
- **暗号化**…………… 作成した文章を一定の方法にしたがって変換し，第三者にとって何を意味しているかわからないデータに変換すること。
- **復号**……………… 暗号化された文を，正規の受信者が元の平文（通常の文）に変換すること。

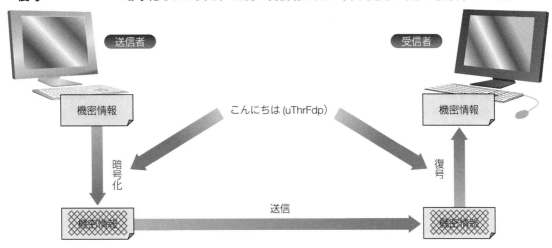

筆記練習 33

(1) 次の説明文に最も適した答えを解答群から選び，記号で答えなさい。

1. 通常の文を何らかの規則によって，第三者にとって何を意味しているかわからない文に変換すること。
2. 外部から悪意を持ったデータが侵入するのを防ぐために設けるセキュリティ対策用のシステム。
3. 不測の事態に備えて，プログラムやデータの複写を作成して保有しておくこと。
4. 暗号化されたデータを正規の受信者が元の平文（通常の文）に変換すること。
5. ネットワークやコンピュータシステムにおけるセキュリティ上の欠陥のこと。

--- 解答群 ---

ア．書き込み	イ．復号	ウ．セキュリティホール
エ．シングルサインオン	オ．バックアップ	カ．暗号化
キ．フルコントロール	ク．サイトライセンス	ケ．ファイアウォール
コ．解凍	サ．読み取り	シ．アクセス許可

1		2		3		4		5	

(2) 次の説明に該当する語を記述しなさい。

1. 本人確認に，複数の異なる要素を組み合わせて認証を行う方法。
2. 本人確認に，2回以上の認証を連続して行う方法。
3. 本人確認に用いるパスワードとして，短時間のみ有効な文字列を生成して用いる方法。
4. 1回の認証で，複数の異なるソフトウェアやサービスなどを利用できるようにするしくみ。
5. ファイルやデータベースを利用する権限。
6. データの書き込み・読み取り・更新・削除すべてを許可する権限。
7. データの追加のみを許可する権限。
8. データの参照のみを許可する権限。
9. 組織内のコンピュータネットワークに対する外部からの不正な侵入を防ぎ，安全を維持することを目的としたシステム。
10. プログラムの誤りなどにより発生する，ネットワークやコンピュータシステムにおける防御機構の欠陥。
11. ユーザのキーボード操作を監視してその内容を記録し，重要な個人情報を盗み出すもの。
12. 感染するとデータが暗号化されて使用できなくなり，元に戻すために身代金を要求するもの。
13. 正規のWebサイトを改ざんし，あらかじめ用意した不正なWebサイトへ誘導し，悪質なマルウェアを自動的にダウンロードさせる攻撃手法のこと。
14. ハードウェアの故障などによりデータが破壊されたときに備え，別の記憶媒体にデータを保存すること。
15. データを何らかの規則にもとづいて変換し，第三者に意味がわからないようにすること。
16. 内容がわからないように変換されたデータを，元のデータに戻すこと。

1		2		3	
4		5		6	
7		8		9	
10		11		12	
13		14		15	
16					

編末トレーニング

1 次の説明文に最も適した答えを解答群から選び，記号で答えなさい。

1．絵画，彫刻，写真，プログラムやデータなどを創作した人が，独占的に利用できる権利。
2．ディスプレイで色を表現するとき，光の三原色の組み合わせですべての色を表現する方式。
3．室内や建物内のLANを通信ケーブルで結ぶもの。
4．データの中身を変えず，データサイズを小さく変換すること。
5．インターネットを利用して，生中継のライブ配信されている動画を視聴するとき，データをダウンロードしながら同時に再生して見ることができる技術。

解答群
ア．ピクセル	イ．アーカイバ	ウ．ストリーミング
エ．著作権	オ．CMYK	カ．産業財産権
キ．有線LAN	ク．肖像権	ケ．無線LAN
コ．暗号化	サ．圧縮	シ．RGB

1		2		3		4		5	

2 次のA群の語句に最も関係の深い記述をB群から選び，記号で答えなさい。

〈A群〉
1．イニシャルコスト　　2．サブディレクトリ　　3．IEEE
4．サイトライセンス　　5．GIF

〈B群〉
ア．通信費・電気代・消耗品の費用・保守点検サービス費用など，運用中に継続的にかかるコスト。
イ．工業製品やその品質保証，科学技術に関する国際標準規格を制定している国際標準化機構。
ウ．最上位ディレクトリの下位に作成されるすべてのディレクトリ。
エ．圧縮による画質の劣化がなく，インターネット上でイラストなどを256色で表現するときに使用される圧縮画像のファイル形式。
オ．圧縮による劣化の少ないフルカラーを扱えるファイル形式。
カ．システムの開発費・ハードソフトの購入費・人件費など，新規に構築し稼働するまでのコスト。
キ．ファイルを階層構造で管理するとき，最上位のディレクトリ。
ク．ソフトウェアのソースコードを無償で公開し，改良・再配布を許可しているソフトウェア。
ケ．企業や学校で大量にコンピュータを導入したとき，その範囲内で条件を特定し，必要台数分のソフトウェアのコピーと使用を許可するもの。
コ．米国電気学会と無線学会が合併し，通信分野などの規格を定めている組織。

1		2		3		4		5	

3 次の説明文に最も適した答えをア，イ，ウから選び，記号で答えなさい。

1．2進数の1101と10進数の7の差を表す2進数。
  ア．101   イ．110   ウ．111

2．一定の試用期間の間は無料で利用することができ，引き続き利用する場合は，利用料を支払う必要があるソフトウェア。
  ア．シェアウェア イ．OSS   ウ．フリーウェア

3．ディスクの同心円上を20〜30に分割しデータを読み書きする最小単位の領域。
  ア．UPS   イ．トラック   ウ．セクタ

4．世界中で使用されるすべての文字を共通のコードとして利用できるように，2バイト（16ビット）で規格されているコード。
  ア．MP3   イ．Unicode   ウ．ASCIIコード

5．サービスを提供する専用機と，サービスを受ける複数の端末機で構成されたシステム。
  ア．ピアツーピア イ．グループウェア ウ．クライアントサーバシステム

1		2		3		4		5	

4 次の説明文に最も適した答えを解答群から選び，記号で答えなさい。

1．プリンタに出力する際に，藍色・赤紫色・黄色の配合比率を変化させ，黒色を加えてすべての色を表現する方法。
2．ネットワークやシステム上の，セキュリティ設計における欠陥。
3．用紙に書かれた文字や数字，記号などを光学的に読み取る装置。
4．圧縮率は1／10〜1／100程度で，写真などの画像を圧縮したファイル形式。画像は劣化する。
5．1回の認証で，複数の異なるソフトウェアやサービスなどを利用できるようにするしくみのこと。

─ 解答群 ─
ア．ワンタイムパスワード	イ．OCR	ウ．BMP
エ．シングルサインオン	オ．OMR	カ．RGB
キ．ファイアウォール	ク．セキュリティホール	ケ．JPEG
コ．CMYK	サ．SSID	シ．MP3

1		2		3		4		5	

5 次のＡ群の語句に最も関係の深い記述をＢ群から選び，記号で答えなさい。

〈Ａ群〉
1．バイナリファイル　　　　2．OSS　　　　3．ランサムウェア
4．ISO　　　　5．CSV

〈Ｂ群〉
ア．国際標準化機構。科学技術などに関する国際標準規格を制定している組織。
イ．感染すると保存しているデータが暗号化されて使えなくなったり，スマートフォンが操作不能になったりし，元に戻すために身代金を要求する不正プログラム。
ウ．コンピュータの機種やOSの違いに関係なく，また文書作成のソフトウェアがなくても，文書を表示することができる電子文書のファイル形式。
エ．文字データだけで構成されたファイル形式。機種の違うコンピュータでも共通して利用できる。
オ．工業製品の統一と標準化を行うアメリカの非営利組織。
カ．ソフトウェアのソースコードを，インターネットなどを通じて無償で公開し，改良や再配布が行えるようにしたソフトウェアのこと。
キ．アプリケーションソフトの購入時に，装置や人数などの条件を設定し，その範囲内で必要台数分のソフトウェアのコピーと使用を許可する契約形態。
ク．画像や動画，音声，実行可能形式のプログラムを収めたファイル。
ケ．ユーザのキーボード操作を監視してその内容を記録するソフトウェアまたはハードウェア。入力したID・パスワードや住所，氏名などの個人情報を盗み出すもの。
コ．データの項目をコンマで区切り並べたファイル形式。データは，表計算ソフトやプログラムで使用することができる。

1		2		3		4		5	

6 次の説明文に最も適した答えをア，イ，ウから選び，記号で答えなさい。

1．2進数の1011と110の積を表す10進数。
　　ア．55　　　　イ．66　　　　ウ．77

2．圧縮による画質の劣化がなく，256色で表現するためイラストに向いているファイル形式。
　　ア．PNG　　　　イ．GIF　　　　ウ．ZIP

3．イメージスキャナで，解像度300dpiに設定し，横30cm，縦20cmの写真を，256色（8ビットカラー）で取り込んだときの記憶容量。ただし，1インチ＝2.5cm，1MB＝1,000,000Bとする。
　　ア．約1.4MB　　　　イ．約1.8MB　　　　ウ．約8.6MB

4．携帯電話の通信契約をしているスマートフォンを，他の端末にBluetoothで接続して，ルータの代わりに利用しインターネットに接続する技術。
　　ア．テザリング　　　　イ．アーカイバ　　　　ウ．拡張子

5．無線LANにおけるアクセスポイントの識別子。最大32文字までの英数字を自由に設定できる。
　　ア．Wi-Fi　　　　イ．パケット　　　　ウ．SSID

1		2		3		4		5	

さくいん

学習と検定

**全商情報処理検定テキスト
2級ビジネス情報部門**

表紙デザイン
エッジ・デザインオフィス

○編　者——実教出版編修部

○発行者——小田　良次

○印刷所——株式会社広済堂ネクスト

○発行所—実教出版株式会社

〒102-8377
東京都千代田区五番町5
電話〈営業〉（03）3238-7777
　　〈編修〉（03）3238-7332
　　〈総務〉（03）3238-7700
https://www.jikkyo.co.jp/

002502022　　　　　　ISBN978-4-407-35502-4

ビジネス情報2級 間違えやすい用語 Q&A

OCRとOMR どっちがどっちか 忘れちゃう

アルファベットの略語は，何の頭文字かがわかるとグッと理解度が上がります。

OCR

OCRの「C」はキャラクタのC(Character)で，日本語訳すると「文字」です。つまり，文字や数字を読み取る装置のことです。

Chara ➡ Chara

OMR

OMRの「M」はマークのM(Mark)で，鉛筆などで塗りつぶしたマークを読み取る装置のことです。

1⬜ 2⬛ 3⬜ ➡ 2

ドットとピクセルって 意味が似てるけど 何が違うの？

「ピクセル＝ドット×色情報」でイメージしましょう。

ドット(dot)

ドット(dot)とは，出力表示するときの四角形の点のことです。細かな点で文字や絵を表現することができます。1ドットは1ビットで表現できるので，10(縦)×10(横)の場合100ビット必要です。

ピクセル(pixel)

ピクセル(pixel)とは，カラーを表示できるドットに色の数だけ情報を持っています。4ビットで16色(16通り)を表現できるので，10(縦)×10×(横)の場合 10×10×4(ビット)＝400ビット必要です。

RGBとCMYK？ 色のことなのは 何となく分かるけど…

「ディスプレイの色の表現」と「プリンタの色の表現」との表現の違いです。
違いを忘れそうになったら，「光は3色，インクは4色」と覚えておきましょう。

RGB

RGBは，ディスプレイなどの出力表示のため，光を重ねて表現します。赤(Red)・緑(Green)・青(Blue)で覚えましょう。光の色が重なると限りなく白に近づきます。

CMYK

CMYKは，プリンタなどの印刷で，インクやトナーを重ねて表現します。藍色(Cyan)・赤紫色(Magenta)・黄色(Yellow)・黒色(Key Plate)で覚えましょう。インクの色が重なると限りなく黒に近づきます。KeyPlateとは，過去の印刷技術で使われていた印刷板のことで，黒インクだけが使われていました。

シェアウェアと サイトライセンス の違いが よくわかりません！

イメージで覚えましょう。

シェアウェア

シェアウェアの「シェア」とは，開発費用を利用者に分担(シェア)してもらうという意味です。「使ってみてよかったら料金を払ってください」というイメージで覚えましょう。

サイトライセンス

サイトライセンスの「サイト」には，用地の範囲を定めるという意味があります。
「建物や教室など，範囲を決めて使いましょう」というイメージで覚えましょう。

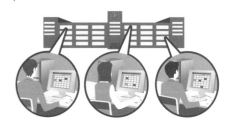

学習と検定
全商情報処理検定テキスト 2級ビジネス情報部門

解答編

年	組	番

実教出版

Part Ⅰ Excel関数編

Lesson ❶ おもな関数

実技練習1 （p.6）

[計算式]　**B5** =VLOOKUP(A5,$A$13:$C$16,2,FALSE)

　　　　C5 =VLOOKUP(A5,$A$13:$C$16,3,FALSE)

　　　　E5 =C5*D5

	A	B	C	D	E
1					
2		施設利用表			
3					
4	施設コード	施設名	単価	利用時間	料金
5	F	体育館	1,500	3	4,500
6	J	柔道場	1,000	4	4,000
7	K	剣道場	700	2	1,400
8	T	卓球場	500	3	1,500
9	F	体育館	1,500	5	7,500
10					
11	施設コード表				
12	施設コード	施設名	単価		
13	T	卓球場	500		
14	K	剣道場	700		
15	J	柔道場	1,000		
16	F	体育館	1,500		

筆記練習1 （p.6）

(1)	ウ	(2)	イ

実技練習2 （p.8～9）

	A	B	C	D	E	F	G
1							
2		割引計算表					
3							
4	請求番号	数量	単価	売上金額	割引率	割引額	請求額
5	1	21	2,470	51,870	4%	2,074	49,796
6	2	27	3,050	82,350	7%	5,764	76,586
7	3	9	3,260	29,340	0%	0	29,340
8	4	18	2,270	40,860	2%	817	40,043
9	5	28	2,540	71,120	7%	4,978	66,142
10							
11	割引率表						
12	売上金額	割引率					
13	0	0%					
14	30,000	2%					
15	50,000	4%					
16	70,000	7%					

[計算式]　**D5** =B5*C5

　　　　E5 =VLOOKUP(D5,$A$13:$B$16,2,TRUE)

　　　　F5 =ROUNDDOWN(D5*E5,0)

　　　　　〈別解〉=INT(D5*E5)

　　　　G5 =D5-F5

筆記練習2 （p.9）

(1)	ウ	(2)	ア

実技練習3 （p.12）

	A	B	C	D	E
1					
2		施設利用表			
3					
4	施設コード	施設名	単価	利用時間	料金
5	F	体育館	1,500	3	4,500
6	J	柔道場	1,000	4	4,000
7	K	剣道場	700	2	1,400
8	T	卓球場	500	3	1,500
9	F	体育館	1,500	5	7,500
10					
11	施設コード表				
12	施設コード	T	K	J	F
13	施設名	卓球場	剣道場	柔道場	体育館
14	単価	500	700	1,000	1,500

[計算式]　**B5** =HLOOKUP(A5,$B$12:$E$14,2,FALSE)

　　　　　　C5 =HLOOKUP(A5,$B$12:$E$14,3,FALSE)

　　　　　　E5 =C5*D5

筆記練習3 （p.12）

(1)	ア	(2)	イ

実技練習4 （p.14）

	A	B	C	D	E	F	G
1							
2		割引計算表					
3							
4	請求番号	数量	単価	売上金額	割引率	割引額	請求額
5	1	21	2,470	51,870	4%	2,074	49,796
6	2	27	3,050	82,350	7%	5,764	76,586
7	3	9	3,260	29,340	0%	0	29,340
8	4	18	2,270	40,860	2%	817	40,043
9	5	28	2,540	71,120	7%	4,978	66,142
10							
11	割引率表						
12	売上金額	0	30,000	50,000	70,000		
13	割引率	0%	2%	4%	7%		

[計算式]　**D5** =B5*C5

　　　　　　E5 =HLOOKUP(D5,$B$12:$E$13,2,TRUE)

　　　　　　F5 =ROUNDDOWN(D5*E5,0)

　　　　　　　〈**別解**〉=INT(D5*E5)

　　　　　　G5 =D5-F5

筆記練習4 （p.14）

ウ

実技練習5 （p.17）

	A	B	C	D	E	F	G
1							
2		営業窓口シフト表					
3							
4		1	2	3	4	5	6
5	窓口番号	月	火	水	木	金	土
6	1	鈴井	小松	安田	嬉野	藤村	大泉
7	2	大泉	鈴井	小松	安田	嬉野	藤村
8	3	藤村	大泉	鈴井	小松	安田	嬉野
9	4	嬉野	藤村	大泉	鈴井	小松	安田
10	5	安田	嬉野	藤村	大泉	鈴井	小松
11							
12		窓口番号	5		担当者		
13		曜日番号	2		嬉野		

[計算式] E13 =INDEX(B6:G10,C12,C13)

筆記練習5 （p.17〜18）

(1)	ウ	(2)	ア	(3)	イ	(4)	ウ

実技練習6 （p.20）

	A	B	C	D	E	F	G
1							
2		営業成績一覧表					
3							
4	番号	第1期	第2期	第3期	第4期	総合	順位
5	1	80	85	50	50	265	4
6	2	58	60	52	47	217	6
7	3	84	75	77	60	296	3
8	4	95	75	84	75	329	1
9	5	100	85	90	50	325	2
10	6	75	25	65	32	197	7
11	7	86	40	76	30	232	5
12							
13		上位3名					
14		順位	番号				
15		1	4				
16		2	5				
17		3	3				

[計算式] F5 =SUM(B5:E5)

  〈別解〉=B5+C5+D5+E5

  G5 =RANK(F5,$F$5:$F$11,0)

  C15 =MATCH(B15,$G$5:$G$11,0)

筆記練習6 （p.21）

(1)	イ	(2)	ア	(3)	イ

実技練習7 （p.23〜24）

	A	B	C	D	E	F	G
1							
2		成績一覧表					
3							
4	番号	氏名	簿記	情報処理	ビジネス基礎	平均	評定
5	1	秋田　祐子	87	56	95	79.3	B
6	2	石川　聡子	41	100	82	74.3	C
7	3	石橋　真理恵	57	87	91	78.3	B
8	4	佐伯　久美	98	81	83	87.3	A
9	5	須賀　良一	75	79	94	82.7	B
10	6	田村　良子	64	80	100	81.3	B
11							
12		評定別人数集計表					
13		評定	人数				
14		A	1				
15		B	4				
16		C	1				

[計算式]　**F5**　=ROUND(AVERAGE(C5:E5),1)

　　　　　G5　=IF(F5>=85,"A",IF(F5>=75,"B","C"))

　　　　　※ IF関数の"A"，"B"，"C"の全角・半角は，C14〜C16と同じにする。

　　　　　D14　=COUNTIFS($G$5:$G$10,C14)

筆記練習7 （p.24）

(1)	ウ	(2)	イ

実技練習8 （p.28）

	A	B	C	D	E	F	G
1							
2	市民講座受付表						
3					講座受付集計表		
4	講座名	開催週	受講人数		講座名	合計	平均
5	書道教室	1	14		書道教室	75	18.8
6	ギター教室	1	15		ギター教室	73	18.3
7	ウクレレ教室	1	12		ウクレレ教室	87	21.8
8	ダンス教室	1	26		ダンス教室	92	23.0
9	書道教室	2	27				
10	ギター教室	2	12				
11	ウクレレ教室	2	28				
12	ダンス教室	2	27				
13	書道教室	3	13				
14	ギター教室	3	21				
15	ウクレレ教室	3	24				
16	ダンス教室	3	21				
17	書道教室	4	21				
18	ギター教室	4	25				
19	ウクレレ教室	4	23				
20	ダンス教室	4	18				

[計算式]　**F5**　=SUMIFS($C$5:$C$20,$A$5:$A$20,E5)

　　　　　G5　=AVERAGEIFS($C$5:$C$20,$A$5:$A$20,E5)

筆記練習8 （p.28〜29）

(1)	ウ	(2)	イ	(3)	ア

実技練習9　(p.32)

[計算式]

E5 =VLOOKUP(SMALL($A$5:$A$9,D5),$A$5:$B$9,2,FALSE)

筆記練習9　(p.32)

イ

▲	A	B	C	D	E
1					
2	障害物競走順位表				
3					
4	タイム	氏名		順位	氏名
5	13.5	植田　松雄		1	河合　辰也
6	12.9	小寺　康男		2	小寺　康男
7	13.3	金田　博信		3	金田　博信
8	12.8	河合　辰也			
9	13.7	手塚　友洋			

実技練習10　(p.35)

[計算式]

C9 =TEXT(SUM(C4:C8),"¥#,##0")

筆記練習10　(p.35)

ウ

▲	A	B	C
1			
2		買い物リスト	
3	NO	商品	金額
4	1	お茶	450
5	2	ジュース	900
6	3	菓子パン	300
7	4	弁当	1200
8	5	お菓子	1000
9		合計	¥3,850

実技練習11　(p.38)

[計算式]

C5 =LEFT(B5,FIND("High",B5,1)-1)

▲	A	B	C
1			
2		高校名一覧表	
3			
4	高校名	英語名	略称
5	中央高校	ChuoHighSchool	Chuo
6	東高校	HigashiHighSchool	Higashi
7	西高校	NishiHighSchool	Nishi
8	南高校	MinamiHighSchool	Minami
9	北高校	KitaHighSchool	Kita
10	坂上高校	SakagamiHighSchool	Sakagami
11	高原高校	TakaharaHighSchool	Takahara

筆記練習11　(p.39)

(1)	ア	(2)	イ	(3)	ウ

実技練習12　(p.42)

[計算式]

B7 =INT(B4/A7)

　　〈別解〉=ROUNDDOWN(B4/A7,0)

B8 =INT(MOD($B$4,A7)/A8)

　　〈別解〉=ROUNDDOWN(MOD($B$4,A7)/A8,0)

▲	A	B
1		
2	硬貨の金種計算表	
3		
4	金額(千円未満)	789
5		
6	金種	枚数
7	500	1
8	100	2
9	50	1
10	10	3
11	5	1
12	1	4

筆記練習12　(p.43)

(1)	ア	(2)	ウ	(3)	イ

実技練習13 （p.47）

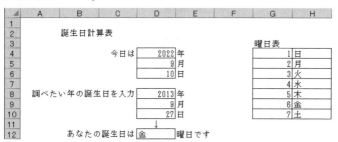

[計算式] **D4** =YEAR(TODAY())

D5 =MONTH(TODAY())

D6 =DAY(TODAY())

D12 =VLOOKUP(WEEKDAY(DATE(D8,D9,D10),1),$G$4:$H$10,2,FALSE)

筆記練習13 （p.48）

(1)	ウ	(2)	イ	(3)	イ

実技練習14 （p.51）

[計算式]

E6 =TIME(C6,D6,0)-TIME(A6,B6,0)

	貸出時間		返却時間		利用時間
	時	分	時	分	
	11	35	12	38	1:03
	11	43	16	16	4:33
	11	47	15	13	3:26
	12	35	16	24	3:49
	12	43	16	38	3:55
	13	29	14	35	1:06

（レンタル時間計算表）

筆記練習14 （p.51）

(1)	ア	(2)	ウ

実技練習15 （p.55）

[計算式]　**C10** =HOUR(C4+C7)

C11 =MINUTE(C4+C7)

C12 =SECOND(C4+C7)

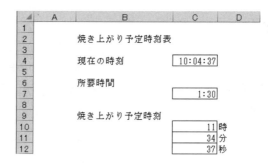

焼き上がり予定時刻表

現在の時刻　10:04:37

所要時間　1:30

焼き上がり予定時刻　11時　34分　37秒

筆記練習15 （p.55）

ア

実技練習16 （p.58）

	A	B	C	D	E	F	G	H	I	J	K
1											
2		売上集計表									
3	通常日						特売日				
4	売上NO	会員種別	売上金額	割引額	請求金額		売上NO	会員種別	売上金額	割引額	請求金額
5	1001	会員	6,500	0	6,500		1101	一般	11,400	1,140	10,260
6	1002	一般	14,600	0	14,600		1102	一般	6,800	680	6,120
7	1003	会員	14,200	1,420	12,780		1103	会員	8,200	820	7,380
8	1004	一般	7,400	0	7,400		1104	会員	8,000	800	7,200
9	1005	会員	8,900	0	8,900		1105	一般	7,300	0	7,300
10	1006	一般	8,500	0	8,500		1106	会員	11,800	1,180	10,620
11	1007	会員	12,600	1,260	11,340		1107	一般	9,700	0	9,700
12	1008	会員	12,200	1,220	10,980		1108	一般	13,700	1,370	12,330
13	1009	一般	11,000	0	11,000		1109	一般	10,600	1,060	9,540
14	1010	会員	7,700	0	7,700		1110	会員	13,000	1,300	11,700

[計算式]　**D5** =IF(AND(B5="会員",C5>=10000),C5*10%,0)

　　　　　E5 =C5-D5

　　　　　J5 =IF(OR(H5="会員",I5>=10000),I5*10%,0)

　　　　　K5 =I5-J5

筆記練習16 （p.59）

(1)	イ	(2)	ウ

実技練習17 （p.61）

	A	B	C	D	E	F	G	H	I
1									
2		生徒会役員名簿							
3									
4	学年	クラス	番号	氏	名	氏名	シ	メイ	シメイ
5	3	1	19	仙台	和徳	仙台　和徳	センダイ	カズノリ	センダイ　カズノリ
6	3	2	17	千葉	優香	千葉　優香	チバ	ユウカ	チバ　ユウカ
7	3	2	24	新潟	義則	新潟　義則	ニイガタ	ヨシノリ	ニイガタ　ヨシノリ
8	3	2	31	福岡	真菜	福岡　真菜	フクオカ	マナ	フクオカ　マナ
9	3	3	28	浜松	三郎	浜松　三郎	ハママツ	サブロウ	ハママツ　サブロウ
10	3	4	7	岡山	真紀子	岡山　真紀子	オカヤマ	マキコ	オカヤマ　マキコ
11	3	4	36	横浜	修二	横浜　修二	ヨコハマ	シュウジ	ヨコハマ　シュウジ

[計算式]　**F5** =D5&"　"&E5

　　　　　I5 =G5&"　"&H5

筆記練習17 （p.61）

ウ

Lesson ❷ 関数のネスト

実技練習18 （p.64）

	A	B	C	D	E	F
1						
2	走り幅跳び記録表					
3	選手番号	1回目	2回目	3回目	記録	備考
4	1	652	630	699	699	県大会出場
5	2	646	703	678	703	県大会出場
6	3	689	657	675	689	
7	4	691	678	676	691	
8	5	631	642	683	683	
9	6	648	673	638	673	
10	7	662	673	706	706	県大会出場
11	8	657	656	698	698	

［計算式］ **E4** =MAX(B4:D4)

F4 =IF(RANK(E4,$E$4:$E$11,0)<=3,"県大会出場","")

〈別解〉=IF(E4>=LARGE($E$4:$E$11,3),"県大会出場","")

筆記練習18 （p.64）

(1)	ウ	(2)	イ

実技練習19 （p.66）

	A	B	C	D	E
1					
2	携帯電話請求金額一覧				
3					
4	顧客番号	契約者名	プラン名	請求金額	備考
5	25010201A	髙橋　○○	A	12,622	プラン変更の提案
6	25010202B	田中　○○	B	9,485	
7	25010203B	中野　○○	B	7,285	
8	25010204A	成瀬　○○	A	7,060	
9	25010205C	松木　○○	C	8,208	
10	25010206A	宮川　○○	A	10,004	プラン変更の提案
11	25010207B	山下　○○	B	8,287	
12	25010208C	山本　○○	C	15,280	

［計算式］ **E5** =IF(AND(C5<>"C",D5>10000),"プラン変更の提案","")

〈別解〉=IF(AND(NOT(C5="C"),D5>10000),"プラン変更の提案","")

筆記練習19 （p.66～67）

(1)	ウ	(2)	ア	(3)	ウ	(4)	ア

実技練習 20 （p.70）

レンタル自転車一覧表

種類コード	タイプ	タイヤサイズ	色
C24B	シティ	24	ブルー
C26B	シティ	26	ブルー
C26W	シティ	26	ホワイト
C26R	シティ	26	レッド
D26B	電動アシスト	26	ブルー
D26W	電動アシスト	26	ホワイト
M24B	マウンテン	24	ブルー
M26B	マウンテン	26	ブルー
K16B	キッズ	16	ブルー
K16W	キッズ	16	ホワイト
K16R	キッズ	16	レッド

タイプ表

タイプコード	タイプ
C	シティ
D	電動アシスト
M	マウンテン
K	キッズ

色表

色コード	色
B	ブルー
W	ホワイト
R	レッド

[計算式]　**B4** =VLOOKUP(LEFT(A4,1),$F$4:$G$7,2,FALSE)

　　　　　C4 =MID(A4,2,2)

　　　　　D4 =VLOOKUP(RIGHT(A4,1),$F$11:$G$13,2,FALSE)

筆記練習 20 （p.70〜71）

(1)	ウ	(2)	イ	(3)	ウ

実技練習 21 （p.74）

請求金額計算表

会員区分	金額	割引額	請求額
G	75,000	9,000	66,000

割引率表

金額＼会員区分	P	G	S	N
0 〜10,000	7%	5%	3%	1%
10,001 〜30,000	10%	7%	4%	2%
30,001 〜70,000	12%	10%	5%	3%
70,001	15%	12%	7%	5%

[計算式]　**C4** =INDEX(C8:F11,MATCH(B4,A8:A11,1),MATCH(A4,C7:F7,0))*B4

　　　　　D4 =B4-C4

筆記練習 21 （p.74〜75）

(1)	ア	(2)	イ	(3)	ウ

実技練習22 （p.78）

	A	B	C	D	E	F	G	H
1								
2	テーマパーク入場者数集計表					男女別入場者集計表		
3	区分	性別	先月	今月		性別	先月	今月
4	小人	男	9,285	9,985		男	28.4%	31.1%
5		女	23,012	24,085		女	71.6%	68.9%
6	中人	男	5,159	6,493				
7		女	13,952	14,453				
8	大人	男	26,768	28,932				
9		女	66,784	62,184				
10		合計	144,940	146,132				

[計算式]　**C10** =SUM(C4:C9)

　　　　　G4 =ROUND(SUMIFS(C$4:C$9,$B$4:$B$9,$F4)/C$10,3)

　　　　　〈**別解**〉=ROUND((C4+C6+C8)/C$10,3)

筆記練習22 （p.78〜79）

(1)	イ	(2)	ア	(3)	イ

編末トレーニング

1 （p.80〜81）

問1	イ	問2	－2	問3	9	問4	ア	問5	ウ

2 （p.82〜83）

問1	ア	問2	イ	問3	5	問4	ウ	問5	ア

Part Ⅱ Excel応用編

Lesson 1 応用操作

実技練習23 （p.86）

	A	B	C	D	E	F	G	H	I	J
1										
2	九九表									
3		1	2	3	4	5	6	7	8	9
4	1	1	2	3	4	5	6	7	8	9
5	2	2	4	6	8	10	12	14	16	18
6	3	3	6	9	12	15	18	21	24	27
7	4	4	8	12	16	20	24	28	32	36
8	5	5	10	15	20	25	30	35	40	45
9	6	6	12	18	24	30	36	42	48	54
10	7	7	14	21	28	35	42	49	56	63
11	8	8	16	24	32	40	48	56	64	72
12	9	9	18	27	36	45	54	63	72	81

[計算式]

B4 =$A4*B$3

筆記練習23 （p.86）

イ

実技練習24 （p.89）

	A	B	C	D	E	F
1						
2	在庫金額一覧表					
3	商品	1月	2月	3月	合計	
4	椅子	390,000	645,000	480,000	1,515,000	
5	机	1,305,000	2,025,000	1,305,000	4,635,000	
6	テーブル	585,000	1,930,500	1,638,000	4,153,500	
7	合計	2,280,000	4,600,500	3,423,000	10,303,500	
8						

晴海店　銀座店　我孫子店　**在庫金額一覧表**　仕入原価表

[計算式]　B4 =SUM(晴海店:我孫子店!B4)*VLOOKUP($A4,仕入原価表!$A$4:$B$6,2,FALSE)

筆記練習24 （p.90）

(1)	イ	(2)	ア

実技練習25 （p.95）

[作成条件①]

	A	B	C
1			
2	売上表		
3			
4	店名	メニュー	売上数
5	本店	ポークカレー	133
6	本店	ビーフカレー	104
7	本店	チキンカレー	48
8	本店	やさいカレー	12
9	本店	ハンバーグカレー	39
10	本店	キーマカレー	22
11	本店	ソーセージカレー	24
12	本店	カキフライカレー	12
13	本店	カツカレー	56
14	本店	シーフードカレー	12

[作成条件②]

	A	B	C
1			
2	売上表		
3			
4	店名	メニュー	売上数
6	本店	ビーフカレー	104
16	支店	ビーフカレー	90

[作成条件③]

	A	B	C
1			
2	売上表		
3			
4	店名 ▼	メニュー ▼	売上数 ▼
5	本店	ポークカレー	133
6	本店	ビーフカレー	104
15	支店	ポークカレー	155

[作成条件④]

	A	B	C
1			
2	売上表		
3			
4	店名 ▼	メニュー ▼	売上数 ▼
5	本店	ポークカレー	133
6	本店	ビーフカレー	104
15	支店	ポークカレー	155

[作成条件⑤]

	A	B	C
1			
2	売上表		
3			
4	店名 ▼	メニュー ▼	売上数 ▼
5	本店	ポークカレー	133
6	本店	ビーフカレー	104
7	本店	チキンカレー	48
13	本店	カツカレー	56
15	支店	ポークカレー	155
16	支店	ビーフカレー	90
17	支店	チキンカレー	46

[作成条件⑥]

	A	B	C
1			
2	売上表		
3			
4	店名 ▼	メニュー ▼	売上数 ▼
5	本店	ポークカレー	133
6	本店	ビーフカレー	104

[作成条件⑦]

	A	B	C
1			
2	売上表		
3			
4	店名 ▼	メニュー ▼	売上数 ▼
13	本店	カツカレー	56

筆記練習25 （p.95）

ウ

実技練習26 （p.99）

	A	B	C	D	E
1					
2	売上一覧表				
3					
4	日付	店	種類	数量	金額
5	9月20日	南店	シーフードピザ	21	28,350
6	9月16日	北店	シーフードピザ	10	13,500
7	9月18日	北店	シーフードピザ	15	20,250
8			シーフードピザ 平均	15.333333	20,700
9			シーフードピザ 集計	46	62,100
10	9月16日	中央店	マルゲリータ	12	12,000
11	9月17日	中央店	マルゲリータ	12	12,000
12	9月20日	中央店	マルゲリータ	9	9,000
13	9月20日	中央店	マルゲリータ	18	18,000
14	9月18日	南店	マルゲリータ	12	12,000
15	9月21日	北店	マルゲリータ	21	21,000
16			マルゲリータ 平均	14	14,000
17			マルゲリータ 集計	84	84,000
18	9月21日	中央店	ミックスピザ	12	14,400
19	9月16日	南店	ミックスピザ	18	21,600
20	9月19日	南店	ミックスピザ	18	21,600
21	9月20日	南店	ミックスピザ	9	10,800
22	9月16日	北店	ミックスピザ	18	21,600
23	9月17日	北店	ミックスピザ	13	15,600
24	9月21日	北店	ミックスピザ	15	18,000
25			ミックスピザ 平均	14.714286	17,657
26			ミックスピザ 集計	103	123,600
27			全体の平均	14.5625	16,856
28			総計	233	269,700
29					
30					
31			種類別単価表		
32			種類	単価	
33			ミックスピザ	1,200	
34			マルゲリータ	1,000	
35			シーフードピザ	1,350	

14

実技練習27 （p.104）

[作成条件2①]

合計 / 売上高	列ラベル				
行ラベル	エアコン	テレビ	洗濯機	掃除機	冷蔵庫	総計
岡山店	2756000	9925130	8437739	8687304	6835130	36641303
鹿児島店	1495130	6409913	7112956	3408608	1278608	19705215
福岡店	5425739	9402695	4285739	544347	3388347	23046867
総計	9676869	25737738	19836434	12640259	11502085	79393385

[作成条件2②]

合計 / 売上高	列ラベル			
行ラベル	岡山店	鹿児島店	福岡店	総計
テレビ	9925130	6409913	9402695	25737738
冷蔵庫	6835130	1278608	3388347	11502085
エアコン	2756000	1495130	5425739	9676869
掃除機	8687304	3408608	544347	12640259
洗濯機	8437739	7112956	4285739	19836434
総計	36641303	19705215	23046867	79393385

[作成条件2③]

合計 / 売上高	列ラベル			
行ラベル	福岡店	岡山店	鹿児島店	総計
エアコン	5425739	2756000	1495130	9676869
テレビ	9402695	9925130	6409913	25737738
洗濯機	4285739	8437739	7112956	19836434
掃除機	544347	8687304	3408608	12640259
冷蔵庫	3388347	6835130	1278608	11502085
総計	23046867	36641303	19705215	79393385

[作成条件2④]

合計 / 売上高	列ラベル			
行ラベル	岡山店	鹿児島店	福岡店	総計
テレビ	9925130	6409913	9402695	25737738
洗濯機	8437739	7112956	4285739	19836434
掃除機	8687304	3408608	544347	12640259
冷蔵庫	6835130	1278608	3388347	11502085
エアコン	2756000	1495130	5425739	9676869
総計	36641303	19705215	23046867	79393385

[作成条件2⑤]

合計 / 売上高	列ラベル			
行ラベル	岡山店	鹿児島店	福岡店	総計
テレビ	9925130	6409913	9402695	25737738
エアコン	2756000	1495130	5425739	9676869
総計	12681130	7905043	14828434	35414607

実技練習28 （p.106）

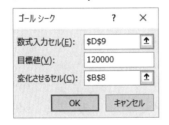

▲	A	B	C	D
1				
2	売上試算表			
3				
4	年	数量	単価	売上金額
5	2022年	25	1,050	26,250
6	2023年	29	1,010	29,290
7	2024年	20	1,030	20,600
8	2025年	43	1,020	43,860
9			合計	120,000

[計算式]　**D5** =B5*C5

　　　　　D9 =SUM(D5:D8)

Lesson ② グラフの作成

実技練習29 （p.114）

[計算式]
- **C9** =SUM(C6:C8)
- **F6** =SUM(C6:E6)
- **C16** =SUM(C13:C15)
- **F13** =SUM(C13:E13)

種類別売上分析表

1．商品別売上数集計表

	本店	仲町店	昭和店	合計
あんこ	117	93	135	345
きなこ	123	109	114	346
磯辺巻き	139	122	172	433
合計	379	324	421	1,124

2．商品別売上金額集計表

	本店	仲町店	昭和店	合計
あんこ	18,400	21,024	22,000	61,424
きなこ	18,400	23,904	20,000	62,304
磯辺巻き	23,600	29,376	25,000	77,976
合計	60,400	74,304	67,000	201,704

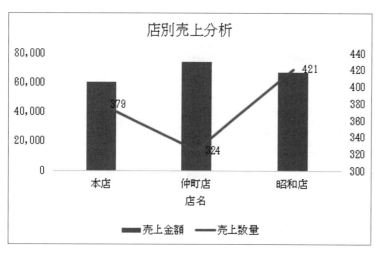

〈グラフのデータ範囲〉

「売上数量」：C9~E9

「売上金額」：C16~E16

実技練習30 （p.114）

[計算式]
- **B11** =SUM(B5:B10)
- **C11** =SUM(C5:C10)

〈グラフのデータ範囲〉

「年間入場者数」：C5~C10

「入場料」：B5~B10

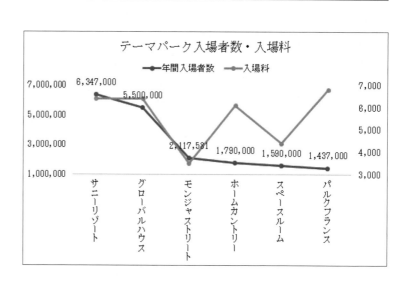

実技練習31　（p.122）

〈グラフのデータ範囲〉
「L」:C6,C10
「M」:D6,C11
「S」:E6,C12

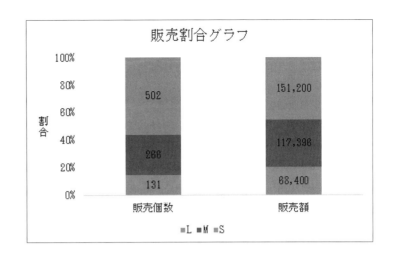

実技練習32　（p.122）

〈グラフのデータ範囲〉
「店頭販売実績」: E4,E6
「ネット販売実績」: E5,E7

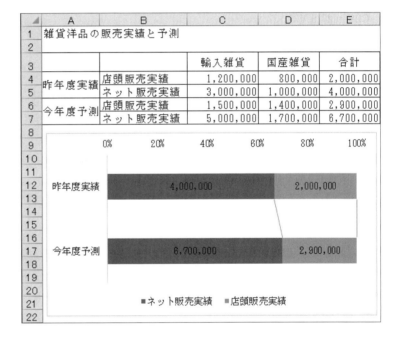

	A	B	C	D	E
1	雑貨洋品の販売実績と予測				
2					
3			輸入雑貨	国産雑貨	合計
4	昨年度実績	店頭販売実績	1,200,000	800,000	2,000,000
5		ネット販売実績	3,000,000	1,000,000	4,000,000
6	今年度予測	店頭販売実績	1,500,000	1,400,000	2,900,000
7		ネット販売実績	5,000,000	1,700,000	6,700,000

編末トレーニング

1 （p.138〜139）

問1	イ	問2	ウ	問3	4	問4	(a)	ア	(b)	エ	問5	ウ

2 （p.140〜141）

問1	ア	問2	ウ	問3	3	問4	ア	問5	イ

3 （p.142〜143）

〈分析表〉

C7 =VLOOKUP(B7,支店表!$A$4:$B$28,2,FALSE)

D7 =HLOOKUP(LEFT(B7,1),$C$23:$F$24,2,FALSE)

E7 =SUMIFS(販売データ表!C$4:C$87,販売データ表!$B$4:$B$87,$B7)

　　　　複合参照することによりF列にもコピーできる。

G7 =E7*140+F7*120

E19 =ROUND(AVERAGE(E7:E18),0)

E20 =MAX(E7:E18)

H7 =RANK(G7,$G$7:$G$18,0)

I7 =IF(AND(E7>=$E$19,F7>=$F$19),"○","")

C25 =SUMIFS($E$7:$E$18,$D$7:$D$18,C24)

C26 =SUMIFS($F$7:$F$18,$D$7:$D$18,C24)

C27 =SUM(C25:C26)

C28 =C27/SUM($C$27:$F$27)

〈グラフ作成のポイント〉

「販売数比較」グラフ

① B24〜F26を範囲指定して［挿入］→［縦棒／横棒グラフの挿入］→[2-D縦棒]→［積み上げ縦棒］を選ぶ。

② ［グラフツール］→［デザイン］→［データの選択］を選び，［凡例項目（系列）］の［編集］より，系列名の「カスタード計」，「抹茶計」を「カスタード」，「抹茶」に修正する。

③ ［グラフツール］→［デザイン］→［グラフ要素を追加］→［線］→［区分線］を選択して棒グラフに区分線を表示させる。

④ ［グラフツール］→［デザイン］→［グラフ要素を追加］→［データラベル］→［中央］を選択して棒グラフにデータラベルを表示させる。

⑤ グラフタイトルを「販売数比較」に修正する。

⑥ ［グラフツール］→［デザイン］→［グラフ要素を追加］→［軸ラベル］→［第1縦軸］を選択して軸ラベルを表示させ，「数量」に修正する。軸ラベルを右クリックして［軸ラベルの書式設定］を選択する。右画面に表示された［軸ラベルの書式設定］→［文字のオプション］→［テキストボックス］の［文字列の方向］を「縦書き」に設定する。

⑦ ［グラフツール］→［デザイン］→［グラフ要素を追加］→［軸ラベル］→［第1横軸］を選択して軸ラベルを表示させ，「都道府県」に修正する。

⑧ ［グラフツール］→［デザイン］→［グラフ要素を追加］→［凡例］→［右］を選択して棒グラフに凡例を表示させる。

⑨ 数値軸を右クリックして，［軸の書式設定］を選択する。右画面に表示された［軸の書式設定］→［軸のオプション］により数値を設定し，体裁を整える。

試験販売分析表

1．販売一覧表

支店コード	支店名	都道府県	数量		金額	順位	備考
			カスタード	抹茶			
T02	上野	東京	443	437	114,460	4	○
T03	秋葉原	東京	501	382	115,980	3	
T05	新宿	東京	409	450	111,260	5	
K01	横浜	神奈川	531	446	127,860	1	○
K03	藤沢	神奈川	511	437	123,980	2	○
K05	小田原	神奈川	454	372	108,200	6	
S01	さいたま	埼玉	413	349	99,700	8	
S02	川越	埼玉	381	396	100,860	7	
S04	熊谷	埼玉	393	356	97,740	9	
C01	千葉	千葉	347	298	84,340	12	
C03	船橋	千葉	356	355	92,440	10	
C04	松戸	千葉	356	312	87,280	11	
		平均	425	383	105,342		
		最大	531	450	127,860		

2．都道府県別販売数量集計表

都道府県コード	T	K	S	C
都道府県	東京	神奈川	埼玉	千葉
カスタード計	1,353	1,496	1,187	1,059
抹茶計	1,269	1,255	1,101	965
販売数計	2,622	2,751	2,288	2,024
割合	27.1%	28.4%	23.6%	20.9%

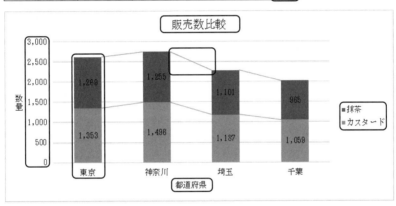

- 配点 -

①表の作成（⬭の箇所）・・・・・・・・・・・・・・・・・・・・・・・・5点×13箇所＝65点

　注　罫線は含まない。数値は，3桁ごとにコンマをつけていること。

②罫線・・5点×1箇所＝5点

　注　2つの表の細線・太線が正確にできていること。

③グラフの作成（⬭の箇所）・・・・・・・・・・・・・・・・・・・・・・5点×6箇所＝30点

　注　文字の方向，文字の位置，凡例の位置，数値軸目盛，数値，区分線が正しく設定されていること。

4 （p.144〜145）

〈分析表〉

C7 ＝VLOOKUP(B7,商品表!$A$4:$C$15,2,FALSE)

E7 ＝SUMIFS(売上データ!$E$4:$E$363,売上データ!$C$4:$C$363,B7)

F7 ＝VLOOKUP(B7,商品表!$A$4:$C$15,3,FALSE)

G7 ＝ROUNDDOWN(F7*0.9,-1)

H7 ＝E7*G7

I7 ＝IF(E7>D7*1.25,"○","")

I19 ＝COUNTIFS(I7:I18,"○")

E23 ＝SUMIFS(売上データ!$E$4:$E$363,売上データ!$D$4:$D$363,B23)
　　　〈別解〉＝SUMIFS($E$7:$E$18,$B$7:$B$18,B23&"*")

F23 ＝E23/D23

F26 ＝MAX(F23:F25)

〈グラフ作成のポイント〉

「定食の売上比較」グラフ

① C14〜E18を範囲指定して[挿入]→[縦棒／横棒グラフの挿入]→[2-D横棒]→[集合横棒]を選ぶ。

② [グラフツール]→[デザイン]→[データの選択]を選び，[凡例項目(系列)]の[編集]より，系列名の「3月売上数量」，「4月売上数量」を入力する。

③ [グラフツール]→[デザイン]→[グラフ要素を追加]→[データラベル]→[外側]を選択して棒グラフにデータラベルを表示させる。

④ [グラフツール]→[デザイン]→[グラフ要素を追加]→[グラフタイトル]→[なし]を選択してグラフタイトルを削除する。

⑤ [グラフツール]→[デザイン]→[グラフ要素を追加]→[軸ラベル]→[第1縦軸]を選択して軸ラベルを表示させ，「商品名」に修正する。軸ラベルを右クリックして[軸ラベルの書式設定]を選択する。右画面に表示された[軸ラベルの書式設定]→[文字のオプション]→[テキストボックス]の[文字列の方向]を「縦書き」に設定する。

⑥ 数値軸を右クリックして，[軸の書式設定]を選択する。右画面に表示された[軸の書式設定]→[軸のオプション]により数値を設定し，体裁を整える。

売上分析表

1．売上比較表

商品コード	商品名	売上数量		価格	値引価格	売上金額	備考
		3月	4月				
D01	牛丼	2,013	3,014	300	270	813,780	○
D02	牛ネギ玉丼	1,025	1,368	400	360	492,480	○
D03	牛カルビ丼	1,003	1,232	490	440	542,080	
D04	豚ロース丼	984	1,209	490	440	531,960	
S01	牛皿	582	547	250	220	120,340	
S02	牛カルビ皿	467	538	400	360	193,680	
S03	豚ロース皿	438	574	400	360	206,640	○
T01	牛すき鍋定食	601	726	590	530	384,780	
T02	牛チゲ鍋定食	796	855	590	530	453,150	
T03	牛鮭定食	519	593	500	450	266,850	
T04	牛カルビ定食	378	421	550	490	206,290	
T05	豚ロース定食	562	608	550	490	297,920	
						件数	3

2．分類別売上集計表

分類コード	分類名	3月合計	4月合計	前月比
D	丼	5,025	6,823	135.8%
S	皿	1,487	1,659	111.6%
T	定食	2,856	3,203	112.1%
			最大	135.8%

3．定食の売上比較

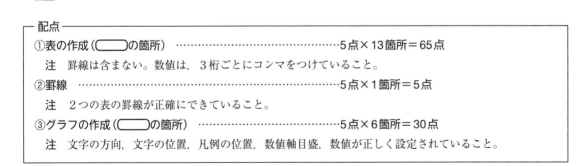

配点

①表の作成（◯◯◯の箇所）　……………………………………5点×13箇所＝65点

　注　罫線は含まない。数値は，3桁ごとにコンマをつけていること。

②罫線　………………………………………………………………5点×1箇所＝5点

　注　2つの表の罫線が正確にできていること。

③グラフの作成（◯◯◯の箇所）　………………………………5点×6箇所＝30点

　注　文字の方向，文字の位置，凡例の位置，数値軸目盛，数値が正しく設定されていること。

5 （p.146〜147）

〈シート2〉

C5 =VLOOKUP(WEEKDAY(A5,1)，シート1!$E$4:$F$10,2,FALSE)

〈別解〉=VLOOKUP(WEEKDAY(A5)，シ-ト1!$E$4:$F$10,2,FALSE)

D5 =VLOOKUP(LEFT(B5,2)，シート1!$A$10:$B$12,2,FALSE)

E5 =VLOOKUP(RIGHT(B5,2)，シート1!$A$4:$B$6,2,FALSE)

〈シート3〉

シート2から以下のようなピボットテーブルを作成するとよい。

	A	B	C	D	E	F	G	H	I
1									
2	合計 / 売上数	列ラベル ▼							
3	行ラベル ▼	日	月	火	水	木	金	土	総計
4	塩ラーメン	466	504	478	460	456	496	424	3284
5	醤油ラーメン	1418	1483	1364	1450	1460	1480	1385	10040
6	味噌ラーメン	1098	1158	1141	1150	1175	1091	1245	8058
7	総計	2982	3145	2983	3060	3091	3067	3054	21382
8									
9	合計 / 売上数	列ラベル ▼							
10	行ラベル ▼	下北沢	吉祥寺	渋谷	総計				
11	塩ラーメン	652	907	1725	3284				
12	醤油ラーメン	2809	3080	4151	10040				
13	味噌ラーメン	2146	2586	3326	8058				
14	総計	5607	6573	9202	21382				

↓ 行ラベルと列ラベルの順序を変更する

	A	B	C	D	E	F	G	H	I
1									
2	合計 / 売上数	列ラベル ▼							
3	行ラベル ▼	日	月	火	水	木	金	土	総計
4	醤油ラーメン	1418	1483	1364	1450	1460	1480	1385	10040
5	味噌ラーメン	1098	1158	1141	1150	1175	1091	1245	8058
6	塩ラーメン	466	504	478	460	456	496	424	3284
7	総計	2982	3145	2983	3060	3091	3067	3054	21382
8									
9	合計 / 売上数	列ラベル ▼							
10	行ラベル ▼	吉祥寺	渋谷	下北沢	総計				
11	醤油ラーメン	3080	4151	2809	10040				
12	味噌ラーメン	2586	3326	2146	8058				
13	塩ラーメン	907	1725	652	3284				
14	総計	6573	9202	5607	21382				

〈グラフ作成のポイント〉

「支店別売上数と売上金額」グラフ

① B15〜B17とF15〜H17を範囲指定して［挿入］→［縦棒／横棒グラフの挿入］→［2-D縦棒］→［積み上げ縦棒］を選ぶ。

② ［グラフツール］→［デザイン］→［データの選択］を選び，［凡例項目（系列）］の［追加］より，［系列名］に「売上数」を，［系列値］に売上数のデータであるC18〜E18のデータを追加する。

③ ［横（項目）軸ラベル］にF14〜H14を指定する。

④ ［グラフツール］→［デザイン］→［グラフの種類の変更］→［組み合わせ］を選択し，醤油ラーメンと味噌ラーメンと塩ラーメンのグラフの種類を［積み上げ縦棒］に，売上数を［マーカー付き折れ線］に設定し，売上数を第2軸に設定する。

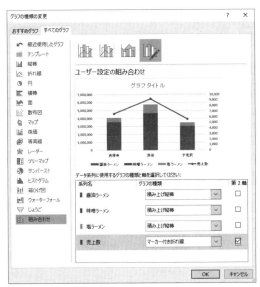

⑤　売上数の折れ線をマウスで選択し，［グラフツール］→［デザイン］→［グラフ要素を追加］→［データラベル］→［右］を選択してデータラベルを表示させる。

⑥　グラフタイトル，軸ラベル，凡例，数値軸目盛などの編集により体裁を整える。

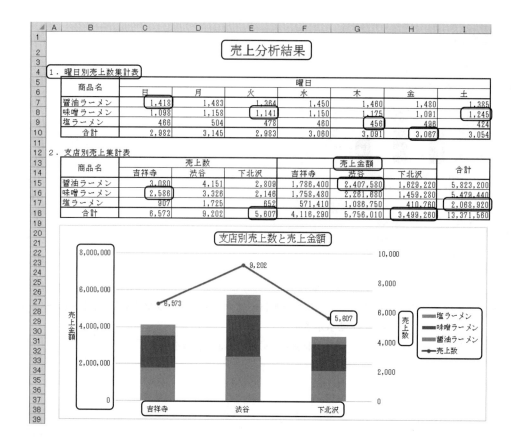

〈シート4〉

F15 =VLOOKUP($B15,シート1!$B$4:$C$6,2,FALSE)*C15

I15 =SUM(F15:H15)

F18 =SUM(F15:F17)

┌ 配点 ───

①表の作成（ ⬭ の箇所） ……………………………………5点×13箇所＝65点

  注　罫線は含まない。数値は，3桁ごとにコンマをつけていること。

②罫線　2．支店別売上集計表 ……………………………5点×1箇所＝5点

  注　太線と細線が区別されていること。

③グラフの作成（ ⬭ の箇所） ……………………………………5点×6箇所＝30点

  注　文字の方向，文字の位置，凡例の位置，数値軸目盛，数値，マーカーが正しく設定されていること。

└───

6 (p.148〜149)

〈シート2〉

C5 =VLOOKUP(LEFT(B5,3),シート1!$E$4:$F$10,2,FALSE)

D5 =VLOOKUP(MID(B5,4,4),シート1!$A$4:$B$8,2,FALSE)

E5 =VALUE(RIGHT(B5,2))

〈シート3〉

C7 =SUMIFS(シート2!$E$5:$E$150,シート2!$C$5:$C$150,$B7,シート2!$D$5:$D$150,C$6)

C19 =VLOOKUP(C$18,シート1!$B$4:$C$8,2,FALSE)*C7

H19 =SUM(C19:G19)

I19 =RANK(H19,$H$19:$H$25,0)

C26 =SUM(C19:C25)

〈グラフ作成のポイント〉

「販売金額上位3名」グラフ

① C18〜G18とC22〜G22を範囲指定して［挿入］→［縦棒／横棒グラフの挿入］→[2-D横棒]→［積み上げ横棒］を選ぶ。

② ［グラフツール］→［デザイン］→［行/列の切り替え］を選ぶ。

③ ［グラフツール］→［デザイン］→［データの選択］を選び，［凡例項目（系列）］の［編集］より，コラーゲンの系列値を，C22，C21，C24の順に指定する。以下，ビタミン錠まで同様に系列値を指定する。

　なお，C22を指定した後，Ctrlキーを押しながらマウスでC21，C24とクリックするとよい。

④ ［横（項目）軸ラベル］にB22，B21，B24の順に指定する。

⑤ ［グラフツール］→［デザイン］→［グラフ要素を追加］→［データラベル］→［中央］を選択して横棒グラフにデータラベルを表示させる。

⑥ グラフタイトルを「販売金額上位3名」に修正する。

⑦ ［グラフツール］→［デザイン］→［グラフ要素を追加］→［軸ラベル］→［第1縦軸］を選択して軸ラベルを表示させ，「販売員」に修正する。軸ラベルを右クリックして［軸ラベルの書式設定］を選択する。右画面に表示された［軸ラベルの書式設定］→［文字のオプション］→［テキストボックス］の［文字列の方向］を縦書きに設定する。

⑧ ［グラフツール］→［デザイン］→［グラフ要素を追加］→［軸ラベル］→［第1横軸］を選択して軸ラベルを表示させ，「販売金額」に修正する。

⑨ ［グラフツール］→［デザイン］→［グラフ要素を追加］→［凡例］→［下］を選択して凡例を表示させる。

⑩ 数値軸を右クリックして，［軸の書式設定］を選択する。右画面に表示された［軸の書式設定］→［軸のオプション］により数値を設定し，体裁を整える。

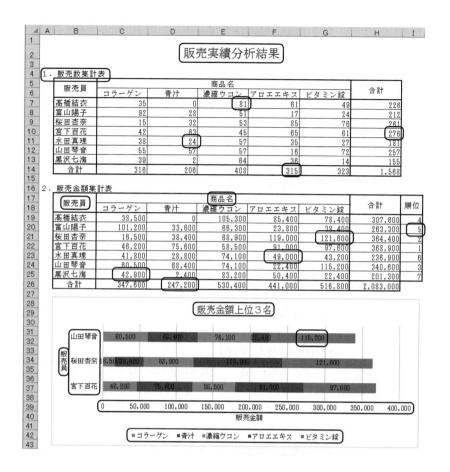

販売実績分析結果

1. 販売数集計表

販売員	商品名					合計
	コラーゲン	青汁	濃縮ウコン	アロエエキス	ビタミン錠	
髙橋結衣	35	0	81	61	49	226
富山陽子	92	28	51	17	24	212
桜田杏奈	15	32	53	85	76	261
宮下百花	42	63	45	65	61	276
水田真理	38	24	57	35	27	181
山田琴音	55	57	57	16	72	257
黒沢七海	39	2	64	36	14	155
合計	316	206	408	315	323	1,568

2. 販売金額集計表

販売員	商品名					合計	順位
	コラーゲン	青汁	濃縮ウコン	アロエエキス	ビタミン錠		
髙橋結衣	38,500	0	105,300	85,400	78,400	307,600	4
富山陽子	101,200	33,600	66,300	23,800	38,400	263,300	5
桜田杏奈	16,500	38,400	68,900	119,000	121,600	364,400	2
宮下百花	46,200	75,600	58,500	91,000	97,600	368,900	1
水田真理	41,800	28,800	74,100	49,000	43,200	236,900	6
山田琴音	80,500	68,400	74,100	22,400	115,200	340,600	3
黒沢七海	42,900	2,400	83,200	50,400	22,400	201,300	7
合計	347,600	247,200	530,400	441,000	516,800	2,083,000	

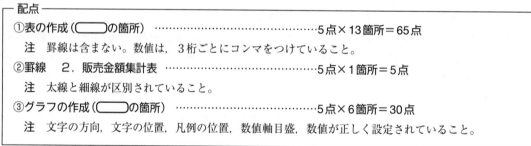

販売金額上位3名

┌─ 配点 ──

①表の作成（◯◯◯の箇所）……………………………………5点×13箇所＝65点

　注　罫線は含まない。数値は，3桁ごとにコンマをつけていること。

②罫線　2．販売金額集計表 ……………………………………5点×1箇所＝5点

　注　太線と細線が区別されていること。

③グラフの作成（◯◯◯の箇所）……………………………………5点×6箇所＝30点

　注　文字の方向，文字の位置，凡例の位置，数値軸目盛，数値が正しく設定されていること。

└──

Part Ⅲ データベース編

筆記練習26 （p.154〜155）

(1)

1	ア	2	イ

(2)	ア	(3)	ウ

練習問題1 （p.160）

ア

練習問題2 （p.160）

SELECT

練習問題3 （p.161）

ウ

練習問題4 （p.161）

会員番号 = 11005

練習問題5 （p.162）

イ

練習問題6 （p.162）

会員表.会員番号 = 受講回数表.会員番号

練習問題7 （p.163）

ア

練習問題8 （p.164）

(a)	性別 = '男'	(b)	受講回数 > 30

練習問題9 （p.164）

ウ

練習問題10 （p.164）

ウ

練習問題11 （p.165）

ア

練習問題12 （p.166）

COUNT

練習問題13 （p.166）

イ

練習問題14 （p.166）

AS　女性の人数

編末トレーニング

1 （p.170〜171）

問1	ア	問2	イ	問3	イ	問4	ア	問5	ウ

2 （p.172〜173）

問1	ア	問2	ア	問3	ウ	問4	イ	問5	5

PartⅣ 知識編

Lesson 1 ハードウェア・ソフトウェア

1. ハードウェアの構成
筆記練習27 （p.178）

(1)

1	磁気ヘッド	2	アクセスアーム	3	セクタ	4	トラック	5	シリンダ

(2)

1	OCR		2	OMR		3	ランニングコスト（運用コスト）	
4	イニシャルコスト（初期コスト）	5	TCO（総保有コスト）			6	UPS	

(3)

1	24	2	100	3	14	4	10100
5	100001	6	10	7	36	8	28

2. ソフトウェアに関する知識
筆記練習28 （p.183〜184）

(1)

1	エ	2	キ	3	カ	4	ク	5	ア	6	サ

(2)

1	921.6KB	2	2.16MB	3	3.2MB	4	18MB

（解説）

1．画像容量＝横方向画素数×縦方向画素数×1画素あたりのビット数÷8

$$= 640 \times 480 \times 24 \div 8 （ビット）$$
$$= 7{,}372{,}880 \div 8 （ビット）$$
$$= 921{,}600 （B）$$
$$= 921.6 （KB）$$

2．横：$15 （cm） \div 2.5 = 6 （インチ）$，縦：$10 （cm） \div 2.5 = 4 （インチ）$

画像容量＝（解像度　横）×（解像度　縦）×1画素あたりのビット数÷8

$$= (300 \times 6) \times (300 \times 4) \times 8 \div 8$$
$$= 1{,}800 \times 1{,}200 （B） \times 1$$
$$= 2{,}160{,}000 （B）$$
$$= 2.16 （MB）$$

3．画像容量＝横方向画素数×縦方向画素数×1画素あたりのビット数÷8（ビット）

$$= 1{,}366 \times 768 \times 24 \div 8 （ビット）$$
$$= 25{,}178{,}112 \div 8 （ビット）$$
$$= 3{,}147{,}264 （B）$$
$$= 3.147264 （MB）$$

必要な記憶容量は，切り上げで3.2MB

4．1枚の画像容量＝$1{,}200 \times 1{,}000 \times 24 \div 8 （ビット） = 3{,}600{,}000 （B）$

半分に圧縮＝$3{,}600{,}000 \div 2 \times 10 （枚） = 1{,}800{,}000 \times 10 （枚） = 18 （MB）$

(3)

1	ドット	2	ピクセル	3	解像度	4	dpi
5	ppi	6	RGB	7	CMYK	8	圧縮
9	解凍	10	アーカイバ	11	プラグアンドプレイ		

(4)

1	イ	2	イ	3	ウ

3. ディレクトリとファイル
筆記練習29　（p.189〜190）

(1)

1	カ	2	ア	3	エ	4	ク	5	ウ

(2)

1	イ	2	ウ	3	ウ	4	イ	5	ア	6	ウ

(3)

1	拡張子	2	ワイルドカード	3	テキストファイル	4	バイナリファイル
5	BMP	6	JPEG	7	GIF	8	PNG
9	MPEG	10	MIDI	11	MP3	12	CSV
13	PDF	14	ZIP	15	ディレクトリ	16	ルートディレクトリ
17	サブディレクトリ	18	ISO	19	JIS	20	ANSI
21	IEEE	22	JISコード	23	ASCIIコード	24	Unicode

Lesson ❷ 通信ネットワーク

1. ネットワークの構成
筆記練習30　（p.193）

(1)

1	ア	2	エ	3	ウ	4	キ

(2)

1	アナログ回線	2	ディジタル回線	3	パケット	4	LAN
5	有線LAN	6	無線LAN	7	Wi-Fi	8	SSID
9	テザリング						

2. ネットワークの活用
筆記練習31　（p.196）

(1)

1	イ	2	カ	3	エ	4	オ

(2)

1	ピアツーピア	2	クライアントサーバシステム	3	ストリーミング
4	グループウェア				

Lesson ❸ 情報モラルとセキュリティ

1. 権利の保護と管理
筆記練習32 （p.199）

(1)

1	エ	2	ケ	3	キ	4	カ	5	オ

(2)

1	知的財産権	2	産業財産権	3	著作権	4	肖像権
5	著作権法	6	個人情報保護法	7	不正アクセス禁止法	8	フリーウェア
9	シェアウェア	10	サイトライセンス	11	OSS		

2. セキュリティ管理
筆記練習33 （p.203〜204）

(1)

1	カ	2	ケ	3	オ	4	イ	5	ウ

(2)

1	多要素認証	2	多段階認証	3	ワンタイムパスワード
4	シングルサインオン	5	アクセス権	6	フルコントロール
7	書き込み	8	読み取り	9	ファイアウォール
10	セキュリティホール	11	キーロガー	12	ランサムウェア
13	ガンブラー	14	バックアップ	15	暗号化
16	復号				

編末トレーニング

1 (p.205)

1	エ	2	シ	3	キ	4	サ	5	ウ

2 (p.205)

1	カ	2	ウ	3	コ	4	ケ	5	エ

3 (p.206)

1	イ	2	ア	3	ウ	4	イ	5	ウ

4 (p.206)

1	コ	2	ク	3	イ	4	ケ	5	エ

5 (p.207)

1	ク	2	カ	3	イ	4	ア	5	コ

6 (p.207)

1	イ	2	イ	3	ウ	4	ア	5	ウ

（解説）

3．横：$30 ÷ 2.5 = 12$（インチ），縦：$20 ÷ 2.5 = 8$（インチ）

画像容量 $= (300 × 12) × (300 × 8) × 8 ÷ 8$

$= 3,600 × 2,400 × 8 ÷ 8$

$= 8,640,000 \,(B)$

$= 8.64 \,(MB)$